当代德国哲学前沿丛书
庞学铨 主编

思想与自身存在

关于主体性的讲座

［德］迪特·亨利希 著
郑辟瑞 译

DENKEN UND SELBSTSEIN

Vorlesungen über Subjektivität

Dieter Henrich

Dieter Henrich
DENKEN UND SELBSTSEIN
Vorlesungen über Subjektivität
© Suhrkamp Verlag Frankfurt am Main 2007
本书根据德国苏尔坎普出版社 2015 年版译出

国家社会科学基金重大项目
"当代德语哲学的译介与研究"成果

当代德国哲学前沿丛书
总序

自改革开放以来,我国的现代外国哲学研究大致经历了三个阶段:20世纪70年代末到80年代末的十年间,相对集中地翻译出版现代外国哲学名著、重要哲学家的主要或代表性著作;80年代末到90年代中期,开始进入对各种哲学思潮进行认真反思和批判性研究的阶段;此后,现代外国哲学研究进入了一个新的阶段,对许多重要哲学家及其思想的研究取得了丰硕成果。与此同时,对现代德国哲学也给予了充分的关注。从尼采、叔本华的意志哲学,到胡塞尔、海德格尔的现象学、伽达默尔的诠释学,再到法兰克福学派的社会批判理论,翻译和研究都十分活跃,特别是对他们重要著作的高质量翻译,如正在陆续出版的《尼采文集》《胡塞尔文集》《海德格尔文集》等,为我们准确地理解和研究他们的思想提供了可靠的资料基础,极大地推进了汉语学界对现代德国哲学研究的深入。

不过我们也注意到,汉语学界对现代德国哲学的译介和研究,主要集中于为数不多的著名哲学家身上,在时间跨度上,除了像伽达默尔、哈贝马斯这样极少数的几位当代德国哲学家外，其他人的哲学活动大都在 20 世纪中期以前。因而可以说，我们在致力于现代德国著名哲学家的著作翻译和思想研究的同时，在某种程度上忽视乃至误判了当代德国哲学的新进展。这里所说的"当代"，既指代 20 世纪中叶以后，也标识这样一个时代：自然科学和技术的巨大发展深刻地改变了世界和人们的生活，哲学必须面对发生了极大变化的生活世界的新现象、新现实；全球化的深入发展带来的文化和价值冲突以及多元框架下的跨文化对话成为人们日益关注的实践与理论问题。承担了这种时代使命的当代德国哲学，聚焦的问题、探讨的内容和理论的形态也便必然与之前的哲学有了很大不同，呈现出多元化的状况与趋势，出现了许多具有创新活力的哲学家和原创性的新理论、新思想，推进了当代哲学的研究，其中不少哲学家及其思想也已产生了重要的国际影响。这是哲学的"转型"而不是它的"衰落"，更不是它的"终结"。当代德国哲学依然是世界哲学的高地。

当代德国哲学的"转型"，在研究领域上突出表现在从基础深厚、影响广泛的观念哲学、现象学、存在哲学、诠释学传统转向主要由以下五个方面组成的多元状态。①实践哲学成为哲学研究的核心领域。尤其是政治哲学、伦理学和社会哲学的研究，涉及广泛，成果丰硕，并由此产生了诸如法和国家哲学、社会批判理论、生命伦理学、伦理哲学、生态哲学等许多新的学科分支和研究方向。②现象学发展呈现出不同的面貌。现象学与人文科学、社会科学和艺术科学等密切合作，促进了生活现象学、身体哲学、认知哲学、艺术哲学、哲学治疗学等领域的新发展。③文化与跨文化哲学成为关注重点之一。哲学家们以交互主体性、构建性、动态性等概念为基础，在反思和批判欧洲中心主义的同时，表现出了积极而宽容地对待异质文化的对话姿态，试图建立一种多元的求同存异的跨文化哲学形态。④欧陆人本哲学与英美分析哲学彼此影响、交互汇通。哲学家们关注并吸收分析哲学的话题内容和分析方法，在现象学、生存论、认知科学、科学哲学等领域提出全新的视点、问题和理论。⑤对传统哲学史的当代诠释。哲学家们继承德国哲学研究的传统，从哲学史资源出发，阐发和建构自己的哲学思想，并对传统哲学广泛而深入地进行具有当代意义的诠释，使历史文本的解释更丰富、思想史研究的视野更广阔。

近年来，汉语学界对当代德国哲学家及其著作和思想开始有所关注，翻译出版了一些译著和研究论著。但总的来看，关注不多，翻译很少，出版有点散乱，研究几乎还是空白。因此，选择具有代表性的当代德国哲学家的非哲学史或文本研究类的原创性著作进行集中译介，为汉语学界系统整体地了解当代德国哲学的发展和趋势提供综合的资料基础乃至讨论平台，是本丛书的基本旨趣。丛书原则上每个哲学家选译一本，少数影响较大的哲学家可略增加，同时选用了若干在已有中译本基础上重新修订的译本。在选择书目时，除了考虑哲学家本身的思想影响力和发展潜力之外，还充分考虑汉语学界的接受和熟悉程度，比如伽达默尔、哈贝马斯、马尔库塞等虽属当代德国哲学范围，但他们已为汉语学界所熟悉，因而不包括在本丛书译介的范围内。

参与本丛书译事的同仁朋友，无论是年轻学者还是资深专家，其认真负责的态度令我敬佩，亦深表感谢。但由于多人参与，再加原著语言表达的差异，译文风格和术语译法上难以做到规范统一，也肯定存在错讹之处，祈望学术界同仁和读者批评指正。

本丛书是国家社会科学基金重大项目"当代德语哲学的译介与研究"的成果。项目组主要成员王俊教授做了许多联络组织工作，商务印书馆学术出版中心为丛书的编辑出版付出了大量辛勤劳动。承蒙商务印书馆的大力支持，丛书将在完成项目的基础上，继续选题，开放出版。欢迎对当代德国哲学有兴趣的学界朋友积极关注和参与，共同做好这件有意义的译事。

庞学铨

2017年7月20日

于西子湖畔浙大

献给安格利卡（Angelika）

目 录

前言 ·· 1

第一部分　呈示部

第一讲　主体性与整体问题 ·························· 7
　一、主体概念、批判与展望 ························ 7
　二、错综复杂的自身意识 ························· 13
　三、世界图像与自身理解 ························· 25
　四、整体科学？ ································· 31
第二讲　在生活动力学中的人格与主体 ··············· 36
　一、根据与世界 ································· 36
　二、被预期的同一性 ····························· 43
　三、动力学的诸维度 ····························· 48
　四、洞见作为事件 ······························· 53
　五、哲学与生活 ································· 59

第二部分　发展部

第三讲　道德意识的开展 ·· 67
　　一、小结 ·· 67
　　二、基本规范与同一性形成 ································· 74
　　三、伦理学证成的困境 ·· 83
　　四、自身存在与道德意识 ···································· 93
　　五、道德意识的深化 ··· 98
　　六、生活状况 ··· 103

第四讲　共在中的主体性 ·· 113
　　一、先验奠基 ··· 113
　　二、主体出于主体间性？ ··································· 120
　　三、共在先于自身存在？ ··································· 129
　　四、自然主义的定位 ··· 134
　　五、身体作为共在的条件 ··································· 141
　　六、语言与文化 ·· 148
　　七、社会秩序中的个体 ······································ 156
　　八、社会秩序中的主体性 ··································· 167
　　九、社会秩序与道德秩序 ··································· 179
　　十、本质性的共在 ··· 185

第五讲　统一性、个体性与自由 ······························ 197
　　一、外推思想 ··· 197
　　二、根据与意义 ·· 202
　　三、万物一体与有限个体 ··································· 210

四、自由的自身意识？ …………………………………… 223
五、自由归派与后果原则 ………………………………… 226
六、自由归派的动机？ …………………………………… 232
七、行为方式与生活筹划 ………………………………… 253
八、生活筹划与优先选择 ………………………………… 269
九、自由与自身理解 ……………………………………… 278

后记 ………………………………………………………… 289
平装版后记 ………………………………………………… 301

前言

人们不仅生活着，他们还要出于自知（Wissen von sich）而生活。因而，相对于一切将他们构成为人的东西，他们的自身意识（Selbstbewusstsein）是基本的和直接的。但是，自身意识并非未分化的。它的复杂建制（Verfassung）自发地并且通过特殊类型的思想而分节表达出来。通过另一些同样少地被提出来的思想，人将自己置入与世界整体的关涉之中，并且被带入对他的自身存在（Selbstsein）的反思之中。哲学的任务就是去探寻这些思想。哲学必须首先澄清这些思想，然后以它们为起点，以便将它们综合起来，并且进而形成一种对人的生活的理解。以下五讲的题目就指出了这个任务。

这些讲座是应2003年魏玛古典学基金会尼采学院之邀而做的。前两讲是2003年冬在魏玛做的，第三讲的缩略版是2004年12月所做。第五讲的一部分做于2005年4月，这份文本总体上是一个随附的研究班的论题。第四讲本属于系列讲座的原初计划，但是它的文本是之后直到2006年才写下来。我对学院、学院院长和基金会的友善好客与富有启发的对话表示感谢。

在为了出版而加工整理以后，之后的文本逐渐接近论文形式——因为加强了论证,并且多层次地分析论题。尽管如此,如果不是特别涉及精心构建论证,并且全面地维护论证,而是检验在展开问题域时基本思想的承载能力和一个论证的思路,讲座的风格就仍然在某种意义上被保留下来。在外在方面,系统安排的讲座形式也会让人们认识到,这些文本都是从回顾之前的文本开始,而评注不是必须的,各种重要的哲学理论也只是顺便提及。

前两讲提出主体性的基本思想,接下来的三讲则通过各自关注的重点进一步推进这些基本思想。而之所以把它们分为两部分,也不仅仅是因为它们接近于实际的魏玛讲座。"呈示部"和"发展部"这两部分的题目就是通过音乐形式分析的语言,而非比如通过为研究项目而申请奖学金或者资助所使用的语言来说明的。

这些讲座想要指出,我们如何从一种将在主体性进程中出现的诸思想吸收进来的思想出发,去开展哲学的诸多基本问题研究。它们也澄清了人们从主体性出发获得的视角,以展望当前再次为众人所讨论的一些问题——伦理学的奠基、对自由的理解和主体间性理论,关于这一理论,人们也常常认为,它必须倒过来先行于主体性理论。每一讲都只是各自从主体理论的基础出发提出一个视角,而并未贯通地将此视角与其他讲座的论题结合起来。因而,每一讲都只关注人的自身理解(Selbstverständigung)中的一个维度。尽管如此,这些讲座也想要合理地说明这一自身理解的内在复杂结构,并且由此而在面对来自诸单维度理论的浮皮潦草的妄断时保护人的生活。

在最后一讲中，我们只是提纲挈领地描画了主体性研究与传统上所谓的形而上学的终极思想之间的关联，并未具体详明地展开。

后记则进一步说明了这一系列讲座的意图和界限。

迪特·亨利希

2007 年 5 月

第一部分 呈示部

第一讲　主体性与整体问题

一、主体概念、批判与展望

此系列讲座想要展望"人的未来",感谢各位的盛情邀请,我的讲座正要致力于此。尼采学院为魏玛古典学基金会举办了这一系列讲座。通过尼采这个名字,尤其是连带着想到德国古典哲学,这项任务同时也就获得了一幅坚毅的侧影。尼采赋予了人的未来的问题以某种爆炸性的力量,这种爆炸力影响了之后的整个世纪。不过人们必定会说:他或许也想要自觉地使他自己的问题完全摆脱对"人"的未来的追问。

黑格尔宣称,人是即将到来的艺术的神性。这种艺术的诸种形态不再能够带有构成整体实在性的东西,它现在应该通过一切"能够在人的胸中活跃着的东西"而展开其主题,以便由此传达出"穿越意识的沉浮的东西"。尽管这种艺术不再能够让对存在者和包容万有之物的思想成形,但它仍然能够从人的源头活水中更加自由地萌发与开展。

显然,尼采并未将这样的人之实现的构想归于人的未来,而是归于人的过去——而且是这样的过去,在其重负之下,他恰恰是要放弃追问人之可能的未来。因为游戏——关于此，黑格尔自己说，它就是与其主体性之间的游戏——是任意的，所以人实际上是由外力和他自身的虚弱所主宰。因而，如果他也应该有未来的话，那么他就必须自己熟知他实际上由此产生并且归属其中的整体。自由精神要为这样的识知与经验的可能性开辟道路。

为此，他首先要洞察和揭露那些统治着自身异化的人的各种假象。不过，在这些假象中，有一个假象占据了关键位置，它使人们相信，人在游历其沉浮的生活时是自身规定的主体，而根据黑格尔，这一主体的主体性应该就是现代人的这一个论题。

尼采对主体概念的批判给 20 世纪的理论史注射了一针强心剂。它始于对市民生活主体的批判，这个主体不是自己的主宰者，而是腐朽生活关系的产物。在后半个世纪，一场广泛的哲学运动就从尼采对主体概念的批判开始，并且通过海德格尔对形而上学史的谱系学解构扩展开来。在其时代的批判中，在其对变形的生活的诊断中，在其对表面上自足的结构的隐秘条件之揭示活动中，尼采思想的活力进一步为人所知。就这种思想姿态——它恰恰依据清醒地揭露假象和伪装的能力来衡量认识的力量——而言，甚至与海德格尔相比，尼采作为榜样也具有更大的影响。当然，没有人能够再获得像这位榜样那样奇骏的形象。是困苦与孤独的生活驱使我们去揭示自己的生活环境而理解这一困苦的根据，还是说人们只是在某种环境中继续进行揭示活动——这种环境已经认识并且促使解构的姿态成为文学的体裁——，这构成了根本的区别。

如果魏玛古典学基金会安排这一系列讲座去追问"人的未

来",那么对于我来说,其中有三方面需要表达:认识到未来会遭受的威胁,意识到在对这个时代的思考之中的诸趋向——通过回转,并且同时也通过从根本上修正人的自身理解而获得未来——的意义,但是同时也怀疑,这样的未来是否可以实际上通过以解构的方式拒绝一切关于人的本质的理解之预先规定——它们依附于传统思想的基本概念——而得以展开。

在我所做的五个讲座的诸论题中,尤其不要忽略:在这些论题中所提到的基本概念中有很多显然应该这样来使用,即它们不会也同时遭受某种根本的怀疑。实际上,在我将要做的讲座中,我并非从某种在现代的诸典范性哲学传统中所展开的对一切的普遍怀疑出发。我并不认为,这些传统需要革命,或者因为某种新的思想范式而已经过时。不过我会认为,它们直到其根基处都需要翻新,并且以新的方式来阐明,以便它们不会排斥我们时代的人的意识,而这个时代已经度过了许多危机,并且也还会经历许多。这样,一个任务就摆在我的眼前,它和从整个系列讲座的计划中引出来的问题一道被提出来。如果不同时提出延伸了一个多世纪的对它们的前提和展开力的批判,人们无法重新提出这些具有悠久历史的思想论题。我的意图实际上是,将这些论题——它们从一开始就主导着近代哲学——带入到新的光照中,然后导致解构所有这些概念形态的根据也应该能够在这一光照中变得透亮,并且被接受。不管是解构姿态还是与此相对的保守,它们都不会让我们获得一种洞见的根据,这一洞见与其说是要开创一个未来,不如说是要承受即将到来的事情。

经典的现代哲学给予了对"人是其思想和行动的主体"这

一说法的证成以中心意义。我将会以我的方式来做这件事。这里合适的方式就是，我们首先来研究一种论证，然后再摆脱它，而关于它人们可以说，它独一无二地主宰着整个新近对主体的哲学言说的批判。海德格尔发现，主体被设定为哲学的原则，他只会被理解为绝对的主体——也就是说，他的一切规定的自身赋权之根据。由此引发了很多其他的批判，其中一种批判是，这样的主体必然会伪饰他自己的有限性和他的理解方式的历史来源。

在海德格尔的法国继承者那里，这一论证还经历了另一番塑造。现代的主体由其自身当下（Selbstgegenwart）所定义。也就是说，据此前提，主体哲学不会因为洞察到任何匿名的力量而受到侵害，它们从背后构造着主体的行为和理解方式——机制、欲望、性，它们是意义发生的匿名开展，在此意义发生之中，无物能够获得完全的在场。

在这一论证中，海德格尔对主体的自身赋权（Selbstermächtigung）的责难就让我们联想到笛卡尔这个法国人。面对普遍怀疑，笛卡尔揭示了一个免受一切怀疑的确定点。对于处身于怀疑中的人来说，完全不受质疑的是，正是他自己受到怀疑的困扰。或许人们也会怀疑，这个人是否严肃地对待自己的怀疑。不过，不可能怀疑的是，正是人自己处身于这种不确定性之中。

因而，确定地知道正是我自己受到各种意见的困扰，这种确知实际上摆脱了一切怀疑。反对这一基本真理是无望的。但是，人们会问，如何理解这样的确定性自身，如何能够将它与所有其他理解活动安置在一起。现在，在处理这些问题之前，主体批判是由一个更为宽泛的、看似自明的哲学论点从背后引发出来的。此论点不属于笛卡尔的遗产，而是在法国人那里通过胡塞尔，尤其是通过让-保罗·萨特而变得有效：确定性只能源自明见性，只有它能够使某物达至完全的在场，能够使某物具有准直观的当下。然后，由此可见，自身确定性必然奠基于相即的自身当下。但是，如果主体是由这样的自身确定性所定义的，那么它就必须排除一切与其自身当下不相容的东西。这几件事带来的直接后果是，这样理解的现代主体就排除了一切由他疏离之物的限定，这些限定无法找到进入主体的纯粹自身-当下化的通道，并且由此限制了主体的自身-洞见。不过这样一来，一个这样理解的主体自身就一定会被揭示出来只是一个虚构。

这样，确定性与相即的因而明见的在场的结合就直接陷入了一种理论的困境。看起来，人们要能够谈及介入主体的构形之中的晦暗条件和匿名力量，唯当人们否弃这些主体就其本己此在而具有的笛卡尔式的确定性。但是，如果这一确定性还无法从主体意义之中排除，那么人们由此或许可以自觉地尝试去解构主体意义自身，并且将关于主体的言说排除出哲学语言。由此，人们就不得不与一个最终不可否弃的基本真理做斗争，而且它也无法从我们在自知中并且出于自知所过的生活中分离出去。

现在，我们有很多理由来支持给人的自身赋权（Selbstmacht）及其自清（Klarheit über sich）划定界限。人们也不能完全从人的主体位置出发来把握人。但是所有这些理由获得的力量与将确定性与自身在场等同起来无关，而人们认为，正是这一等式才同时让彻底的主体批判变得必要。确定性可以和确定之物的遮蔽状态并行。为此，人们可以举出一些平凡而日常的例子：

可能有东西向我袭来，并且完全控制了我，我无法估摸并且看清它，它恰恰由此而威胁着我。当然，搞清楚，使得一种思想有说服力的东西并不会通过将以某种方式被给予之物呈现出来而得到理解，这是至关重要的。不过这一点倒是适用于这样一些思想，在这些思想中，事物被把握为实在的。这尤其适用于关于这样的实在之物的思想，这些实在之物本身只在思想中，并且在关于自身的思想中才是实在的。这样的思想当然不会被理解为所谓"单纯的"思想，正如人们常说的，一切实在之物都和它对立。我们在其中把握我们自己的那些思想显然并非如此。因为如果我们不是活在这样的思想之中，我们会根本不是我们自己，关于这些思想，我们知道，它们是关于我们自身的思想。在某种意义上，这些思想一定实际上总是已经把握了它们的内容。但是这样一来，人们就可以说，思想甚至直接构成了我们之所是。

当然，人们要能接受这样的命题，唯当他不是将思想局限于解决问题的努力或者某种他既可以开始也可以结束的理智活动。每当我们有意识的时候，即便我们自己处身其中的世界也只有在思想之中才能展开。如果人们看清了这一点，那么在涉及我们的自身关系时，就不再有办法让他也接受同样的观点。我们既没有因为时时刻刻伴随我们生活的自身确定性而被委以绝对的自身赋权，也没有因为它使一切构成我们的此在之物达到透明和完全的清晰。因而，如果人们将在自己的思想中的自身确定性与自身在场和自身洞见分离开来，那么自身确定性和对我们真正所是的不确定性就不再相互排斥了。毋宁说，正如我们自己在生活中原初经验到的那样，事情在于它们的内在关联。接下来的讲座将一再回到这一关联上来。它是这些讲座的思维连贯性应该由此出发而构建起来的一个基础。

此外，这些讲座也只能努力求得个综观。正如基金会所说的那样，它们想要开展出一个视角。这样，所有的证成也都不会是详尽的证明，而只能是提纲挈领。它们必须放弃全面的利弊权衡，而正是通过此权衡活动，一种哲学证成才最终获得其可靠性。但是，哲学也必须总是以某种特殊的方式面向整体。它越远离那些吸引人们进入哲学思考的论题，就越不能符合人的生活本身——常常也是未分节表达地——寄予它的期待。当然，它也必须对它所展开的视角承担专业上的责任。但是，视角延伸得越远，它就越不能够根据形式系统的范式而获得可靠性。哲学在这样的认识方式的边缘处活动，通过这些认识方式，我们可以获得确定的因而也有约束力的、但也总是部分的成果。这样，它必须将更多的注意力转向确证它的视角本身。一条能够引导至此的道路就是，去揭示这一视角不断更新的样态与运用。

二、错综复杂的自身意识

这第一讲应该探寻主体性和整体问题之间的关系。我们想要阐明，向整体的伸展（Ausgriff）是如何以多种方式从自知的存在者的基本建制中产生出来的。我们还会进一步指明，这一伸展会打磨铸造并最终成型，如果整体以这样一种方式被构想出来，即它也将向其伸展的人自身包含进来——并且恰恰通过此整体，在此整体中，此人也同时抽离自身。正是在自知中的生活感觉到自己成问题的地方，与一个终极整体的关系也成为问题。由此，我们也要说，对主体建制和终极整体之间的关系之理解的出发点是，思想中的自身确定性绝不意味着以这种方式自知的人的自身在场。毋宁说，与此相反，它表明了此自身确定性与自身在场甚至恰恰是相互排斥的。

涉及所有下面的讲座，我们现在也还必须在关于主体性的多义说法上说点什么。用这个表达，人们可以只是指这样一种特性，借助于此，某物成为主体。这样，主体性就标识了作为一个主体的建制。与此相区别的是这样一种用法，它将一切这样的意见和状态都标识为"主体的"，这些意见和状态并不符合世界中的事态，而关于这个世界，人们认为，它完全独立于一切主体关于它的思想而实存。我还将在第三种意义上使用主体性这一表达，不过它预设了第一种意义，并且将其包含于自身之中：诸进程从主体本身所特有的东西（因而是出于它的第一种意义上的主体性）出发。人们会说，它们统统都是这样的进程，在这些进程中，主体开展为一种扩展形态，并且从现在开始在这些进程中领悟他自身。这些进程中的最基本的进程是自知延展着经历生活史的历程。在所有这些进程中，接下来尤其要考察的是这样的进程，在此进程中，人作为主体能够理解自己，并且理解构成其生活之物。在这一理解的动力学中包含人对道德约束的意识和他的自由问题；正如我们之后将要指明的，这两者本身也就是一种理解活动的根据。正是因为这些进程，哲学这一学科才完全直接地植根于在意识生活中自发产生的需要。

在今天的讲座中，处于前景中的是第一种意义上的主体的主体性，也就是基本的自知。然后，接下来的讲座将探寻从主体性的基本建制出发的诸主体性进程。不过，在一个重要的方面上，这样一些进程已经通过反思主体与整体的关系而映入眼帘了。主体成为哲学的论题，它并非只是顺从归属于其他论题之下，而正是在这里，根据和整体思想的建制也将成为论题。海德格尔就曾经认为，主体性成为了哲学论题，出于这一点就径直产生了一种趋向，去伪称它是自足的，并且伪称它是单单出于自身而建立起一切秩序的根据。我们现在应该再一次回想起近代哲学的笛卡尔开端，以便也有个初步印象，这两个论题如何能够以一种完全不同的方式相互关联。

笛卡尔式的确定化活动的出发点是在思想中的自身关涉，并且是在特殊的怀疑状态中的自身关涉。正如我们所看到的，怀疑——我知道，它正是我的怀疑——本身不可能也落到了我自己的身上，倘若我就是怀疑者。因而我确定地知道，我实际存在着。这一确定化活动是一种沉思：我自己必须专注于我在怀疑这一思想，并且在这种意义上，必须调整我的思虑的注意力，投在我的自知中的自身关系之上。不过，只要这一思虑专注于怀疑状态中的自身关系，那么由此从它那里产生的也不仅仅是确定的实际存在。这一确定性与怀疑的进行紧密相关。这样，与此在的自身确定性相关的是，对处身于这样的自身确定性中的存在者之界限的认识。这一此在并非处身于这样的可靠性之中，即此在由它自身证成，并且很显然，它肯定缺乏任何会排除一切怀疑的充实内容。而如果具有了充实内容，那么这种特殊的自身确定性也就根本不会是它所能获得的。

在这一基础——它真正是一下子向自身沉思展开——之上，

接下来就可以引入上帝思想了。也就是说，我们从这一思想出发来说明总体处境的起源，在此处境中，它的本己实在性以完全独特的方式向一个并非出于自身而是实在的存在者展现开来。在阐明这一关系时，笛卡尔使用了原因的存在论语言，据此，有限的实体区别于无限的实体，并且它们都被置入相互的因果关系之中。在这一关联中，他就可以将作为无限实体的上帝设定为原因，它使得我们能够意识到我们自己。但是沉思的基本处境是超出这一存在论阐明手段的运用而形成的。在此，本己此在的自身确定性和本己有限性的确定性就一下子出现了，以至于向着根据的提升就完全直接地随之而来。这样，这一根据就会是逆向地，并且完全直接地，不仅被置入与本己有限的此在的关系中，而且由此也恰恰被置入与构成并且凸显这一此在的自身确定性之物的关系中。

以这一种逆向证成的思想风格，我们使自身确定性直接联系到对本己的局限性的认识，并且同样联系到对出于被归派以完全别样建制的事物而得到证成的意识。这一风格不仅出现在近代哲学的历史开端处。人们可以看清楚，它一直以来都以不断更新的样态支配着这一历史道路。人们甚至可以在尼采的思想中证实它的踪迹，尼采最终承认笛卡尔式的斯宾诺莎是他唯一的先驱。当然，尼采将批判的矛头指向主体概念，并且以谱系学的方式消解形而上学的上帝概念。但是，他以这样一种方式改变了那种思想风格，这种方式和他的批判是相容的：我们在我们的自身关系之中并未相即地向自身展开。但是，在专注于我们实际的自知之物的思想中，我们将超出我们自身，并且达至一个高出我们的整体，正如它使得我们可能有一种生活，我们可以通过经验到这一整体而自由地去过这样的生活。因而，这种基本风格总体上依赖于其构建的出发点：一种自身确定性，与它难分难解的是，不清楚处在并且活在这一确定性中的东西真正为何物。

这一简短的笛卡尔研究应该有助于指明方向，在接下来的讲座中，我们要将什么作为基本风格归于现代思想。这一基本风格从这样一种关系中形成，依据这种关系，主体性通过与它的自身确定性紧密相关的自身疏离而面对一个整体，在这里，它也只能根据其自身疏离而使这一整体当下化。

现在，我们要转向去说明这一在涉及实质问题本身的考虑中的关系。正如我们所说过的，这些问题首先针对的是在这第一种的自知意义上的主体性——但是，也总是涉及与整体的多种关系，它们在这一主体性中出于自身而出现。

如果主体的主体性并不意味着它的自身赋权和贯通的自身在场，那么那个对于上世纪的主体批判来说最重要的纯粹理论动机就被消除了。但是主体批判至少还和承认主体性为其原则的哲学有一个共同点，即与后者一样，它也指望主体性的启蒙能够给那些出于生活本身而给哲学提出的问题提供重要的启示。

在上个世纪，还出现了另一种强劲的趋向，它恰恰与这一共同的前见对立。根据这一趋向，解构主体意义的活动就变得多余了。毋宁说，主体意义被平凡化（trivialisieren）。因而，附着在主体哲学上的期待就消散了，同样，迫使人们徒劳地试图去怀疑任何关于作为主体的人的言说的动机也消散了。人们不能否认这一趋向的战略力量。因为合乎实际的是，以一种主体概念为取向的哲学，在主体性中看到了一个唯一的基本事实。

因而，这一基本事实要求本己的阐明方式，然而它也期望一种对理论和生活具有同等意义的启示。在主体批判中，这一期待并不会落空，而只是从现在开始转而告别以主体为取向。但是，通过将主体意义平凡化，这两种期待本身应该同时都落空了。

如果人们出于一件平凡的事态来说明构成主体的东西，那么这并不是说，人们也可以指责这一说明本身是平凡的。它甚至会使用相当多的哲学伎俩。此外，哲学向来都是在拆解假象和保卫不可取消的深厚意义之间的冲突中找到出路。因而，谁想要在主体概念中确定对生活的理论和解释来说本质性的方向，他就必须和顾及主体批判的论证一样也顾及使这一主体意义平凡化的论证。现在，我们也要尽可能快地进行了。

平凡化的各种尝试别有意味——当它们牵涉，对语言表达意义的反思活动在此期间已经从多方面证明是哲学启蒙的手段了。这样的最简单的尝试[根据汉斯·莱辛巴哈（Hans Reichenbach）]的出发点是，索引词"我"已经完全说明了在思想中的主体位置。这一语词的意义是，指引人们注意说话者，这位说话者现在正使用这一语词。因而，谁合乎意义地使用索引词，他也就由此而处于自身关系之中。

但是，现在，语词的使用必须不仅事实上依照规则进行。自动装置也可以做到这一点，但它没有能力把握其中透露出来的思想。如果说的应该是"掌控"他的语言的说话者，正如人们所说的那样，那么人们就必然认为，这个说话者自己理解他所表达的东西，并且想要让他向之述说的人明白他的意思。在这种意义上，通过使用语词"我"，主体位置虽然得到确证，但并未得到构造。毋宁说，它在"我"的使用中显然被设为前提了。

彼得·斯特劳森（Peter Strawson）的做法则完全不同。他认为指示词"我"的意义嵌入了其他指引性表达——比如"你"和"他"——的系统关联体中，"我"也属于其中。所有这些表达都预设了，运用这些表达的人能够将自己同一化为个体，并且同一化为这些表达所意指的那一个。不过，在使用这些表达时，同一化活动并没有实际进行，而只是作为随时可能的活动而隐含其中。斯特劳森由此推导出，在简单的"我"的使用中就已经预设了一个具有某种建制的世界：在其中有人格，因而有这样的个体事物，它们能够通过它们的躯体而得到同一化，但是同时并且原初地也能够理智地使用语言。

正如你们所看到的，这一尝试已经走在了这样一条思路上，即它证实了主体意义与世界整体之间的相互交叉。可是它并未阐明主体性。如果人们问，如何来理解某个人使用了一个全面的包含了世界整体的概念系统，这一点变得显而易见。他和某种世界概念一道也拥有人格概念，但这显然是不够的。也就是说，他必须知道将这一概念运用到自己身上来。为了能够这样做，他必须首先明白，认识并且理解自身为某物，这意味着什么。这样，斯特劳森就必须尝试结合自身运用（Selbstanwendung）的能力来重构概念系统，但是他并没有这么做。因而，只有通过将人格概念运用到自身，一个人才能显示出他是主体。

但是，我们不可能通过学会使用语词"我"——也许它和"人格"的意义的使用也一道被学会了——而产生出这一自身运用。我们恰恰已经看到，"我"的使用已经将自知设为前提，而非构造了它。此外，很显然，孩子是很晚才学会使用"我"的。孩子并非通过这一使用而获得自身关系。孩子告诉别人，他处在自身关系之中,并且从现在开始他也懂得了如何谈及他的自身关系。因而,"我"的使用预设了和本己自知的一种间接的、反思的关系。虽然这也让人很好地理解了,为什么运用第一人称索引词的语言也尤其能够表达出自身独立和自身有效的要求。但是,这种情况不应该诱导人们要从实现了的"我"的使用的这些积极方面中推导出主体性本身,并且也从一种支配意志中推导出这一使用所预设的自知。

自知不会是习得的,当然它也根本不会是通过学会某些语词而产生出来的。孩子获得自知,他也同时由此而实现了他的人格意义(Personsinn)。反过来说,对于人格意义而言,这也意味着,它只能通过包含识知着的自身关涉而得到定义。

但是,现在这一识知着的自身关涉具有复杂的建制。对这一建制也有一种识知,这当然既不是孩子的事务,也不是一般人的事务。但是,他们在这样复杂的识知中生活着——这样,如果一种哲学构想修正了那些他们总是据此而重新认出自己的东西,那么他们往往会感觉到自己变得陌生了。

这一复杂物的许多其他方面依附于其上的核心就在于,在自知中,人们无法将人们有所知的东西,和对人们自身就是他有所知的东西的识知彼此分离。我们也不可能从两个因素——我所识知之物和我自己知道它——的结合出发来解释这一识知,以便进一步说,如果第二个因素也被添加给了第一个因素,那么就达至自知。我有可能知道事实上属于我的东西,而没有注意到我自己就是它——比如我在镜子中的影像。但是,自知包含了彼此不可分离的自知的什么和如何。不过,这并不能说,它们根本不能相互区分。

此外，我之所是并不能在构成我的自知的东西中穷尽。我自知着，如果我识知我自己，那么我所识知的多于我的自知。由此可见，自知不是一桩一般事态，就像比如全部关于识知的识知或者人类收集的识知总和那样。人们很容易并且清楚地将自知区别于这样的识知意义，也就是这样的识知，它之所以被称为匿名的，是因为它不属于任何人。我的自知并非由此产生的，即某种匿名的识知向我展开，而是说，我自为地，原初地，并且单独地处于识知着的自身关涉之中。就这一点而言，一个主体也明白自己不依赖于，他进入某种对其他主体的实际关涉之中，并且总是作为不确定的多中之一。在其自为存在中，他完全独自存在，虽然他只能够通过与他者的共生而成长为这一识知。但是，不只是出于对这一共在的经验，而且也出于他的自知的建制，他才知道，他不是独一无二的。当然，他必须不只是通过他的自为存在，而且也通过其他特性而作为这样的一区别于他者。

这些区别性特性包括那些本身就属于更大识知范围的特性——比如，他的属于有意识地过着的生活整体之经验和思考的关联体。但是主体是这样的，正如他所知道的，他者能够与他发生关系，并且他在关于自身的思想中具有关于与他者的关系的思想。不过，他者并不会出现在他本己的自为存在之中。如果这些他者这样做了，那么他们本身就处于这个他者的为我存在之中，并且在某种程度上恰恰融入他之中了。这样，他们就会与他们还想要向其展开自己的他者同一了。因而，诸主体要能够彼此共此在，唯当诸主体各自本己的为我存在直接转化为某种中介，通过这一中介，他们自己的为我存在才作为他异的自为存在而为一个他异主体所通达，而无需它成为他异主体自己的为我存在。由此也产生了诸根据中的其中一个，这些根据说明了，诸主体也作为躯体并且通过语言交流而实存着。接下来有一讲将转向这一论题。

但是，就算这一点和所有其他与主体存在处于本质关联中的东西加在一起，也还无法构成关于一个主体的说法的意义。因为一个主体，如果他不自知，就不可能作为主体起作用。因而，自知就必须总是一并被意指，如果我们说的是应该归于主体的东西。这不仅仅是因为，一个主体通过他的自知而处于与自身的一种关系之中。毋宁说，这一关系构成了他作为主体之所是。我们看到，主体的其他特征就附着在他的这一自为存在之上，并且它们也由此出发——在某种意义上——才能够得到把握。它包括躯体和语言，没有它们，就不会有彼此不同的主体，不过还有其他一些条件，它们和连续自知的形成有着明显的关联，其中许多是关系到能够在"意识"这个标题之下成为论题的东西。但是，如果没有自知，所有这些其他的特征也就不会和主体性有关系。现在，只有在思想中才有自为的识知，识知着的自身关涉只是出现在思想之中，思想的相关性和正当性在这种情况下是毫无疑问的。这样，人们就再一次得出结论，即构成作为主体的我们的东西实际上恰恰就是，某种思想保持着，并且在生活中延续着——必然地，并且无需努力思考。

我们现在只是想要确立这一重要的事实，它赋予笛卡尔主义以新的或许让人大吃一惊的活力，并且使我们专注于另一个方面，此方面在这一点上与主体意义相关，即诸主体仅仅对他们的实在性才具有一种确定性。

人们或许会认为，主体性必须被描述为基础思想，由此可靠的基础得以阐明，而这正是现代主体哲学所需要的。这就意味着，基础设定在主体意义之中，它通过这一主体意义的自身阐明排除了一切进一步的问题。但是，至关重要的是，我们要澄清，情况正好相反。我们要明确，自知是基本事实。由此出发，我们也获得对主体意义的许多内涵的揭示。但是，人们只能通过反思性的沉思达及这一事实——并不是说，比如人们从某处发展出它来，人们通过诸成分或者诸构造条件来说明它，或者，人们重新进行它自己形成自身的进程。

此外，这一基本事实本身也是复杂的，并且是这样的复杂体，以至于人们无法找到一种思路去说明，这一复杂体本身如何进一步为自己辩护——无论是出于他者还是出于它自身。如果人们不仅想要指出这一复杂体，而且还想要尝试推导出它来，那么这一尝试就会陷入某种循环。这样的循环是如何产生的，这一点已经在长久以来并且在多方面得到了阐明。识知着的自身关涉是自身理解的终极事实。但是，它本身并不是无差别的事实，由此也很容易产生一种倾向，即想要通过在它之中分化着的因素来构建或者重构它。不过它排除了这样一种分析，这种分析只会导致基本事实的诸因素彼此分离。但是，人们只能这样来谈论它所包含的成分，以至于他这时总是已经预设了这一复杂的整体事实。因而，这一对分析的抵制就只是这种情况的另一面，即我们面对的是一个基本事实，关于它同时又必须确定，它不是简单的。

由此产生了第二个结果，它在接下来的讲座中被赋予了关键位置。依附于主体位置这一基本事实的思想，必定总是朝向两个相反的方向：它必定一方面探寻主体意义的诸内涵，这些内涵在主体意义中关系到具有其他内容的思想。我们将马上转至向多样的秩序意义中伸展之内涵。在与秩序的这一关系中，主体意义表明是与构成对实在之物的认识的东西紧密相关。此外，越多地从主体意义出发，就越发清楚，这一主体意义本身不能以从它出发的认识方式而也被包含在这样的认识之中。这一主体意义是基础性的，但是它也抵制分解在它之中的复杂体，这两件事对它来说肯定是对立的。

但是，主体实际上就是一个这样的复杂体，并且，他和属于他的东西，比如他的躯体，一起构成了一个延伸更广、别样建制的复杂体。因而，如果主体性与思想和认识相关，那么关于主体的思想就也总是从主体出发。而情况如此，这更是由于主体只在他的思想之中实存，因而他不是像为他存在的、他所描述和说明的事态那样在场。通过主体确知自身，他是无法查明他的本质的。但是恰恰因此，他作为认识主体，并且出于生活兴趣，将追问他本身作为他在其瞬间的自身确定性中随时洞察的东西的起源。这样，在展开的世界视域中开展的认识，和回溯至主体连同其世界的来源的思想，两者就是相反的，并且在结构上是完全不同的。但是它们彼此都归属于它们自身确定并且同时又自身疏离的主体性的建制。

人们可能会认为，追问自己的起源——它是认识所不能把握的——是思想所必然的。对此，我们要提出警告，这一追问无法进入确定的自身认识，有鉴于此，人们只能有所保留地行事了。对本己主体性和主体性一般的来源的回问变得紧迫了，这不只是，甚至也不首先是出于以思想的方式进行的追问之连贯性和普遍性——也就是说，出于理论兴趣。这一紧迫性来自主体性自身，并且来自人们作为主体过着的生活，也就是说，过着他们的生活这件事所具有的内涵。生活必然驱使人们去努力获得解释，根据这种解释，我们就能理解生活、进行中的生活和它的自身超越。这就给予了看起来只能是空谈的理论问题以无可逃避的紧迫性。接下来的讲座将由此出发。

三、世界图像与自身理解

现在，我们转向向着整体的诸伸展活动，它们同时通过识知着的自身关涉而保持着，或者由此出发而得以进行。由此，我们一定不能排除这样一个问题，在这一问题中，主体转向本己的根据。毋宁说，我们由此出发去理解，为什么主体不能通过在其世界认识中向他展开的秩序来理解自身。这样，我们应该最终获得了一条思路来说明，有一种思想坚持通过回问主体性的根据而找到方向，这种思想是如何形成的。关涉世界的确定认识和超越一切在世界中被给予之物的界限的思想，两者来自同一个起源：主体性。这样，两者中没有谁会因为另一方面而远离这一主体性。

我们自知着，并且这一识知具有许多内涵。我们并没有凭借它而直观地或者准－直观地自身在场。诸多人之所是和构成他的东西，他当然也只能承认是事实。他的性别和母语就说明了这一点。不过，即便人与他的自为存在统一而成为在世界中具有某个位置的个别主体，这一自为存在也仍然超越了一切同时构成了他的个体性的具体内容。这样，他就可以想象，他完全不同于他事实所是，并且同时还知道，任何这一思想的实现都只是一个梦。

但是，建立在这种可能的思想的基础上，人在其自为存在中超出自身，达至世界。倘若他具有关于自身的思想，那么他也就已经具有关于区别于他的东西的思想，因而具有关于不同于他自身的东西的思想。但是，因为他关于自身的思想超出了他具体的个别此在，所以他也与关于一切个体的思想紧密相关，不管这是个别主体还是与主体相区别的实在。借助于他的自为存在，并且通过这一思想所包含的作为其相关物的那些思想，一个整体一般的"世界"就为人所一并思及。

他可以以多种方式设想，诸个体占据并且"聚居于"这个世界。这样，正如他只能认识大多数构成他自身的东西，他也要认识到，世界实际上如何被构型，如何得到充实。在某种意义上，他必须努力获得、分节表达并且扩充发展这一认识，这样，主体也就是认识的主体。但是现在，正如构成这一认识的东西并非完全任意的，这一世界整体形式——在其中事物被认识——也不会是任意的、完全变动不居的。在世界中的实在之物必然也作为个体或者作为诸个体间的关系而关系到一个个体，这个个体就是我自己。因而，它只能属于这样的整体，在此之中，我自己也给自己定位。

我们这样谈论的世界显然有别于我们的周围世界，它不是我们所熟悉的，并且能够居家于此的世界。但是，它是第一个总括性的实在整体，我们作为主体，并且作为有认识能力的主体总是关系到它。它在这一点上是自然世界，即它也已经与我们的自知一道被展开了。即便在日常意识——它远离一切认识之烦劳,并且完全依循手边切近之物——中,关于这一个整体的、宏大的世界的思想也总是一并被思及。

这也为分析哲学早先的成果所阐释,它广泛地为人所接受:谁谈及某物,说它实存着,他并未赋予它一种特殊的性质,也就是实存性。毋宁说,他的话意味着,此物处于万有之中,人们也可以在万有之中重新找到同一个它,只要它实存着。在某种意义上,一个这样的包容一切个体的宇宙的思想,对"实存"的意义来说是构造性的。当然,对如何来理解我们自己的实存和世界的此在的问题,我们仍然没有给出答案。在说明某物实存的意义时,这两者显然已经被设为前提了。

现在,自然的世界概念不是唯一的、与作为认识主体的主体发生关系的世界概念。在我们从这一世界所获得的认识中,诸个体被同一化,它们的相互关系也得到说明。在这一认识过程中,产生出一种超越自然世界的趋向。我们将我们自身看作多环节的个体,它们借助于其躯体的此在而为其他个体所通达。与此相应,自然世界中的实在之物同样被预先设置为这样的多环节的个体,不管它是"物"、生命体还是人格,也就是处于自知之中的生活者。但是,如果我们要获得对如此预设的东西的认识,那么我们最终也必须探问、消解这一复杂体,并且将它回溯到更简单的东西。这些更简单的东西更加确切地被同一化,并且只是在关系到它们时,我们才发现了那些普遍地因而在各个领域都有效的规则。这样,比如,材料在物体中的作用就必须追溯到元素周期表,以便我们能够谈及诸对象,它们在世界中,因而在"世界万有"中,处处显示出了同样的条件和反应。

科学的世界图像就是以这种方式产生出来的。它是属于我们的自然世界的同一些个体们的世界，不过却是一个完全不同地被塑造的世界。不仅它的建制不同，毋宁说它和自然世界的建制无法相容。两者的相互关系只能通过哲学工作来澄清，虽然我们时代的人看起来很容易就关系到这两个世界——比如，当他们开灯或者拿起听筒时——，但是也不会为这两个世界的无法相容而操心。

主体的自为存在从科学世界中消失了，在这一点上，两个世界之间的差异对于我们来说也变得尤为明显。当然，如果总体认识不是从主体出发的话，关于这样的世界的思想会是不可能的。但是，在这样的概念形态——它使得精确地同一化诸对象，并且根据普遍规则来描述它们得以可能——内部，只有物质状态和法则有其地位。主体概念根本不会出现在其中。这样，在这一概念形态中，对识知的理解也是不可能的——遑论对主体性的基本形式，即自知的理解了。

显然，在这种情况下，人们会问，这两个世界中的哪一个会被看成是真正实在的。一些哲学家认为，科学世界是人的构造物，它原则上不是从自然世界上揭下来的。另一些哲学家则认为，物理学的世界图像是有约束力的，他们甚至可能会期待，日常生活中的人们也只能在科学的世界图像的框架中相互理解，并且也理解自身。

在这里，我们仍然必须把这一争论放在一边。取而代之的是，我想要从对两个世界的刻画中突出一个共同的结果：在科学的世界中，主体性和一切关系到识知，并且与主体性联系在一起的基本事实还根本没有成为论题。不过，自然的世界也并没有相对于它而显示出压倒性的优势。当然，在人格的概念中，也就是在自然世界中的确定个体的概念中，我们需要主体的自身关涉。不过，虽然认识活动来自主体性，但是在人格的概念中主体性还只是被设为前提。说明性的认识——它超越了对于主体来说包含在关于自身的思想中的东西——也不能依据自然的世界意义来获得。由此出发，自然的世界意义显示出了一种基本形式，它在此意义之中还只是被设为前提，而不能借助于此意义被理解：我们必须设想一个整体的秩序（比如时空秩序），在其中，诸个体被同一化，并且作为不同的东西而相互关联。但是，如果不确定的多个个体没有被设为前提的话，这一秩序关联体就它这方面来说是无法想象的。康德也能够由此推导出，一个这样的世界只能奠基于主体性之中。但是，如果人们设想，它自为地是实在的，那么它作为世界就变得不可理解了，正如人格的主体性在其中还依然是无法理解的与料。在秩序和个体的对子中，另一个总是被设为了前提，而正是这一循环的交互预设，阻碍了此对子的可理解性。

因而，人们还可以通过一个进一步的动机来完善导致科学的世界图像的形成之动机：人们能够在物理学的世界图像中瞥见这样一种尝试，即悬置秩序和个体之间无中介的二元性，它已经让自然的世界图像作为自为实存的世界的图像变得不可把握了。在科学的世界中，时空不再是这样的秩序原则，这些秩序原则先行于物质状态由此而出现的法则。但是，我们也已经指出了，这一尝试不可能完全融合秩序和个体。我们在这里并不朝着这一方面而继续探寻，而如果我们提到这一既困难又激动人心的理解任务，那么，它由此而认为，恰恰当科学的世界图像被推进直至它自己的边界处时，疑问就从这一图像自身中出现了，它们属于那些抛弃了主体性理论而产生的问题。但是，因为形成科学的世界图像的基本思路，我们就不再可能重新将主体性融入科学的世界图像之中了。

在我们考察了向个体的整体的诸种伸展——它们依附于主体性——之后，我们发现自己又回到这样一个结果，这个结果我们先前已经以别的方式获得了：如果人的思想——它在人的主体性之中——没有受到阻截，那么它向着整体的伸展就总是必然是双重的：它一方面朝向一个作为被给予思想的世界的整体，另一方面朝向一个整体，这个整体只能在思想中展开。在第一种伸展活动中存在着一种趋向，它让主体性自身从世界整体中脱落，并且消失。与此相反，在第二种伸展——它与第一种相反——中，主体性的自身理解作为目标而持续保持在目光之中——在关于一个整体的思想中，而主体性可以被认为是包含在此整体之中，并且在此整体之中，它有其根据。通过这第二种伸展，就产生出了在作为形而上学的并且作为思辨思想的哲学传统中出现的东西。人们也只能在和这第二种伸展相关联时才能理解那些伟大的世界性宗教。

43　　由此产生了一个对哲学来说极其重要的结论：追求世界认识的扩展和深化与超越世界甚至脱离世界的思想由此而相互归属，并且以同样的方式从人的主体性中产生！人作为主体受到强制和压抑，他不知道能够怎么来解释它，如果他被切除了这些思想伸展的其中一种可能性。但是，这也导致了，这两种相反方向的思想伸展也最终并且确定不能相互替代。思想在上升并且回溯到根据时也把作为整体的主体性——并且因而联系到它的世界展开——以及在世界中定位的此在作为论题。这样，超越世界的思想也不能脱离贯通地回视自然的和科学的世界。

出于这些逆向之物的统一，我们明白了，主体性借助于它的建制开展进入一个展开性的思想、追问以及困惑的普遍领域中。没有什么别的领域会比这一领域更强有力了。由此出发，我们就理解了人的主体位置在一切文化和生活形式的形成之中的奠基性意义。

尽管如此，现在还留有一个问题，即这两种对主体性来说本质性的思维方式是否以及如何实际上也能够共同归入一种唯一的、融合性的理解方式之中。不过，说到底就是这样一个问题，即主体性能够在关系到两个维度时找到一种本身稳固的自身理解吗——并且它以何种方式使得这得以可能。这样，我们所突出的理论的基本处境也为之后研究在人的生活中的自身理解动力学和在其中上演的精彩好戏预先规定了一个框架。

四、整体科学？

也就是说，这一动力学也承受着二者择一的压力，我们在涉及对自知的简单的基本形式之研究时就已经可以直接表达出这一点了：我们已经指出，我们能够从这一基本形式出发来理解彼此分歧的思想道路的开展。因而，自知的基本形式就是这一逆向的二分和分歧的唯一根据。就这一点而言，我们的研究从一个聚焦点出发而开展，通过关系到这个聚焦点，一种纯粹理论的释义需求也能够得到满足。但是，情况也可能会是，就像我们已经指出的，主体性在他的生活朝着这两个相反的方向开展时就遭遇了一个完全无法解决的问题。情况可能会是这样，如果主体性不可能在相反的思想伸展的冲突中找到某个静止点，此静止点面对本身分裂的伸展时全面地经受考验并且得到证实。那么，由此就会产生这样一种对人的此在的分析，它接近于加缪对生活的荒谬性的诊断：这一生活处于冲突之中，它无法消解，也无法摆脱此冲突。宗教以及仍然延续着柏拉图的思路的哲学都只是尝试走出无法解决的困境，并且掩盖它会导致的悲剧性的生活后果。显然，此二者择一只能是获得一个视角，在此视角之中，思想的诸逆向向度也汇入生活进程的自身理解，这样，这一处于自知中的生活就不必否定自身。但是，任何这样的二者择一也只是通过洞察相反方向的诸思想伸展活动的起源和分量来获得。

接下来的讲座将在此二者择一的领域中进行。因为意识到生活的冲突就在生活的根源之处，所以接下来的讲座就将努力勘察道路，在这条道路上，我们还是能够获得综合的自身理解。此外，主体性理论的动机——它们在两百年前的耶拿大学里展开并且被争论——应该和这样一些动机一样被人们接受，这些动机已经驱使尼采将他的时代理解为即将到来的虚无主义的时代。

或许在座的有些人会希望，我今天可以更加具体地来说一说这件事。不过或许我也可以间接地这么做，我也想到了我最近在魏玛做的一次讲座。我最近的一次讲座是在1989年的夏天，在歌德学院的会议上——还是在昂纳克①（Honecker）和维利·斯

---

① 昂纳克（1912—1994），曾任德国统一社会党总书记，1976—1989年任德意志民主共和国国务委员会主席。——译者

多夫①（Willi Stoph）的巨幅画像之下。执政党的哲学和生活学说，"辩证唯物主义"当时就已经式微，不过仍然具有无条件的约束力。之后没多久，这一权力保护下的学说就几乎从媒体和讲堂中销声匿迹了。这令人不解，并且感觉到被排斥，而这恰恰与出于好的理由克服它正相反。

因而，我现在恰恰也要在这里，在魏玛提出问题：沿着我的将主体性设置为原则的论证思路，就没有人能够头脑清醒地并且出于可敬的理由而是唯物主义者，甚至辩证唯物主义者吗？

对此，我要回答说，不！但是由此，对于任何的唯物主义都还需要更多的条件。党派唯物主义宣称自己是科学认识。此外，物质状态的总和应该作为物质始终有效，新的物理学就处理这些物质。在某种意义上，唯物主义哲学和科学的世界图像紧密相关，正如我所说的，此图像通过确切的指称和说明而从自然的世界图像中产生出来。

现在，我们当然已经看到，这一世界图像必然会排除主体性和一切认知事实。不过，既然自称为辩证的，这种唯物主义就不会对这一洞见无动于衷了。它把自己说成是辩证的，这样，物质就应该赋有某些特性进化的可能性，而这些特性应该已经被排除出物理学的基础理论了。因而，为了成为一种普遍的理论，这一基础理论就需要补充。

现在，这种形式的辩证的补充升级本身也在某种与物理学作为科学而得以建立同样的意义上伪称是科学的成果。我想要让那些从事阐释辩证唯物主义的工作的人相信，这里早就有一

---

① 维利·斯多夫，1964—1973年及1976—1989年任德意志民主共和国部长会议主席，1973—1976年任国务委员会主席。——译者

些没希望能够解决的困难。这些困难来自他们的思路本身，因而是根本无法避免的。我们今天甚至可以将它们和我们的神经学家陷入其中的那些困难等同起来，当他们必须兑现他们的假定时，即使用他们的新型工作方法来进行研究，而这些研究关于主体性，甚至关于自由都已经做出了决断。

47　　人的生活的物质基础当然不容忽略，物理学的成果也是证据充分、普遍适用的。此外，我们已经指出，虽然主体性是一个明见的基本事实，但是人们将会陷入循环和晦暗之中，如果人们试图通过分析而返回它的背后去。如果我们由此推论出，主体性或许必须建立在归根结底与最终构成物质之物无别的事物的基础之上，这也并非不合理。但是，通过这一推论，人们就走出了一步，它超越了对物质过程的科学研究领域。人们并未提出证据，而只是筹划并且接受了一种构想，关于它，人们可以知道，它不可能得到可证实的说明。

　　根据我已经阐明的东西，我们就得到了关于在这样的过渡中发生了什么的回复：通过这一推论，人们用一种超越主体性的思想的视角来替换科学的世界图像的视角，这种思想将世界概念和关于主体性根据的思想紧密联系起来。就这一点而言，这样的唯物主义不是科学的扩展，而归根结底是就自身释义的补充。它既不能伪称是科学的认识，也不能伪称是一种辩证法的结果，而通过这种辩证法，科学本身甚至最终还可以是完备的。但是，既然在政治的压力下，人们不得不承认这种唯物主义是科学的世界认识，那么，不仅它的起源被误解了，而且它的立场同时也名誉扫地。

　　因而，在这种情况下，人们就能够完全明白，为什么唯物主义的立场会黯然退场。但是，如果人们自由地，通过了解它的情况，并且考虑到了它的相关选项而采取了这种立场，那么，这种渐渐消失的立场就绝对不会被贬斥了。谁要重新采纳并且维护它，他就必须明白，有必要从根本上重新表达它。

不过，依上面所述，人们也进一步明白了：有一种哲学探寻关于整体的相反方向的诸思想，这些思想出于人的主体性而构建起来，而唯当思想能够不受阻碍地开展和传达，才有这样的哲学。在许多政治和社会情况下，包括在现在重新统一的德国的生活情况下，都存在着压力和束缚。而如果人们无法摆脱这些压力和束缚，那么它们就会阻碍意识生活，而它努力通过这一思想来理解自身，甚至不惜与此压力对抗。人们只能从本己生活的动力学出发，并且由此而自由地获得一种不为假象和顺服所控制的理解。

辩证唯物主义伪称，它占有了无矛盾的科学洞见和证明。总是会有一些科学家，比如今天就有几个神经学家，扮演哲学家的角色，他们也如是宣称。有时也会有人希望，他也可以以某种方式是这样的，如果也有其他的一些证据能够减轻，甚至消除在他的生活中自身理解的努力。但是，人们也总是一再地会明白，一种哲学，如果它要提出这样的证据，就会由此而丧失它在意识生活中的根基。不过，哲学也不仅仅是从这一根基中产生出来。它也总是一再地从这一根基那里汲取力量，去重新塑造自己。

第二讲 在生活动力学中的人格与主体

一、根据与世界

在上一讲中,我们已经说明了,在主体性这个论题之下我们应该依次理解什么。此外,我们是从自知出发,通过它,它总是一再构成的主体之核心就得到了刻画。我们也已经指明,要把握这样的自知——它尚未成为问题——,这造成了怎样的困难。然后,涉及这一主体,我们区分了三种关于整体的思想:日常生活的世界和物理学基础科学的世界,它们都奠基于一些基本的范型,这些范型彼此不相容,但是都同样来自主体的建制,这些世界能够向这一主体展开,并且为他所理解。而当这一主体自身明白自己被包含在一个关联体之中,出于此关联体,他可以明白自己是有根据的,这时,一个完全不同的整体就成为了论题。自然的和科学的世界的展开方向和这样的展开方向相反,即在这一向度上,我们寻求一个整体,并且想要思考它,而主体本身可以记在此整体上。这一逆向性已经让我们看到,人的自身理解和他的世界理解要达成一致，这会产生怎样深重的进一步的困难。

对这一从主体本身中产生的张力的说明预设了——不同于世界和多元世界的论题——哲学思考的特殊的现代开端。但是，对给予早期现代思想中主体概念的地位之批判，对于它的现代扩展形态来说也同样是典型的。关于此，我们已经阐明了要如何引入主体，以至于我们并非简单地取消对主体概念的批判——这也就是尼采的批判——，而是去理解这种批判在主体性的自身理解整体中的地位并且为之辩护。

为了指明这一点，我们批判了在关于主体性的描述中的不恰当预设，它们成了主体批判的标准：自身意识与确定性紧密相连。毫无疑问，我在自身意识中具有的识知是对我自己的识知（无论这可能确切地意味着什么）。同样，这一识知自身不受质疑。

但是，这要区别于一个完全不同的论点，即我在自身意识中相即明见地遭遇到我之所是，并且我从在自身意识中向我自己在场的东西出发，关于我作为主体之所是能够获得明确的揭示。与此相反，情况是，在这一确定性中同时存在这样的根据，它证明了，主体凭借着他的自知也自为地质疑自身，他因而为涉及他自身的怀疑所纠缠。

倘若这样的问题是从谜一样的自知的建制中产生出来，那么它们当然只是产生在理论的关联体之中。但是与此对应的是，人不停地追问自身，此追问从日常生活中获得其紧迫性。这一追问明确表达出了人对各自生活的位置和起源的无明。这一追问来自自知，并且总是一并涉及它，倘若这一生活完全由此来刻画，即它必须出于自知来过。自知恰恰不会因为它没有外在于识知的对象而被认为是简单的、容易的，而是被认为是复杂的、不透明的。

这种识知方式不是通过它证实所是的复杂体的诸因素来说明，倘若人们开始专注于它，以便理解它。因为任何想要从某种因素开始的阐明，都总是已经预设了对整体的理解，而此整体恰恰是我们要阐明的。我们无法从复杂体的诸因素中选取出某个因素，以便通过它来理解其他因素——就好像人们可以通过主动的关注来说明，人们所关注之物明确地凸显出来。也就是说，关注自己，这已经预设了整体的、本身不透明的自知。既然这涉及识知，那么它的因素的关联体也就不能被说成是，就像感知格式塔的诸因素是不可分的那样。进一步的研究完全说明了，对自知的哲学分析只能是给人——他已经明白说的是什么——以揭示性的阐释。任何分析在某种意义上都只是近似的；它预先设定了它不能分解并且不能通过诸因素来重构的事态。因而，人们也可以说，它是对根本不可理解之物的阐明，并且是这样的，因而也包括了它的这一不可理解性。如果它伪称是说明性的揭示，那么它就必然会陷入循环之中。

与自知中的确定性一道，这一不可分解性本身也表明了，在"自知"——它对于构成"主体"之物来说是典型的——的建制中，实际上存在着初始的、奠基性的东西——它可以是哲学思考的出发点。一个这样的奠基性之物不必是简单之物，并且也不必是自身透明的、展现着的东西。这样，通过哲学研究，人的日常意识证明是，人处于自知之中，并且可以或者必须通过这一识知而过生活，但是他没有在他的识知中将这一点归于自己或者某物。不由自主地，我们就不仅进入一般的生活之中，而且进入将人的生活区别于其他一切生活的东西之中：进入自身意识的基本处境之中——人会认为，这种基本处境是最自明的，不过，视生活情况而定，他也会认为，它是幸福或者不幸的。这就产生了一些每个人都熟悉的问题：如何在其起源的光照下面对我们所过的生活？我们当然知道，我们是父母所生，一个正常发展的大脑是我们处于意识生活之中的前提。但是这还什么也没有说。在任何有说服力的说明中，这些事实都必定被考虑到。但是它们并不能构成这一说明。我们不能因为它们而认为，什么为我们的生活证成这个问题已经得到了回答。人们也总是或多或少不安地，或者秘密地对这样的回答有所保留，而这个秘密也贯穿日常的生活，只不过日常生活还没有能力获得明确的、能够与科学说明相容的答复。科学家，比如神经学家越认为这个问题重要，他们就越加承认了，他们在物理主义世界图像的框架中的说明应该被认为是一种尝试；也就是说，尝试去查明，人们在此框架的诸前提之下进行的说明能走多远——因而是这样的尝试，即它知道自己还有其他的相关选项，只要它们是恰如其分地、条分缕析地、而非草率地拟定出来的。在面对接受他们的说明的一贯前提下如何生活这样的问题时，即便这些科学家也仍然会同样沉默以对，就像日常生活中的人在阐明理解，甚至阐明支配着他自己的生活的不安时那样。

　　上一讲也已经从其两方面的起源——主体性和原初的世界定向，它也可以被说成是日常的或者自然的世界图像——说明了科学的世界图像的发生。在自知中，主体超越了他的识知的任何的具体内容。由此，他有能力思考一切他有所知的东西的整体——在这一整体中，一切都彼此关联。主体只有在一种识知——他的自知——之中才是实在的。正因为如此，他也总是伸入彼此不同之物的整体之中，关于这些事物，他同样会有所识知。在这一关联体之中，通常关于主体-客体的说法——它要没有这样的考虑就根本无法理解——有其显明的根据。

人们也由此能够明白，世界——它向主体敞开，在其中主体能够给自己定向——的基本建制不是任意的：我们阐明了，世界整体必须被认为是诸个体的大全，它们根据诸秩序结构而彼此关联，这些秩序对于它们作为个体所是的东西来说必须被设为前提。空间对于世界——它原初地向我们展开——来说，就是一个这样的秩序前提。

然后，我们进一步阐明了，这一原初世界以及它的复杂个体和秩序的交互包含，激发人们去尝试获得一幅关于世界的通透图像，并且让个体和秩序相互指引，将两者回溯到更为基础之物之上。这一尝试从此原初世界中催生出了科学的世界图像。

涉及主体对世界的基本建制——它的结构就来自主体自己的建制——的态度，我们就进一步得出了这样的结果：主体必须在原初世界中自我定位——因而归属给自己在世界中一个位置。但是，作为主体，他在世界中比所有其他的个体——这些个体在世界秩序之中是实在的——更不被理解。然后，在科学的世界中，主体一般不再有位置。这并不排除，识知和自知被思考为从物质过程中产生的。人们或许会认为，事情可能根本不会不是这样的，并且尽可能地支持这种观点。不过人们还根本不能提出证据来证明事情必然是这样的。这一洞见并非懒于反思或者对研究成果漠不关心的靠垫，也不是漫不经心的救世说的通行证。但是它是在走向自身理解时感到不安的源泉，是在自身理解时更加审慎行事的根据。

上一讲的结论已经将这一成果和上一讲第一部分的成果联系起来。根据这一成果，主体预设了一个根据，因为他从他自己的建制中无法获得自身揭示。这样，他在两方面相反的方向上超越自身。他不能在进行对象性的世界认识的态度之中展开他的根据。在主体的认识开启的世界中，主体丧失了自身，即使他坚持不懈地探寻通过逐步强化他的对确切的、可靠的认识的要求而产生的东西。

人们已经看到：在这一基本处境中，最终必须将两种相反的伸展方式彼此联系起来。也就是说：对主体根据的思考不能脱离对整体，也就是对世界——它和这一思想相容——的思考。与此相反，因为主体在从原初世界过渡到科学世界的过程中消失了，这就产生了一个问题，如何思考这样的世界，在这个世界中，主体既不被设为前提，也完全没有位置。

这一结论作为第一讲的结果至今尚未得到强调。与此相关，我们能够给出答复——并且涉及这一系列讲座所提出的任务——，在何种意义上，我们所开始的说明涉及在现代意识的视角上提出的哲学问题。

（一）我们已经指出：人们能够坚持这样的证成过程，它从现代的原则"主体性"开始，并且同时也不仅接受，而且甚至深化推进对这一主体性的自足性的现代批判。

（二）前现代的哲学倾向于将哲学的出发点等同于这一维度，在此维度中，一个为一切证成之物、一个原初之物、一个包含一切之物展现开来。对于现代早期直到费希特的第一知识学，将证成的出发点等同于最终揭示一切的东西——人们会说，将第一等同于一——，这也仍然是标准观点。任何这样的基础主义所付出的代价对于展开了的现代来说也可以被认为是典型的。那么，这里所取的视角在方法上就可以被标识为非基础主义奠基的视角。

（三）人们可以说，与现代的思维方式紧密相连的是涉及人的自身理解的两种基本信念：这一自身理解必然在根本的不确定性中进行；没有自身理解能够确信，它也没有同时让人明白，人生活在矛盾、二律背反和彼此冲突的倾向之中。我们已经通过他的双重的向他的根据和整体——在其中，他并非总是已经并且必然丧失了自身——的伸展规定了作为主体的人的处境。因而，从主体性分析引出的哲学视角就其基本思路而言已经符合了这些标准。

它并未迫使我们认为，人的自身理解活动从一开始就陷入了没有出路的问题之中。但是它说明了，为什么人自身并未对这样的可能性感到全然惊讶，为什么他根据其自身经验甚至熟知它。在这个视角上，我们理解了，在何种程度上人可以质疑任何最终的基点，我们也理解了，在何种程度上他能够相信或者追随一种救赎学说。这两种情况能够发生，无需以人的存在为代价——倘若不只是出于单纯的懦弱而达至前一种情况，并且不是出于单纯的恐惧而达至后一种情况——，如果更多地考虑达至两种情况中的任何一种，而非达至全部的、各自的意识生活的总和。

这样的结果同时说明了，为什么人在其自身理解中并不指望一种不亚于在他的自知之中那样的确定性。因为他的自身理解恰恰是从来自主体性自身的谜题中产生的。这一主体性自己并非立即展现自身,这一点也不会在自身理解中被否认,在自身理解中,这一主体性自身不是从自己,而是毋宁说向着自己而释放自身。看起来在人类历史中,比起历史上各种各样的哲学理论来说,宗教以及诗人对此更加关注。不过,宗教和诗歌也只会目不转睛地顺从人生的基本经验。与此相反,哲学必须努力发展出一条使得这一点得以可能的证成之路,不过它也遭遇了很多其他的问题。只有哲学处于双重要求之下:一方面是真理和揭示力,另一方面是辩护的可靠性以及认识构建中的一致性和完整性。

由此我们明白了,对于哲学来说,接受它自己的结论尤其困难,这个结论说的是,它作为理论不可能预先规定人的自身理解,而这一预先规定能够被认为有约束力,是因为它的真理已经显明。但是,如果哲学获得这一洞见,那么出于辩护的义务,它就直接承担了进一步的任务:它将必须尝试指出,在认识与生活揭示之间的划界,这不只是无法避免的,否则哲学只会被证明注定是要放弃的,而没有得到真正的澄清。毋宁说,哲学试图指出,在哲学中,一种理性的整体建制产生作用,以及如何产生作用,它比识知的说明——它追求线性的证明计划的确证力量——更复杂,但也更富有洞见。

二、被预期的同一性

主体性不是静态的事实。就这一点而言,由至今的解释可见,一种动力学被归派给主体性,因为世界筹划的需求和次序是从主体性出发的。至今我们仍然只是将自知看成是一种状态，一种向疏离了的根据和世界整体的双重伸展奠基于此的状态。这仍然是孤立抽象地观察它，而此抽象活动专注于自知的基本特征。人们看到了，向世界整体的伸展如何奠基于自知，与此一致，关于这一伸展人们也必须说，世界展开的活动就包含在其中。世界整体对于一切可能的世界内容都是敞开的。这样，世界向主体呈现自身，就并不像是某种巨大的感知包裹。在世界形式的整体中实存之物并不是所谓已经"在他的眼前"展开，而是必须由他自身一步一步地展开。对此，奠基于主体的世界意义涉及认识的可能性，这种可能性来自诸种活动。认识必须被培养、加固和积累。因而它不仅从主体出发，而且也是分阶段的。这样，主体——他的自知不能通过要归派给他的活动来说明——同时是他的世界认识的活动主体。

　　所有这些活动都预设了主体自身在其中延续着。作为主体，他处于自知之中。因而，如果他从世界展开认识的一个阶段过渡到下一个阶段，那么他就必须调动他的自知从前一阶段进入后一阶段，可以说，他必须采纳通过世界自身的认识道路。但是这就意味着，他必须知道，在两个阶段中是同一个主体。

　　这必定是人们在涉及主体性时谈及的主体的同一性上最基本的意义。对这一通过其世界展开阶段的同一性的识知总是已经包含在主体的识知之中了——即便人们可能认为，自知是一种单纯的识知状态，情况亦是如此。主体不仅保有同一性，也必然预期了他的自身延续，并且只有凭此而是主体。

　　此外，这一预期，以及它被隐含在认识的意义中，这都说明了，为什么它会让许多人明白，人们也要将主体看成他的自知的主动起源。但是，在自知延续着穿过诸认识阶段和主体必然归派给自身的一切状况之中，就再一次出现了自知的基本特征：也就是说，自知不是出于自身而得到说明，更不是由自己支配。虽然主体的同一性的发生不能脱离活动，但它不是从主体性自身能实行的指向目标的活动中产生的。它是延续的发生（Geschehen），但是，此发生穿过诸活动，没有它们，它无法达至这一延续。这些活动中最重要的是回忆活动。

因而，人自身越不能投入意识生活之中，单单从他自身出发也就越不能够使得同一性——它实际上处于主体意义之中——通过诸阶段而续写下去。由此也就更让我们意识到，我们的自知预设了一个根据。这个根据并不被把握为一种引发行为，此行为瞬间发生，并且由此产生一种从现在开始自身生成的行为。毋宁说，这一根据必须被看成在同一连续体中的可能性根据，在此连续体中，主体在其活动中也延续自身。这还根本谈不上这一根据是更进一步地被规定为大脑的活动还是规定为智性的精神过程。

对此，唯一的相关选项是意识生活自身造就（Selbsterzeugung）的观念——此观念现在已经在多方面遭到反驳。而关于这样的主体，人们甚至无法设想，他的生活会被打断或者消逝。很久以前，在一个梦中，我明白了，一种主体理论错误地置于这一观念之中，但当它径直否定死亡的可能性时，它仍然是前后一致并且富有远见的。

人们也能明白，本己的同一性预期就处于主体意义之中，如果人们再一次观察索引词"我"，通过这个语词，我们就分节表达了主体在语言中的位置。众所周知，它与索引词"这里"

和"现在"紧密相邻。而且，它们的意义依赖于"我"的使用。一个人说，事情发生在"这里"，这就意味着，它发生在"我"自己——也就是运用表达式"这里"的人——所处的地方。当然，反过来说，"我"的语言使用也只是提示人们，事情在何时发生，说话者自己身处何处。不过，两类索引词之间的不一致还是显露出来：依赖于"我"的使用的"现在"不断更替；以同一种方式依赖于"我"的"这里"也至少可以每次都不一样。而"我"的使用则包含了，它涉及一个主体，此主体在任何这样的更替中都保持同一。因而，与对主体位置的分节表达不可分离的是，我们承诺了主体的同一性。

在这里，现在很容易想到，这种研究——在此，自知仍然纯粹只是被视为静态的——已经强调，这一识知必定不能被把握为匿名的自知，而是与此相反，被把握为"为-我（mich）-存在"。我不会否认由此产生了极其复杂的后续问题。表达式"我"（mich）的使用，它即便在这里无条件地发生，也仍然预设了第一人称单数的"我"（ich）。这个"我"（ich）的使用却一定用于，将一个说话者从话语共同体的诸成员中凸显出来。如果人们单单注意这一点，那么他就必定会得出结论，只有涉及语言共同体才能说明主体的个体化。但是与此相反，在我这方面我一直想要这样说明和许多其他主体的维度的关系，即主体在自知中将自己理解为个体，他能够在与他者的关系中思考自己，也能够在这一关系中实际上把握自己。由此就产生了一个任务，去说明这样一些前提，根据这些前提，我自己原初地在自身意识之中，因而并非以和他者的比较经验为中介，而能够把自己理解为个别主体。

第二讲 在生活动力学中的人格与主体 | 47

这些讲座还不能提出主体性阐明所遭受的一切问题纠葛和争论,也不能讨论一切这样的立场,根据这些立场,人们可以尝试去这样或者那样地讨论这些纠葛。但是,我们已经看到,人们必须容忍大幅度的削减,如果他在涉及主体性时以话语共同体为终极与料。

但是,现在我们有充分的理由来明确凸显另一种立场的后果,这种立场拒绝对主体性从语言理论上进行说明,但是它将一个匿名的、一个不是作为个体来把握的主体作为它的出发点。这一立场不能在归入匿名的、自为存在的主体之物和所有其他的事实和进程——我们将之归派给主体性——之间划出一道基本的分界线。人格、他在世界中的位置、他的躯体和所有使得人格之间的交往得以可能的东西,完全交托给了经验世界。静态地,并且从静态上看,人格连同他所有的人格内涵与"纯粹"主体对立。我们甚至不能归属给这一主体性以这样的同一性,它会不同于也适用于任何其他形式的事态,因而比如适用于计数的同一性:我们总是可能将标识这一事态的表达式(比如"二"和 deux 或者"一的下一个"和"四的一半")"保全真值地"(salva veritate)置入一切陈述中——这样,它的真值不变。

在此期间,我们已经开启了一条道路,通过这条道路,我们有可能同样避免两种情况:通过语言理论来削减和平凡化主体性,或者,使主体性的中心,也就是自知,脱离了一切具体的奠基于主体性的生活的进程。在确定这条道路时产生的一切进一步的理论问题——就像普遍地在主体性理论中那样——将为了这一点而接下来先被放在一边。此外,通过所有这样的考虑,我们在此期间已经奠立并且开展了这一讲的论题,也就是在主体性中的多元动力学。

三、动力学的诸维度

这一讲的标题已经区分了主体与人格。我们现在来对此加以说明。用一个简便的公式，我们可以这样说：主体作为个体是世界整体的相关物，人格作为主体同时也是在世界之中的个体。只有认为主体是匿名的独一之物的人才会说，也必然会说，主体和人格的区别就像是逻辑形式和个体事物的区别。或者人们要说，任何人格都处于自知之中，并且在这种意义上是主体。与此相反，我们需要说明，主体——他由他的为我存在所定义——自身实现为人格。

不过，如果人们这样来说明主体和人格的关系，即主体性简单地被认为是人格的一种特性，那么也有失草率。当一切构成某个人格的东西，就他自己在涉及作为主体的自身时所拥有的方面来说，看起来就像是一桩本来也可能是完全别样的事情时，人们就会看到上述的情况。我们都知道我们的名字，但是我们很容易设想有一个完全不同的名字。适用于这一简单状况的也完全普遍有效。我们生活的一切状态，我们都能设想发生了改变。许多童话故事和科幻小说，也包括灵魂转世说，都奠基于我们可以将我们的生活视为对于我们自己来说偶然的给予之物。有一位美国哲学家已经在命题"我是托马斯·内格尔（Thomas Nagel）"中看到了引发哲学的惊异的诱因，他想要指出，这种惊异不会通过语言分析而消失。人格在这种自知中能够与自身保持根本的距离，我们必须把这一点看成表达了我们是主体和人格的统一。由此显然又产生了一个复杂的问题。它不能由赫尔穆特·普莱斯纳（Helmuth Plessner）的公式来回答，根据这个公式，人是处于与自身和它的世界的离心位置的生命体。这一公式通过空间的隐喻而让一个无法比拟的困难消失了，而这个困难与自身存在的建制一道被抛弃了。

人们能够使构成一个人格的东西成为论题，作为一方面构成认识主体——他处于自知之中——的东西和另一方面构成作为在世界之中活生生的躯体的此在之间的中心。现在，在上一讲中我们已经说明，一个主体——他将自身理解为个体——唯当他作为主体拥有躯体，才能够达成并且保持与其他主体的关系。因为一个主体不可能直接通达另一个主体。这就意味着，如果他自身一定要一并进行其他主体的为我存在，那么这就直接导致他会与此融合，以至于他因而根本就不再是与他的他者相关的另一个主体。因而，这一躯体化是主体的本质特性，并且也就不是他只是事实上遭际的事情。这并不意味着，躯体也必然恰恰具有我们关于我们自己的躯体此在所熟知的属性。设想一个更替躯体的乌托邦，这也不完全是荒谬的。

躯体作为有机系统将主体定位在一个确定的位置上，并且在时空的世界秩序的一条确定道路中。但是仅仅凭它自己并不能促成主体性为其他主体所通达。对此，正如人们所说的，它必须由作为身体（Leib）的主体性所支配。这意味着，主体性本身能够顺适归入躯体的事件。同样，身体必须让主体性认识到，他在某种意义上在身体中表达出来。这能够以单纯表达事件的方式来进行。但是正如我们所看到的，主体自在地已经是世界展开活动的来源，而这些活动必须区别于行动（Handlung）。

由此，人们期待，主体也在其躯体化中进行这样的活动，通过这些活动，他的自为存在能够作为他者而为其他的自为存在所通达。我们已经看到，最广义的语言在此具有一种对于主体性来说本质性的功能。进一步对此加以澄清，这属于第四讲的论题范围。

这里，我们只是通过将行动包括进来，进一步说明关于人格的说法的最小意义：人格是处于自知之中的个体，并且是在这种意义上，即他们紧靠他们的身体在世界中的位置和道路而主动投入世界，同时在其中显明自己。人格在与其作为主体所具有的同一性的关联中形成并且开展自身，由此，人格的投入方式得到进一步的规定。

虽然要确立的只是最小意义，但是看起来仍是极其复杂的表达。现在我们还根本不需要着手提及或者开始其他方面。这些方面的其中之一——需要事先提一下——是追问在主体性和人格性的关联体中道德意识的发生。这将在第三讲中考察。

但是目前，我们满足于以这种非常一般的方式来理解构成人格的东西。因为现在涉及，就人的处境而言，从主体性和人格性的关系中引出进一步的结论。

首先我们应该提到一些与主体、人格和人的身体的区分相关的想法。两者显然不是具有自为此在的个体。长期以来，人们争论，人格如何能够个体化自身，人如何能够保障他的同一性。此外，我们发现，人们很难避免不仅要将躯体化中的物质此在的某种连续性，而且要将人格的体验的连续性，预设为这一同一性的标准。人们在从外在视角上进行同一化时需要双重标准，这已经表明，我们很难澄清人格和他的身体的统一体。许多个世纪的哲学家们都为此殚精竭虑，他们更愿意最终尽可能消除这个问题。涉及主体和人格的关系，问题也一样。人们不能独立于自知，也就是独立于主体性来理解人格。只是将定义主体性的自为存在归派给人格的建制，由此来消除问题，这也有失粗暴。此外，我们还没有考察主体是怎样通过一种唯有他拥有的同一性意义，并且作为活动机体中心而建立起来，而且是在人格整体内部，同时又从其中凸显出来——此外也从全面得多的心智事件整体中凸显出来。无论是主体和人格的简单的同一性，还是它们的同样简单的分离性，都不适合我们所意识的人。弗洛伊德已经在一种可对比的情况中谈到人的心理格局的"法庭"——通过这种表达方式，它的统一性根据机制模式得以论题化。和许多其他的格局一样，它只是表明了这些法庭由此出现的困境。对于把握主体性的统一体来说，显然还没有概念工具——在其他领域会用得很好——适用。在这些张力——它们来自于让主体、人格和身体各安其位，这既不容推卸，又漫无头绪——中，人们可以获得一个稳定的方向，唯当他把握到，这些张力植根于主体性，而此主体性使得这一区分本身变得明白而且必要。

如果人们提出进一步的问题，即在何种意义和范围上，主体、人格和身体是那些在它们之中和之间进行的进程的行为者，问题将再一次复杂化。人们总是一再想要揭示出，心智进程的发起者或者引发者的想法是虚构的，这样就只允许人们谈及结构和过程。我认为，这一简单的跳跃也只会有助于不合理地抹平这个问题。我们需要抵制这样的想法，即自知是自身展现的，并且主体能够投入这一识知之中。在展现主体性时，我们还说到活动；我们也将它们归入一个主动的主体，而关于这一主体，我们之前已经说过，他来自一个不由他支配的根据。我们必然过着生活，我们却始终不是它的主宰，这样的说法是无法否弃的。它是合理的，即便我们没有特意详述连着这种说法的存在论和现象学的背景问题。

但是，接下来我们将有理由这样来刻画人，即他是躯体化的人格和主体的统一，以便阐明被归派给作为人格的他和作为主体的他的诸进程之间的关系。这些进程构成了一个独一无二的关联体，这一点由此得以表达，即我们说的是他过着的人的独一的生活。人在自知中生活，这件事的根本意义由此得以表达，即这种切近的生活被标识为意识生活。

如果我们说的是这一意识生活的动力学，那么这不应该让人想起这样的内涵，此内涵和在所谓"生命哲学"的鼎盛时期的说法密切相关。对于这个时代，也对于尼采来说，生活成了这样的一个词，即与此紧密相关的是救赎的允诺——允诺摆脱与主体这个词相连的前设和虚构。生活是匿名的、无根的进程，这个进程形成又消解各种流变的形态。人们能够将自己交托给这一进程，以便超越自身，对一切它总是产生、分裂或者隐藏的东西说"是"。如果人们想要指明这样理解的生活的动力学，那么他就会突出它的源源不绝的力量，它的多样的自身构型和激情冲动，凭着这冲动，它不间断地催逼一切想要固化并且持续的东西。

至今我们关于构成意识生活的东西的论述对这样的生活激情论仍感到陌生。为了看到这一点，我们只需想到，这一生活面对一个基本的问题，生活无法通过对象性的认识来解决这个问题，然而生活又无法摆脱它。但是，人们还可以谈及人的意识生活，是因为从其自知出发之物自身在这一识知中引发了伴随着生活进程的一切其他维度并且深入其中的激情。之所以进一步谈论这一进程的动力学，是因为在这些维度中，不同的力量起作用，它们彼此促进或者相互对抗，但是它们必定仍然被卷入人的生活，被卷入这样的交替游戏。这使得意识生活成为一段颠簸的旅程。没有人会知道，他是否能达到他总是不确定地奔向的目标，或者他的生活是否甚至会在他所遭际的张力下分裂——不是在外力之下，而是出于奠基于其自身的必然性。

四、洞见作为事件

现在，我们首先来考察在主体性本身之中的动力学自身。此外，我可以采纳一些考虑，这其中的几个考虑可能因为我的书《艺术与生活的试验》（慕尼黑，2001年）而为人所知。正如我们已经看到的，奠基于主体的认识进程朝向世界，并且直至其中，它甚至尝试改造世界形式本身。相对于此，有一种努力不是为了认识，而是为了理智地揭示主体性的起源，这样就能够在他连同他的这个起源都属于其中的世界中给主体性安排一个位置。

意识生活将在一切维度的行为中涉及并且获得某种揭示——意识生活以这些方式揭示自身。由此，我们还没有说明，但是已经很容易理解，揭示自己的根据的需求不仅由一种理论兴趣引导，而关于这种理论兴趣，人们或许会说，它对于生活本身来说是无关紧要的。鉴于在这方面不可能确保一种认识，一种单纯的理论兴趣因为根本的不确定性也甚至会立刻停滞下来。这样，除了认知要求，持续的揭示需求中也显然有一个完全不同的动机在起作用：

凭借其自知，人与自己保持着一种根本的距离。这就导致，他能够并且也有理由必然提出一个问题，人们最好首先将此问题表达为，这种生活和生活的操劳，这有什么"意思"。然后，这一问题通过选择一个可能的相关回答而得到进一步的阐明：被规定为人的意识生活的基本形式的操劳，以及由此他的全部生活的操劳是一个他无法摆脱的单纯事实吗？或者操劳是否会因为一个肯定（Affirmation）而得到保护，而这一肯定不是出于某种需要——为自己的生活或者面对同样问题的他者的生活而操劳所带来的需要——来说明的。

在这一框架中，这一问题也需要进一步阐明。人们尝试将这一肯定所意味的东西把握为生活所具有的"价值"的来源，并且把握为植根于其中的"意义"的来源。这样的回答的反题让它的轮廓更为鲜明：意识生活是无关紧要的，它由无（nichts）所保护和辩护，并且被人当作交托给在这一生活中的人的"你必须"来顺承，当作摆脱了一切假象的真理而尽可能信心十足地顺承。尼采已经将这一终止一切肯定的"无"引入对他所谓的"虚无主义"的定义之中。他想要通过赞同并且转向大全生活的永恒轮回的动力学而逃离虚无主义。

尼采的例子说明了，不管怎样的答案适用于这一问题，有一点是肯定的：它只能这样得出，以至于与此一道，一个理解的整体终极之物也出现在眼前。因为只有在这样的整体中，"意义"才能作为如此有根据的东西而起效，它不会因为进一步展开的怀疑而被悬置。从现在开始，整体必须这样来思考，即在此之中，世界关涉和主体的起源关涉以及它的本己生活之间就获得了某种关系。向终极整体、总括主体性一切维度的综合体的伸展之趋向，就在作为认识机体的根据之主体的建制之中。此伸展实际地发生着，并且它深入支配着整个的人的文化史以及哲学史，这件事只能这样来理解，即对于意识生活来说，追求在这样一个整体中的对它的肯定，这始终是本质性的。生活根本不能摆脱此追求，而只是尝试利用一切手段——它们只能压制它——来抗拒它。

  由此我们也明白了，为什么对揭示问题的初始明见的回答不是作为反思的结果，甚至根本不是作为理论理解的结果而出现。它作为事件——它在所涉之人心中迅速升腾，或者，它突然袭击他——出现。在这一瞬间的发生之中，朝向整体图像的视角也打开了。而这一瞬间闪现的清晰首先涉及出于这一视角的生活图像。人们彻悟到了一切生活的徒劳无益，或者人们突然确切地肯定自己的生活，由此，他明白了，一切生活都有意思。两者都在绽开的一瞬间发生，依循情绪状态，但不是激动地，而是冷静或者持定地，或者清楚地预见并且承担开放的未来。

  这样突然闪现的洞见也总是洞见到本己生活的状况和视角。哲学史中有大量这样的事件。锡尔斯－玛利亚（Sils-Maria）湖畔的巨石就让人想到这样的瞬间，在这一瞬间，尼采深刻且透彻地洞悉了同一物永恒轮回的真理。我不知道还有什么研究会更清楚地向我们说明这样的揭示事件的认识意义和生活意义。但这种研究一定是和对其他许多突然揭示的方式的说明一道进行的，这些方式在人的识知和信念的发生中扮演重要角色——

从突然闪现的解决长期思考的问题的念头，经过一刹那思想过程的构想，直到顿悟和天启的经验，它们对于宗教史来说具有构造性意义。我们一定很容易就做出一个假设，即通过所有这些揭示，人的认识活动就会表明，这些活动也不是自身证成的，不过在本己的取向上，也不会被经验为被陌生之物所规定。对于哲学和意识生活来说同样利害攸关的是，哲学能够造就的终极的生活视角在生活自身中必然是以一种完全不同于循序渐进的方式而成就的。

植根于主体的动力学并未在这些事件中走到终点。在瞬间揭示的事件中，自知中的自身间距（Selbstdistanz）并未消解。但是，在自身间距中不断扩大的灵活的伸展被凝固，以至于意识生活固定在向它开启的明见之中。因而，这些瞬间也具有难以忘怀的分量，这又导致，它们绝不会重复。它们也根本不会持续。自知中的自身间距也相对于它们而重新恢复了。不过，它这么做，并且因而构成第二阶的间距，由此，主体与自身的关系发生了改变。

瞬间的明见，不管它是关于实在性还是关于肯定的停顿，都只能在涉及它的直接对立面时才分节表达和主张自身。主体知道，这样的揭示事件对于他来说，不可能像认识那样起作用。此外，他知道，在他的本己建制中，对立面的确立总是有可能的，尽管他自己先前很少为这种可能性所困扰。他知道，这种可能性实际上已经以其他方式展开了。这也导致，理解工作不会因为瞬间的揭示而终结。它从现在开始进行着第二阶的自身间距。

不过，这一更高阶的间距不可以被误解为增大了的与本己生活的距离。毋宁说，它导致这一生活能够作为整体与自己达成一致。这样，生活动力学中的不安减少了，生活将自己觉知为整体，由此，它同时也不断超越自身。这还不可与会被归功于对自己的持续的漠不关心之安宁混淆起来。

突然闪现的理解瞬间只能与其静态建制一道揭示主体的根据。现在，主体本己的动力学也因为他的理解的努力而成为论题。由此导致，在这第二阶的间距上，人们不再期待重新在独一无二的瞬间中开启的洞见。生活的动力学现在走向综合的成就，关于这一综合，我们已经有所谈及。但是，这只能通过持续进展的沉思来获得，并且变得稳固。在这一沉思中，人们被这样的问题所激动，即他现在如何能够把握他的意识生活道路，他如何能够将它理解为包含在一个整体之中。但是，他要能够成功，唯当一个可能的瞬间生活理解的两个相关环节被包含在这一理解之中，而这两个环节本质上来自此理解。这样，主体不能将它们理解为毫不相干的东西。由此，我们也明白了，沉思生活整体，这可能总是有一种结果，这种结果的内容偏离了先前在瞬间的明见经验中产生的东西。但是，这种经验也仍然令人难以忘怀，因为通过这种经验，一个清晰性、严格性、明确性的范式事先被给予，我们必须在这种范式的程度上获得洞见，如果生活要能够自觉地与此洞见实际上并且最终紧密相连。

所有这些一定唤起并且证实了一种期待，即我们现在应该探寻这样的自身理解可以附着于其上的内容了。在现在的问题发展状况上，这一愿望还没有得到满足。我想要指明，正是在这一点上，主体性理论和形而上学相互交叉，并且必不可少地相互依赖——并非作为跨学科研究那样的哲学学科，而是作为对某个关联体的理论表达和学科化研究，针对此关联体，哲学与意识生活保持一致，由此而成为意识生活的自身理解的反思基点。

费希特已经要求，哲学应该通过完全将方向转向主体性的形式和激情而终结哲学对实际生活的异化——这种异化塑造了一整个时代。但是，哲学要能够到达意识生活的近处，唯当它有方法重新定向：主体性的动力学在其中进行的整体必须在思想中被把握，这些思想，就像主体性的形式本身——关于它，我们知道，它不能在这样的世界中立足——那样，远离主体由此而展开对象世界的那些概念。形而上学传统——它对于现代人来说是典型的——已经在这样的前提下形成了。在最后一讲中，我将尝试指出，在这样的整体思想中，如何融合先行于所有世界的统一体的思想和主体的个体性、他们的生活动力学，以及他们的自由——并且由此自由不必和在自身意识与他们的有限此在之中的根据相互冲突。

但是，现在很明显，我们至今只是谈及在主体自身之中的某个进程和他的动力学。此外，我们还指出了，这一进程面临种种冲突，这就导致，它趋向于在第二阶的自身间距中获得生活总和。由此，意识生活的基本动力学凸显出来。但是，意识生活的动力学并未由此而完全被把握，这一点通过一种显而易见的异议而得以显明：在自知中也显示出一种反向的张力，它转变为一种冲突的进程。尽管如此，一种误导性的假象还是产生了，就好像生活完全殚精竭虑地就是这一自身理解，它要融合于主体性之中的向整体的诸伸展和主体性自己的建制。然而，人生的道路不是荆棘丛生吗，而这条道路才会引导人生走向智慧——不管现在是否实际获得了智慧。

五、哲学与生活

此外，在做这样的总结时，我们发现，我们只是稍微推进了说明主体性时所采取的思路。如果他把这一说明的两个因素结合起来看，人们立刻就能看到这一点：（一）自知出现，这一事件是出于只适合它的根据，但完全自发地出现，无需通过先于它的事件来说明；（二）个体躯体化的此在——在此之中，他的自为存在本身能够得到表达——必须符合个体由此而自知的识知。所有这些我们在作为人格的意识生活中理解的复杂之物都绷紧在主体性的两种内涵之间。主体性在躯体化的个体与它的世界领域——主体性同时也能够嵌入在此世界之中——的关系之中开展。同时，依此而在自知中，一种比生活的个体侧面像更加丰富的自身关系就构成了，并且在一幅自画像中也是如此，在此自画像之中，人格的世界关系和在他自身中的占有世界的能力和谐一致。每个人格在世界中所扮演的许多角色也在这幅自画像中相互关涉，并且当运行良好时就达成了平衡。

对这一人格性理论要转向的问题领域的这样一瞥，在这里只是有助于明确地凸显一个基本事态：这种人格的自身开展和自身主张的动力学完全不同于单单主体的自身理解本身所遭遇的动力学。由此得知，意识生活中的张力和冲突的一个进一步的来源必定就在两者的彼此关系之中。

主体性的为我存在只是隐含了主体的躯体化，而人格的动力学就在和以身体为中介的世界关系的直接关联之中开展。这就让人明白了，人格生活的开端与作为躯体的身体史是不可分的。所有这三者——主体、人格和身体——在生活动力学中都同样地，即便以各自不同的方式，彼此紧密相连，以至于它们也随时能够彼此相嵌。

人格承受着作为有机躯体的身体，就像主体承受着身体的有限持存和事先规定，因为这些事先规定，身体允诺了人格的行动能力。身体的成熟过程，它的繁殖负担，它的性别加上由此产生的压力和快乐，但也包括它的虚弱和残疾，都会占据并且充满人的整个意识生活。随着身体的解体，作为整体的意识生活也会消失，虽然人们绝不能说，在其本己的动力学中的人格性和主体性总是会因为生命的躯体终结而耗尽。

与此相反，人格生活的动力学追求的是，他的自画像在主体性的自身理解中找到确定的立足之地。在这条道路上，总是一再地有不同的优先性被赋予了这一动力学。尽管如果人格的自身主张在人格在世界中的其中一个本质性地位上毫无成就，这也并不必然是自身理解运动中的事件。但是，在处理人格生活中的灾难性事件时，这一运动也总是会陷入停滞。

这并不排除，在这种情况下，本己的生活状况问题——它属于引发主体性动力学的东西——完全明晰地被感知到。如上所述，稳定的自画像——人格在其内在和外在行动中都需要它——最终依赖于全部人格生活的自身解释。这就明确了，主宰主体性动力学的紧迫性首先奠基于人格生活的动力学。

与此相反，对于主体性的自身理解来说又产生了进一步的结果：回顾性的总结——主体性试图由此找到一个出发点——不能限制在主体性的自身理解的冲突史上。它必须涵盖主体也

第二讲 在生活动力学中的人格与主体 | 61

作为躯体化的人格所采纳的整条道路。

由此，我们借着极少的指引第二次到达了洞悉意识生活的一个维度的出发点上。要进入这样的研究本身，这就不再是本讲的事情了。但是我们现在有可能得出一个结论，它涉及意识生活和主体性的自身理解的关系。它也直接涉及这样的哲学，这种哲学知道被赋予了这样的任务：

这种哲学接受从主体性的基本建制中产生的问题。它处于预先规定的诸思想道路中；它尝试开辟这些思想道路，并且将它们固定在一个关联体中，主体性只是向这一关联体伸展，但是哲学还不能明确地表达出这一关联体。这样，哲学如此地为意识生活服务，就像是它就来自意识生活。

但是，我们不可以被诱使去提出和对这样的自身理解的预期有关的过高允诺。这一讲和两个洞见有关：不会有关于主体性起源的可证明性认识，同样也无法可证明性地保证，人的实在性不会陷入几种逆向地向整体的伸展之间的困境，并且筋疲力尽。我想以后向你们提出一种关于主体性根据的哲学构想，由此指明，加缪对人的处境的诊断没有必然性。人们只要让他的思想再伸展一步，这一诊断就丧失了它表面上不可反驳的合理性。这样的伸展也不是可证明的，这样，它也必须在生活自身中证实自己。它是思辨的思想——不是任意的、冒险的、不负责任意义上的"思辨"，而是超越敞明和有力证明的界限的在概念上严格的伸展。

接着这个以新的方式说明的结论，我们可以得出第二个结论：哲学也不可以唤起一种自身理解的希望，根据这种自身理解，人自己能够超越他的人格自身主张的纠葛和置于他的生活之上的重负，生活却总是通过更新的自身主张的任务走向最后的终结。或许苦行和沉思的技术能够导致对生活重负漠不关心。沉思也能够深化对整体——它将生活包含其中——的洞见的清晰性和可靠性。尽管哲学没有开辟道路去获得摆脱世界的智慧，但它在对第一者和整体的识知之中的明朗安宁中实现自己。当哲学也在尼采和海德格尔的继承者那里兴奋若狂，或者允诺了这样的提高和完成时，它就只会压缩意识生活，并且失去了它自己的可信性。

生活的自身理解恰恰证实，它自身面临深渊和解体，并且必须警诫自己不可自欺。不过这也包含了，我们是这样来理解生活的，即生活的虚弱衰败不必被视为改造生活状况的理由。我们想到了，斯宾诺莎和观念论哲学家探寻着这样的宏大计划，即设想将有限内包在无限之中。我们尚未这样说明这一内包活动，以至于由此不会说的是某种有限的无限化，而沉思和智慧学说总是这样来理解的。不过，也可能有一种理解，它包含了有限的意识生活的一切维度，并且还使它自己连同这一生活摆脱了虚无主义的后果。

下面的讲座应该接近这种理解。考虑到这个目标，这些讲座将仔细思考三个论题，它们能够在某种人的自身理解中获得一种意义，此自身理解为整体的人而对这些论题做出判定。同时，它们也是主体性哲学理论的基本问题：道德意识的起源、人际关系的方式和状况、自由的实在性。

每一个论题自己就已经让人认识到，我们要将它嵌入一个更大的框架中来考虑，这个框架通过理解主体性的基本特征建立起来。关于每一个论题，我们也立刻看到，它感染了来自主体性的建制的张力。每一个论题都以各自独特的方式加强了这些张力。如果没有始终关注这一关联体，那么就无法指望合适地处理在这一论题域中的问题，更不用说解决这些本来就总是棘手的问题了。

第二部分 发展部

第三讲　道德意识的开展

一、小结

关于思想与自身存在的这些讲座探寻几个哲学的基本问题，它们对于现代意识来说尤其紧迫。人们对它们至今仍然具有普遍兴趣，因而不限于哲学家的专业研究。每一个这样的问题都将在接下来的讲座中分别起到提供思路的作用。这些讲座在一定程度上彼此独立。但是它们都是通过涉及"主体性"这个题目并且接着之前的讲座的结果来进行论证的。这样，它们也总是采取并且推进之前讲座的思路。因而，每一讲都致力于根据这些讲座的秩序而扩展并且增加对主体性的理解。

谁听到"思想与自身存在"这个题目，都会马上期待着，在这个题目之下，一门哲学学科——它从古希腊开始就带着"伦理学"的名字——的基本问题会具有突出的地位。之前的讲座已经为此奠定了基础，我们从现在开始将这些问题插入这一思路中，此思路是通过第一条思路而在此期间向前推进的。在追问人的行动的基本定向和对构成人的意识生活之物与使意识生活成为人格之物的规定之间，显然存在着一种关联，此关联就是我们接下来要探寻的。

86　　伦理学在当前高度繁荣。新的技术已经能够参与生命的产生、流逝和终结。这些可能性已经带来了纠纷冲突，甚至医院和实验室都需要指导。接着就建立了无数的委员会和研究中心。哲学家们普遍被要求，利用他们的原则反思和解释能力而对此有所帮助。今天所说的只是间接有助于在这一所谓的"应用伦理学"中的界限问题和争议问题。这些问题过于从技术和生命的关系出发——它们并未涉及哲学的基本问题和这些基本问题在现代意识中所采取的特殊形式。

对于这种形式来说，专注于两个基本问题是其典型特征，这些问题真正构成了一个独一的论题。其中之一涉及道德判断——人们今天习惯于称之为"伦理的"那些判断——的诸标准，和这些标准之间的冲突。比它更重要的是，追问道德意识的起源和只是从这一起源出发才能回答的问题，即这种意识如何能够固定在自画像中，因而固定在人的生活中。由这些问题引导的这些研究涉及进一步规定道德意识的内在建制，并且更为深入地看清，与这一意识紧密相连的更全面的自身理解是否也能通过可靠的证成而得到保障。当柏拉图重新定义智者的风格时，他已经使对道德要求的可证成性的怀疑成为哲学的基本论题。但是在现代，哲学却以完全不同的方式为一种怀疑论所纠缠：

87　　通过物种进化论、意识形态学说和社会功能主义，通过尼采和弗洛伊德的道德意识的谱系学和新近通过神经学家要求的对流传下来的人的图像的修正。

我们今天肯定无法一一考察这样的怀疑论的诸来源，它们在此期间已经汇聚成一股强大的潮流了。因为我们的目标在于，把伦理学的基本问题加到主体性的思路中来。通过之前已经提出的东西，我们已经就这一点而言获得了前提条件，即彻底的自身怀疑以及任何指控伦理规范是不可靠的怀疑论的起源，也在主体的建制本身中显明出来——也就是这样的主体，他同时必定也是任何对道德意识起源的理解的出发点。由于证成和深入主体性领域背后之间的这种内在关联，任何人在其生活中能够获得的自身确定性都必然完全不同于由证明来保障的识知。证成将持续关注自身怀疑的诸来源，它们就源于自身怀疑自身——但不是为了阻塞它们，而是为了把握它们，这样，从它们中产生的东西就会因为对它们的理解而变得无效。生活在关涉自身时提出的问题被纳入人的理性成就之中，此成就不会被认为是更不复杂的。

现在，我们不得不这样来总结之前通达主体、通达奠基于此的对整体的追问和同样奠基于此的意识生活的动力学的思路，即同时开始扩展这些思路。

主体是个体，他们要在自知中生活。这一自知——人们也可以说，他们的"自身意识"——首先已经得到研究。由此出发，三个维度已经得到展开，自知者总是在其识知之中同时伸展进入这三个维度：（一）自身意识的起源维度；（二）开放的包容万有的世界维度，自知者除此之外也还有所知；（三）这样的维度，在此之中，主体作为人格就其本身而言在这个世界中拥有一个具体的此在。

（一）对于一般能知者而言，自知看起来是最简单的、毫无疑问的。但是，通过对它的反思，我们很快就发现，情况正好相反。我们绝对必须从自知出发，它构成了主体之核。但是，这恰恰意味着，我们既不能完全洞察它的发生，也无法完全理解它的建制。它绝不能被理解为转向自己的识知。毋宁说，与此相反，人们一定要注意到，一切的识知都是从自知出发才得以可能。由此已经表明，主体虽然处于自身确定性之中，但他自己不可能构造自身。这样，人们必须归给他一个根据，他由此而产生，并且由此而一贯地处于自知之中——不过这是一个这样的根据，在主体所拥有并且也是来自主体的识知的类型范围内，这样的根据是不可能被认识的。倘若主体也总是知道这一关联，他就思考着超越自己，并且回到他的根据中。

（二）与此相反，对世界整体的筹划被组织为向着这一世界整体的返回：一个主体事先已经将主体有所知的一切归入这一世界。同时，在世界之中，万事万物都彼此关联——在一个统一体之中，它对应于这样的统一体，此统一体具有同一个主体的所有这些思想。主体大步流星、不断更加确切地把握这个总括一切实在的关系统一体。这就是为什么这个世界——它可以称为"自然的"——的原初构建形式最终会为物理理论的世界所代替。它是为了更好地说明原初世界的事实而发展出来的，却与原初的世界形式不相容。

（三）主体必须把自己理解为在其他个体中的一个个体。不过，他也只能通过在世界的原初构想中的本己此在而与其他主体发生关联。这已经导致了他必定和他的躯体紧密相连，他也在这一躯体——就这一点而言，这就是他的身体——中得以表达。通过语言并且在一种文化中，诸有限主体逐渐能够就他们作为主体所涉及的一切而达成相互理解。在下一讲中，我们将进一步讨论这个问题。

但是，主体性本身连同这一表达事件，并非从原初的、"自然的"世界秩序出发而得以理解。主体则干脆完全从科学的世界图像及其棱角分明的秩序意义中消失了。

当主体想要在自知之中把握自己，他就会发现自己陷入了一个双重性问题：他必须反思他的起源，但不能通过某种对象性的认识来把握。他也必须进一步将这一起源归入某个世界整体，却不能根据其中一种适用于他所展开的、可知的世界的秩序意义来把握世界统一体。因而，在自身反思中，主体被要求遵循一种外推并且综合的思考：他只能这样把握根据，即他同时以这样一种方式改变对为他展开的世界的思想，这种方式不同于在磨利对象认识手段的过程中所采用的方式。这一双重必要性说明了，人不能放弃敞开一种思想的维度，此思想摆脱了他的世界展开的理智组织，但仍然与世界展开相关。如果这种思想要从属于某种哲学学科，我们就只能称这种学科为"形而上学"了。它之所以让我们觉得困难并且陌生，是因为近两千年来它都是和对最明见可靠的认识的期待紧密相连的。即便这种思想的起源和地位这样被规定，以至于这种要求落空了，那么这也并不会导致，它丧失了它实际具有的必要性，并且沦为胡思乱想。

这是一切以自身理解为目标的反思之以之为出发点的根本处境。谁关心自身理解，他立刻就会明白，主体卷入其中的动力学以更多的方式植根于此。主体必须不断地展开他的世界。主体进入新的展开阶段，由此，他瞻前顾后，将这一切理解为他自己的诸阶段。由此，在主体之中形成了历时的同一性：他必须能够总是将自己确立并且理解为同一个。在一种完全不同的意义上，他必须自为地、在他所关涉的主体们下，并且在他凭借其行动能力而卷入其中的世界中，形成并且确保一个关联体。主体因为不确定他自己和他的生活激情真正有什么意思而被引入动力学之中，这种动力学区别于识知和行动中的统一体形成。

　　在第二讲中，我们也已经进一步描画了这一回溯到本己起源的进程为此而奠基的动力学。它活动在对一个极端的对立的识知之中，此对立存在于对这样一个问题的两种可能的回答之间，即鉴于与其所由之而出的根据的关系，在此根据自身所归属的整体之中追问本己生活的状况：对于理性的自身沉思来说，归根结底，这一生活完全有可能是一桩失效了的事实，也就是它自己无法摆脱的命运。但是它也可以得到来自终极实在的辩护。在这种情况下，在主体性的根据和他的取向之间就一定不仅仅是规定和被规定之间的事实关联了。这也隐含了，终极实在一定和主体性的取向是可通约的。这个表达式也可以做别的解释，它自 18 世纪以来进入日常语言，但其间逐渐褪色磨损，当然尚未被取代并且变得多余。我们的生活拥有不同于它能够给予自身的意义。对于主体——他自知他自身并非其主体性的根据——来说，自身被给予的意义也不会具有最终的、不会因为自身怀疑而消散的生活分量。

　　对于许多伟大的思想家来说，问题的答案是在令人难以忘怀的经验瞬间中展开的。对于大多数人来说，寻求最终的自身理解，这当然不属于他们生活的焦点。倘若他们是主体，并且因而知道自身怀疑，他们当然从根本上对这种在此寻求中引发的自身怀疑同样敏感。虽然此形态和他们的生活同一性看起来只是通过他们的共在和行动而组织起来，但是主体本身所涉及的东西也对于他们来说突然地、毫无准备地在其同一性形成的深刻危机中变得致命。否则，宗教的历史意义就会和已经丧失了分节表达这样的生活问题的能力之文化的隐秘负担一样少被把握到。这样，在主体性的动力学中交织着三个进程：（一）世界中的一切实在之物都是在一个整体视域中被把握，它以不同的方式分节表达自身——但是主体在每一个新的涉及世界的思想中都作为同一之物而坚持着。（二）作为人格，主体自身在世界中定位。他作为行为者卷入世界之中，并且必须在他通过他的共在和行动而实现自身的诸方式之间形成一种同一性平衡。（三）因为知道，主体自身既不可能自身证成，也不可能从世界出发把握自身，所以他将逐渐理解他的根据，由此而在总体上理解他的世界和他的生活。每一个这样的进程都有一个为它独有的复杂体，每一个都进入别的进程中起作用，或者与它们共同起作用。

通过得出这些区分的这类研究，我们也应该清楚，不可能有这样的人类学，它在什么构成了人的生活这样的问题上能够以和描述某种现象时所采取的一样的态度而给出出路。如此一来，与涉及人并且使其不安的东西之间的联系就会丧失，达至他的生活由此得以成为人的生活的东西的通道也会丧失。如果研究工作能够联系到这样一些问题的拟定而说出什么构成了人，这些问题是人出于他的生活并且涉及这一生活而提出的，但是它们直接被卷入完全一般的根本问题之中，那么这一研究就成了哲学研究。但是，就这些激发人的问题的起源而言，如果在具体科学的框架内或者只是以此为范式，我们都无法期待能够找到出路。这样，即便我们学科化地处理这些问题，我们也不应该使用这样的学科名称,它让人们误以为它在这里处理的是一门专业科学,它本身有义务严格地在世内情况的界限之内开展。更重要的是,即便在一个如此不确定的、充满冒险的领域里,也要听从理性的沉思和辩护的指引。

二、基本规范与同一性形成

在这一总结中,我们至今还未谈及道德意识。因而人们会问,回顾我们已经讲过的内容,是否留下了太多空白。为了给予伦理学以一门学科的地位——在其中,哲学的基本问题得到关注——,它自己的问题就必须纳入一个关联体之中,通过这个关联体,它获得与这些基本问题的联系。首先,针对伦理学,人们会期待它有助于根据普遍原则澄清并且权衡道德判断。不过对于哲学来说,这一点是依附于这样一个任务的,即总体上理解这些判断的起源,并且由此理解道德维度在意识生活中的位置。没有解决第二个任务,对第一个任务人们也就不会有什么结果从那些对哲学不敏感但训练有素的判断能力的结果中明确凸显出来。

哲学家并没有什么不同于道德评判专家的特殊能力。在那些处理困难的评判界限问题的委员会里,他也只能运用他的能力进行概念澄清,并且检验证成和运用的一致性。这样,这一讲的标题说的不是道德判断,而是道德意识。哲学的任务是,不仅在判断的整体方式中,而且在人的自身理解的整体方式中测定这一意识的方位。由此,哲学探寻将道德意识与整体自知联结起来。这样,我们也就明白了,柏拉图和康德,也就是那些其思想对伦理学证成来说极其重要的哲学家们，已经从总体上通过他们的哲学构想而一下子就获得了这些思想，并且提出，这些思想与他们的哲学构想不可分离。

这并未否定，诸道德判断因为单单它们本己的要求而构成了一个独立的判断维度，并且一些典型的情绪也与它们紧密相连。这也不是说，道德意识回溯到其他的意识方式，并且能够由此推导出来。毋宁说，与此相反，我们恰恰由此推导出，这一意识是独立的，但是它显然并非从外部给它所卷入的生活关联体中强加进一个尚未解决的问题和对具有根本重要性的哲学洞见的展望。

谁殚精竭虑地在道德冲突中找到正确的决定，那么对于他来说，所有这样一些其他的顾虑就显得不可靠了，如果这些顾虑或许会让他逃避这一冲突，或许让他轻看它。每一个人也都会同意，正直的品格理应得到承认，这是任何其他的品格所不能比拟的。就这一点而言，生活的道德维度已经具有某种不可通约之物。但是，道德考虑还没有从意识生活的整体进程中上升到自足的更高领域之中。在道德要求之下，人还是有限的主体，他在所有我们已经区分并且彼此关联的维度中理解自己。这样，很有可能，我们可以将道德意识连带一切它所标识的东西也把握为嵌入这一关联秩序框架之中。如果除此之外它还具有自己的动力学，那么此动力学也不能被理解为独立于已经在这一宏大的关联秩序中总体上开展的动力学。只有这样我们才把握到，道德意识并不像一个脱离一切其他事物的权威——他将主体提升并且转变为另一种此在形式——那样闯入主体和人格的自身意识之中。这样的转变一定会为许多尖锐的道德学说的批判者怀疑为是一种变形的陌生统治，它想要通过自身变形的趋向来说明自己。

由此考虑引出了以下的考虑的思路。它们应该引导我们去规定道德理论，也就是伦理学在和主体性理论的关联中的位置：首先，我们将道德意识归入主体性维度，以便看清楚它的基本特征如何嵌入这一关联体之中。从它的独特性——不过它恰恰本身就属于主体性整体——中，它对主体生活的自身理解所具有的意义就浮现出来。接下来我们也会连带着主体性自身的动力学澄清道德意识中的动力学。

主体承受道德要求，如果他是行动的主体——如果他因而能够作为人格处于世界之中，改变它并且与他人一道影响它或者介入他们的影响范围，这一点很是稀松平常。因而，伦理学的首要论题既不是世界认识，也不是自身理解。这样，看起来显然要将伦理学的论题限制在这样的问题上，这些问题是由其他个体向这一个体提出的——也就是人际问题。实际上当代伦理学的主潮就是，不想从主体性，而是直接通过人格的主体间性来获得对道德规范的哲学证成。

但是，即便任何伦理学也都是去理解并且证成关于行动和共在方式的道德评判的，那么这也并非意味着证成的地位不会归给行为者的主体性，以至于它只是构成第二级的论题。人们或许已经认识到，根本不是行为在承受道德评判。正如第五讲将要进一步阐明的，在道德意义上值得珍视或者需要拒绝的是人格对他的行为的内在态度，行为正是这种态度的结果。这种态度不同于单纯地评判这样的行为，就好像它是一种自然事件发生在作为生命体的人的身上。或者它根本不被理解为行动；

或者它在行动中，就像在高等动物的行为中，找不到通往道德评判的思路。这些动物也能够以某种方式考虑它们的行动。但是，如果我们没有理由说它们的考虑影响了它们的态度的形成，那么它们就只能被训练，但不能在道德上被教化。

人格态度不同于行动范式和根据这样的范式来取消或者伴随行为的心智状态。它们可以为人所习得，不过是这样的，人格形成它们自身，它们可以通过努力而获得这一形成——类似于这样一种方式，以这种方式，诸态度先行于一种行动方式的形成并且为其奠基。这样，有一种活动，在此，人格作为主体涉及他的态度和行动方式的形成。最终，他着眼于自己的行动，不过只是间接地和有所中介地。

人格们可以努力谋求表态，这一点适用于他们的所有行动领域，而不仅适用于那些有能力进行道德评判的人。但是，在这个方面，这一事实也有特殊的分量。人格行动也是，并且恰恰是道德规范的适用范围。但是，这些行动要在某种意义上在道德上被评判，唯当它们从以符合道德规范的行动方式为目标的态度中产生。最终，只有行动根据、善良意志或者意向，而非行动，才称得上是无限制的善，因而是道德意义上的善。康德的整个道德哲学就是奠基于这一定理之上的。然后，这一评判传递到关于人格为找到这样的态度而付出的内心努力的判断之上。这一努力自身不是无限制的善，它只有通过它的结果，即形成的善良意志，才是在这种意义上的善的。不过它的善也只是针对善良意志的善的程度而言才是相对的。

如果由此明确了伦理学的核心论题，那么也就是说，它必须和"主体性"这一论题直接联系起来看——如果我们只能谈及我们的行动的正确方式，情况则会完全不同。从现在开始，我们要问，这一论题以何种方式被归入主体性的彼此区分的诸维度，它又是如何能够嵌入主体性理论的框架之中的。

至少，人们赋予道德规范的核心领域以普遍的有效性。原则上它们适用于一切被视为人格的东西，并且适用于他们的一切情状。例外则需要特殊辩护。谁要违背这些规范，他就只能提出道歉的理由，而非要求免除这些规范。理解这一普遍有效性的根据，这和理解在形成善良意志态度中的主体性具有同样的哲学兴趣。通过规范的普遍有效性，道德意识和主体作为认识主体所进行的向世界整体的伸展具有共同点。这也就有意义来谈及一个道德引发的行动属于其中的道德世界。就像思想向世界整体的伸展并非主体任意所为，这些道德规范也不同于某种人们（比如盖房子）所制订的计划，人们可以完成这些计划，但是也可以取消这些计划。道德规范的特殊规范地位包括它们不受支配以及它们的有效性不依赖于情状、特殊的生活阶段和生活关系，这样，它们在一切条件下，并且就这一点而言，是普遍有效的。就这一点而言，它们也变成了保真推论和认识的基本规则，它们以它们的方式约束主体，但不是强迫他服从一个他所陌生的管制。这一约束是自我约束，因为必定承认为"有约束力的"东西自身在被约束的东西中有其根据。人们可能会想到，从每一种约束力的内在普遍性中引导出对所有人的约束力，他们以同样的方式意识到这样的约束力。

现在，我们看到，向世界整体的伸展——认识的可能性由此展开——预设了，主体在世界的每一个开展、具体化和变化状态中都知道自己是同一个主体。世界关涉的组织——由此主体超越自身并且伸展至一个他者整体之中——预设了主体的特殊的自身关系，也就是他的同一性之下的自身延续。人们可能会考虑，是否能够由此得出结论，正是出于主体的同一性，我们才获得说明生活的道德维度的初始思路，它在这一点上联系着主体性来把握这一维度。

之前，我们已经证成，为什么主体必然是人格，而无需认为他的主体性是人格性的单纯因素——这样就好像人们能够从人格性的原初丰富的意义中提取主体性特性。主体性的动力学的运行形式一定只能从主体意义来说明。与此相反，展开道德生活维度的出路就在作为行为者的人格的世界关涉之中。但是，在任何对道德生活维度的考察这边，人格的诸思想上就已经都连着多种意义的"同一性"。

躯体化的人格是个体事物，他在其一切状态和生活阶段的变迁中保持同一。他的品格以及对其经验做出反应和与他者相处的趋向的根本特征很少改变。与这两种同一性——躯体的同一性和自然品格的同一性——相区别的是一种完全不同结构方式的同一性，这种同一性是人所习得的。他出生在一个家庭和民族中，但是他将自己理解为家庭或者民族的成员，并且如此行事的方式不是由脱离了他的影响的情状来确定的——此方式不同于他与自己、他的天赋或者他的本性"阴暗面"打交道的方式。这也适用于一切他的生活只能自主适应的关联：他的职业，他的正式的、非正式的与他者的联系，所有他在生活计划中为之不断付出努力之物，以及他用以同一化自身之物，就像人们也会说的那样。

如果人们从外在角度来考察一个人，那么人们就会认出他的所有这些同一性，并且由此来描画他。但是，从人自己的角度来看，他所习得的同一性大多数都彼此竞争。他必须摆正它们彼此的优先秩序。这样，对于他来说，他真正的同一性就处于他多样的同一性之间的特殊平衡之中。但是，这一平衡并非一劳永逸地获得。它随着生活情状的变化而不断受到挑战。在每一个要求他做出重要决定的行动处境中，它都必须重新得到确证或者发生改变。甚至，作为个体事物的他的同一性的诸自然基础对于他来说也可能会显得陌生而且无关紧要；不过它们也可能会吸引他的全部注意力。隐性的禀赋和需要以及他早期生活史的隐性经验，对于他的自画像来说都可能成为令人吃惊的挑战。在习得的同一性领域内，他不能完全确定自身。他真正所是，对于他来说，可能会在平衡同一性的努力失败之后变得完全模糊。他如何成功地理解自己，对于他来说，可能看起来更加依赖于事物的发展和他即时的反应，而非他自己的行为和平衡他的同一性的努力。无论如何，在他的这诸多同一性之中，没有一个是这种在世界展开的认知进程中的主体同一性。没有同一性具有同样无疑的恒定性，也没有同一性像它那样，其运行从不间断。

但是，在这一世界识知的主体的同一性和人格的道德同一性之间构成了一种一致性：通过道德意识的核心领域，在主体性的人格维度和实践维度之中也形成了一种同一性形式，它对应于认知的世界展开进程中的同一性建制。在适用于一切行动处境的规范中，存在着一个与他的一切世界构造阶段中统一的主体性的对应物。人格作为道德主体具有和理论主体同样的恒定性和稳定性，他在同样的规范之下思考正确之物，当然，他也可以在具体情况下违背这些规范。如果人们考察这一同一性形式和其他的人格同一性之间的关系，那么他就可以说，道德规范本身（不同于它们的运用情状）不为人所支配，这样，一个稳定的层面就嵌入了根本上总是波动着的人格的同一性平衡之中。因而，道德品格，也就是坚定的善良意志，以及形成这种品格的能力，可以被理解为在人格的生活方式中理性同一性的一种基本形式。

道德规范普遍性的另一方面与这一说明相关。道德规范不仅在同样的处境中，而且在相对于（gegenüber）任何他人时也同样有效。因为，由此可以导致，它们也必须被视为对（für）任何人格都有效，所以它们的主体间的有效性就作为它们特有的规范类型的内涵产生了。看起来，人们必须直接将道德规范建立在个人的彼此关联之上，因为这些规范主要规整面对他人的行为。由此就出现了一种倾向，要在交往中寻找理性基础，因而伦理学家常常一开始就认为，没有道德共同体，就根本不可能有道德，就好像这是自明的。

我认为，人们必须抵制这种倾向。有利于这种倾向的理由，就像由此导致的道德意识断裂，都不太容易为人所忽略。无可置疑，人需要互动，以便成就自身。同样少有争议的是，他首先必须服从规范，以便熟悉、理解规范性。但是，规范意识的内在发生不能够从互动中引导出来——同样不可能的是，认为本己的自身意识是由其他主体的招呼所构造的，即便规范意识的发生也非常需要它。自知就像道德意识一样，根据这样的招呼自发地，因而"从内心中"——人们完全可以这么说——发展出来。

人们还可能问，如何说明在道德规范中首先产生的是对他人的义务——不背信弃义，信守承诺，助人为乐。这是因为，具有完全普遍性的行为方式就意味着必定使我独立于奠基于我自己的生活和兴趣关联体的特殊情状。在道德规范下，每个人都从他特殊的兴趣情状中超拔出来，但并不是说它将每个人都置入他在行动处境中遭遇到的每一个他者的兴趣角度之中。在这一点上，这一规范就与为获得认识而奠基的规则无别。它总是我的认识，虽然它要是这样的，唯当它离开我的特殊视角而走向世界。之后我们当然也要指明，同人（Mitmenschen）的认同在道德意识中具有何种地位。它不是直接从道德基本规范中产生的，而是从道德意识的进一步开展中凸显出来的。直接由此产生的只是尊重陌生的人格性。但是这也只是道德意识的结果，而不是它的构造根据。

很明显，这些道德规范乍一看需要具有他人的兴趣，但是关于它们，人们通过进一步的考虑就会看到，它们奠基于各自的自身关涉。不可撒谎是一种道德要求，它根本不可能原初奠基于撒谎损害了他者对我的要求。对于他者来说，撒谎完全可能是无关紧要的，甚至是有帮助的或者至少是令人欢迎的。即便是这种方式的撒谎也使得道德上涉及我自己的东西遭受了损害：我给我的行为方式的连续性带来了裂缝，并且在偶然的、无论多么困难的处境中，给予我向他者传达自身的能力以决定性的影响，这种能力是我还不能完全放弃的。对于所谓的礼节性谎言，人们可以提出非常好的理由来辩解，而这些理由也可以在道德上是决定性的。但是它们也并没有使得这些谎言成为无关道德的东西。它们只是从其他规则那里得出强有力的理由来辩护，在具体情况下不运用反对撒谎的规范。如果情况是这样的，那么人们就认识到，道德敏感的人也总是会在他有非常好的理由的礼节性谎言中体会到自身变形的印迹。

如果人们准备在伦理学中赋予德性以合法地位，那么显然，当由此产生的行动意向完全指向他者，它们也只是一个人格的特性。与对撒谎进行道德审判相关，我们也可以说到某种德性——它被称为"勇敢"——的缺失。就它是一种德性而言，它显然奠基于一种自身关系。说它顾及人们勇敢地反对的人的兴趣，这显然是无意义的。但是，只将勇敢的德性奠基于它在关系到一切共同兴趣时所获得的赞同之内化活动，这也是不合理的。今天谈到勇敢，会唤起纷繁芜杂的回忆。但是，仍然合法的是，在谎言中认识到一种能力的缺失，即在困境中坚持，并且由此保持自己作为同一个人格。当然，这是一种面对他者的行为。不过，它的高贵不在于这一关涉，而在于人格的自身关涉的方式。

康德已经在他的伦理学中合理地处理了这一关联。他的无数新近门徒则稀释了他的洞见，当他们想要看到，这种规定了道德意识的要求的普遍性奠基于道德主体彼此之间的交往或者契约关系。康德的错误不在于他将道德意识的核心维度的起源最终定在人格的自身关涉上。他的错误在于没有注意到植根于这一意识并且推动个体的自身关涉的动力学。不过在可以进入这一动力学之前，现在我们需要进一步追问道德意识的基础本身。

三、伦理学证成的困境

之前关于道德规范和人格的自身关涉之间的关系的思考，

其目标是要澄清，人格在这一规范下获得同一性，并且是这样的同一性——它在形式上对应着通过构造其世界关涉的统一体而赋予主体的同一性。这一同一性能够给以其他方式添加的多样人格同一性和它们之间总是脆弱的同一性平衡带来稳定性，而没有道德的同一性，人格的稳定性就一定会受到干扰。

但是，现在显然也由此产生一个问题，要解决这个问题，就需要审慎的辨析工作：如果这么说，那么人们很容易就会怀疑，人的生活之所以服从道德规范，是因为没有道德规范他就会体会到，这一生活因为生活变迁而受到威胁，生活也会因为平衡同一性的一切努力都脆弱不堪而饱受威胁。而由此我们似乎就说明了，对道德规范的承认，甚至构想，都是一种暗地里起作用的本己兴趣的结果——此兴趣在于，保持生活核心不受一切生活变迁的影响。这样一来，说明道德基本规范的约束的起源最终所依循的策略就和尼采从怨恨出发的说明以及弗洛伊德从超我的约束出发的说明所依据的策略是一样的。

即便我们说，符合道德规范的行动往往会让人陷入困境，并且之所以如此，首先是因为他清楚地看到，这些行动恰恰对他的本己兴趣是多么的不利，这也并没有反驳所有这样的说明。因为可与此相容的是，人们假定，规范是出于本己兴趣，因而是为了自身存在的稳定性的需要而产生的。由此产生的处境并未在根本上不同于这样的人的状况，此人通过辛勤劳动而完成一个对他有利的项目，放弃它则意味着一场灾难。

一旦行动者对自身的反思也考虑到这样的谱系学指引所给出的启蒙，受到规范约束的意识当然不会仍然无所改变。因为对道德规范有效性的意识现在看起来会是自身调节策略的结果，它由兴趣情状唤起，在分节表达的自身意识阈之下起效。虽然根据这一解释，人格或许也能够让自己实际上毫无疑义仍然是道德存在者。但是，规范一旦被剥夺了有效性基础，这一人格在任何行动困境中就都会为他用某种行动拒绝规范的要求而振振有词。

此外，从稳定的人格同一性的需要出发来进行的说明，如果人们一旦意识到它，这种说明就恰恰对这一同一性形成本身来说具有毁灭性的后果。因为摆脱了任何变化的同一性——人格应该在他的道德自身理解上获得此同一性——的坚固基石只能这样出现，即它的规范关涉具有与无疑也应归于主体的世界构造的条件同样的无二义性。如果规范关涉不独立于人格的生活兴趣，那么规范关涉就根本不会给同一性平衡带来稳定性，由此，我们应该说明了，为什么人格能够通过其道德性吸收主体的同一性形式。因而，规范关涉实际上满足了人格的一种本质兴趣。但是情况会是如此，唯当规范关涉本身不是出于这一兴趣来说明。

随着这一表面上的循环就产生了一个问题，这个问题是在谱系学启蒙之后的时代中任何伦理学或早或晚都会碰到的问题。对于主体性理论的思路来说尤其清楚的是，这应该不会受到争议：道德规范不能作为通过某种法庭和权威从外部强加给人格主体性的要求而被引入。如果这样的规范应该有效，那么前提必须设在主体性建制自身之中。规范的获得甚至根本不可能相对于任何兴趣而产生。规范建制反对任何从兴趣出发的证成。

主体性理论和与它相关的现代伦理学证成恰恰有希望并且也具有强大的说服力来解决这一在这些理论中尤其明确地凸显

出来的两难。

　　当然，我们首先还只能非常简要地把握某些尝试解决问题的方式，即便它们也努力在主体建制中寻求道德性的起源。所有这些尝试都认为找到了一条道路，能够简单地由此说明道德规范的有效性，即人是思维着的存在者，因而他理解，什么构成了普遍有效的证成，并且对于他来说，理性构造的规则是有效的。用这里所使用的语言来说，这些尝试都认为，理性——它的基本形式与主体建制紧密相关，并且组织了主体的世界关涉——也应该出于自身并且直接地将人格生活置于一个具有普遍的基本道德规则形式的规范要求之下。举一个例子，如果我们也不在我们的人格生活中以某种内在一致为旨归，此一致在道德规范中找到核心表达［克里斯蒂娜·科尔斯戈德（Christine Korsgaard）］，人们会认为我们根本不是理性人格。同一思想的另一种变样则从主体间性出发，并且通过对植根于理性的证成的兴趣而进行。要在涉及我们的行为时满足这一思想，唯当我们使这一行为服从基本规则，此规则可以在一切情状下，并且相对于一切情状而得到证成［托马斯·斯坎伦（Thomas Scanlon）］

　　用康德式的话来说，这样的推导尝试总体上走向通过理论理性的简单推论来把握实践理性。利用熟练的修辞学，人们能够相当远地推进这样的证成方式。因为在道德意识基本规则之下，人格的行为实际上服从极为特殊的理性秩序。也没有存在者能够作为人格起效，如果它的行为完全不关心维护或者反驳这一行为的证成，如此一来，它的行为就根本不会再被标识为行动。对于人格——他的行为因为他的理性也为证成所规定——

来说，注意力放在了所有这些规则之上，它们使得理性的证成既有约束力，又是自明的。

但是，这一约束力从根本上不同于另一种随着道德基本规范的有效性而出现的约束力。关注行动的理性证成的要求也已经得到满足，如果经过考虑的本己兴趣能够明确被视为即时行动和为此奠基的策略的根据的话——也就是说，如果人格作为主体通观了他的兴趣，并且审时度势、紧随其后的话。在本己兴趣中也肯定包含了不挑衅他者的兴趣，不改变交往的范式，尽最大的约束力量来安排面对他者的行为。但是，人格或许并不是以和他作为主体受到理性形式的证成之约束一样的方式来确立自己。如果一个人同时是勇敢、冷静、强有力和充满冒险的，那么没有任何理性论证会阻碍他至少私下里否弃一切道德义务。因此，为了使人格能够知道对基本道德规范和在它之中并非由兴趣支配的理性负有义务，理性的行为形式必须以完全不同的方式在人格生活中产生影响。

这一洞见有利于这样的哲学理论，它们在伦理学证成时不仅涉及理性，而且总是同时涉及情感和所谓的道德情感。只有通过情感，摆脱了机巧的本己兴趣的行动之动机看起来才可以理解。如果没有与从道德规范出发的行动之可能动机的直接关涉，规范本身对所有目的性的考虑的抵制就甚至看起来完全不可理解了。从表面上来看，道德规范的约束和理性的规范建制之间的区分最明显地从两种完全不同的与动机的关涉中产生出来。

不过另一方面，看起来也没有情感和动机力量仅仅自为地就能够让规范可理解。根据其讲座遗稿，康德已经将由此出现的问题看成整个哲学中最困难的问题。"人们想要通过知性来认识善,并且对此有某种情感。这是人们无法正确理解的东西。""知性能够判断,但是赋予这一知性判断以力量去激发意志,这是智慧的基石。"

我们不得不停止全面地探寻这一问题和处理康德自己认为在他的敬重学说中为道德规则找到了的这种令人难忘但是前后不一致的解决方案。即便人们着手实施宏大计划,条分缕析地说明涵盖在情感和感受这些名称下的杂多事态,以及各种对它们加以说明的思路,但这也只是更加接近一种解决方案。初步地比较各种可能的理论就已经表明,从主体性建制出发,比起从理性出发来说,能够更好地打开我们的眼界,去理解情感在道德意识进程中的起源和地位。

但是,不管关于道德意识中的情感成分的研究总是得出什么结果,我们至少都要由此出发,即道德基本规范的有效性是别具一格的——不消说,规范自身根据其形式是理性的规则,它在一切样式的理性都驻足其中的主体之中有其起源。既然理性和道德之间的关系并不一定要从理性出发来说明,那么以别的方式来设置理性和主体性之间的关系,这就是不可避免的了。这样,我们就得到了一条导线,我们在接下来就要探寻这条导线。我们已经通过这一洞见获得了思路,根据这一洞见,通过规范的有效性,在主体中奠基的世界构造统一体也对人格同一性的构造起作用。

这或许可以被理解为理性的基本形式在世界行动领域的扩展应用——不过是这样的扩展,关于它,我们现在不再能说,它是从理性的基本形式本身中产生出来的简单后果。因而,它根本不能被某个主体看成并且得出这样的后果,此主体作为人格是行动主体,以至于他通过洞见这一后果而成了道德存在者。虽然道德意识是不可证明的,但是人们可以说,它必定以别的方式,并且比推论结果更加内在地属于主体的整体意识,这种推论不仅是任何理性主体都有能力做的,而且理性主体必须总是这样做,以便成为道德主体。

这就提出了一个问题,道德意识如何能够以别的方式来理解。它受到基本规则的约束——尽管如此,此规则也并未完全规定道德意识。这一规则,尤其是在道德意识中归派给它的约束力,不能通过利益算计而得以发现。但是,它也不能"从外面"进入主体性进程,以便带给此进程新的转变和方向。一方面,不可理解一种律令如何不仅要求一种理性形式,而且原初构造这种理性形式。另一方面,道德意识扩展了主体最本己的自身理解。但是这只能发生在主体性进程自身的开展之中,并且出于它的内在根据。这样,人们必然会问,在怎样的条件下才有可能将主体的人格生活置于这样的要求和视角之下,这种要求和视角不是通过必要的洞见而作为人格生活的内涵来自它的基本建制——但是,这是这样一种要求,它在生活中并且为生活承认为对于它自身来说是本质性的。如果这些条件不被规定,那么主体就会与这种要求保持距离。但是如果人们必须承认,这样的间距也只有因为这一要求的证成方式自身才得以可能,那么人们就已经开启了为之后对道德意识的解构所提出的最强有力的论证。

在这一关联体之中,我们也还可以提出一个更普遍得多的问题,即一般规范——它们不被认为是在社会关系中向我们提出的要求——以何种方式被意识到。在这些关系中,规范可以作为"普遍化的期待"［塔尔科特·帕森斯（Talcott Parsons）］——任何社会联系都奠基于此——而被论题化并且得到说明。对于与理性本质上相关的规整行为来说，这一说明显然是不充分的。人们不能从社会关系，而是只能内在地从有洞见的推论实践各自的建制来证成正确的推论，在规范概念的形式（义务论）逻辑之中也是如此。当然，人们不能认为，此理解——根据此理解，规范原初地起到它特有的作用——是关于有效的规范和规范化程序的指令的结果——就像逻辑学的学生能够在文章和公式中遵循逻辑规则和推导。对规范的识知必须以别的方式并且内在地和这一程序的实施本身紧密相连。人们可以将这种识知作为"实践的"或者"知道如何"而区别于理论的和事实的识知，但是这并未让人更确切地把握了或者理解了什么。因为规范理解也必须被归派给实践处境本身，所以与"驯服"理智动物或者本能-无意识的行事的类比就被排除了。

　　道德规范不同于逻辑规范，这实际上是因为，在道德规范的情况下，对它的识知归因于教导和训练，这一点也并不完全是错的。孩子首先必须要学习的是社会的道德习俗，而非推论。遵循它会得到奖励，违背它则会受到惩罚。这样，人们也能够进一步说明，外力和权威——规范首先由此而起效——如何能够被内化，并且作为自身约束而起作用。这样，这种说明方式就将逻辑的和道德的规范完全区分开来了。除此之外，显然人必须在某种道德的生活秩序中成长。但是如果人们的出发点是，道德的基本规范的建制只能在和理性的建制相关时才能理解，那么人们无论如何都不能将道德意识归因于规范——它们为实际的权威所保障或者作为习俗而事先被给予——的内在投射。

因而，涉及它们，任何教育也只能够使得它们分节表达出来，并且持续有效。此外，人们甚至在经验上证明了，很小的孩子就已经明确区分完全普遍有效的道德规范和这样的禁令，它们来自某个权威，而此权威总是会改变它的意志[格特鲁德·农纳-温克勒（Gertrud Nunner-Winkler）]。但是，人们一定也还会问，这样的基本规范如何能在意识中原初地被意识到，主体凭借这样的识知如何能够将自己理解为与规范有涉。

这样，我们现在尝试着将自己置入一种道德意识处境之中，我们假定在此还未有任何道德上的理论反思和说明——或者甚至康德读物。既然生活的道德维度预设了在世界之中的行动，它归根结底涉及对这一行动的态度，那么道德意识就属于具体化为行动着的人格的主体。但是，这样的主体既不能将道德基本规范经验为由外在法庭或者机制强加的要求，也不能将它经验为类似于公开法规那样的成文法典。主体必须将它理解为与主体自身有关之物，符合他的兴趣之物，甚至是从他自身出发之物——但并不是这样，以至于他能够将规范中的要求看成这样的东西的简单后果，即他在任何时候关于自己已经知道的东西，并且能够以排除了一切质疑的清晰性而知道的东西。规范并非像陌生者一样与他对立，这一点也表现在，他出于自身，并且通过理性的考虑而能够理解，它在具体的行动处境中各自必然以何种方式起效。尽管如此，他并非出于他关于自身总是立即知道的东西而把握它。这也表现在，它首先起效的方式就是遏制他出于算计着的自身兴趣而行动的一贯的理性趋向。

人们能够由此导出：道德意识——它在基本规范下尚未形成固定的态度——将这一规范分为三个因素：（一）遏制算计

着的本己兴趣；（二）将主体置于另一个方向，他完全能够出于本己的理解来扩展这一方向；（三）向主体展开一个视角，即一切都在于他自身。这些因素在意识中综合起来，此意识预设了语言交往能力，但是并未转化为语言的分节表达。我尝试以下面的语言表达形式来把握这三个因素：（一）停一下，这样你就不会毫无沉思地前进！（二）考虑一下，面对你承认是正确的责难怎样行动，并且也获得对这种行动的正确态度！（三）如果你像你一开始所想的那样行动，你会完全不同于你所认为的那样。你实际上也知道这一点——并且你完全知道这一点，如果你自己的沉思实际上引导你的行动的话！

规范识知的实际性为第一个命题奠基。结果是，基本规范总是首先对抗原初的行动冲动。在第二个命题中则突出了服从规范的实践建立在理性沉思之上。在第三个命题之中，由此同时也在规范之下开启了深入地自身占有的视角。

人们能够将道德意识——它在主体性中如此分节表达——归派给在任何文化和在社会发展分化的任何阶段中的人。人们只需要预设，他们是主体，处于自知之中，他们不是活在完全被群体生活的仪式性协作所同化的意识建制之中。人们可以很肯定地将它设为我们所熟悉的全部文化史的前提。但是，这并未假定，在这一意识中某个基本道德规则也明确凸显出来。这一意识在某种意义上仍然为传统所规定，如果对于它来说，在规范之下的行动的内容是通过学说和范例或者在群体熟悉的形态中而事先被给予的的话。此外，正如我们将看到的，基本规则并未穷尽道德意识的内容，具体的团结也可能会增强和阻碍明确认识某个普遍的基本公式的趋向。但是人们不可以由此导出，诸文化——在此之中，"实质道德"是标准性的——中的人具有完全不同的、我们所陌生的，甚至我们不可通达的道德意识。或许，人们在避开这样的不受欢迎的结果上有着理论上的困难，即便人们不想执着于它们。但是，人们不会屈服于这些困难，就像人们不会因为一种文化不利于反思形成就推导出，在此文化之中的人根本没有自身意识，并且他们就这一点而言不是主体。

四、自身存在与道德意识

我们已经看到，伦理学证成的尝试是如何陷入两难的：如果人们坚持——始终合乎实质地——对道德上正确之物的考虑的合理性，并且将道德意识的规范性与人在涉及其行动和生活方式时的主体位置紧密联系起来，那么看起来不可避免的就是以某种方式从普遍的理性形式中推导出道德规范性。如果人们确信——也始终合乎实质地——这样的推导不可能成功，那么人们就必须由此出发，即道德规范对于我们的行动来说只是实际上有效。而由此看来就很有必要，将道德意识总体上归因于某些实在的来源，或者某些经验上可指明的机制——人的本性、个体发生或者文化的发展、对在某种形式的社会中生活的兴趣等等。由此，对于得到启蒙者来说也总是有可能自为地取消，甚至从根本上悬置道德意识。更重要的是，由此人们就忽略了那些导致这一对立思路的初始明见：基本道德规范的合理性和对它来说本质性的与自知——主体本身在其中原初地构造自身——的关涉。

即便在未得到清晰表述的地方，这一两难也使得整个哲学伦理学史感到不安。因而，人们的出发点就是，这一两难的前提在思想的基础领域之中。唯当人们能够在这一领域中获取相关思路时，这一两难才能被消解。亚里士多德第一个对此做出反应，他划分了理性意义，由此导出我们对理论理性和实践理性的区分。这一划分必须被纳入任何解决问题的尝试方式之中。但是，如果只采纳这一点，它就会倾向于使人的整个世界关涉以他的实践范式为模子，就像海德格尔的例子所表明的。与此相反，我们从对人的主体性的理解开始，并且是这样的，即根据其禀赋始终是理论的世界关涉的建筑中心，以及主体自身理解中的不安的根据和出路也都被设定在前理论的自知之中了。

现在我们必须回溯到这种思路，以便查明如何能够由此获得关于道德意识建制以及康德的"智慧基石"的理解。一种这样的理解必定同等对待因为这一两难而将伦理学推入彼此对立立场的两个明见。

119 如果不是所有可能为他所知之物都关涉同一个主体，他作为人格同时在世界中占据了某个位置并且知道它，就不可能具有关于作为整体的世界的识知。就这一点而言，在其自知中的主体是一个驻足点，整个关于世界和在其中的关系的识知活动最终仍会关涉到此。因而，人们也会尝试着去设想，在这一中点上必定进行了某种识知，它作为自知是完备的、可自身支配的，并且是绝对透明的。

我们所获得的结果却恰恰相反。所有其他的从这一中心出发构建的识知比起这种此中心由此构造起来的特殊识知方式来说，都更加容易理解。既然任何想要揭示自知之所是的说明都已经预设了这一识知本身，人们就得出一个结论：人们关于这样的识知实际上具有摆脱了任何怀疑的清晰性，而同时，人们实际上根本不理解这样的识知如何运作、凭借什么得以可能。在这样的识知中所知之物绝不会浮现出来，比如通过反思回溯识知自身。因而，人们一定会推论出，有一个根据先行于处于此识知之中并且就是此识知的主体，凭借这一根据，自知运作，持存并且也推进，只要这一识知与一切和它相关的东西一道持存。不过主体性的这一起源也无法被论题化为一个对象。因为一切认识方法都预设了自知，既然它们都立足于并且植根于其中。如果物质的法则和进程——这是我们的物理学尝试把握的——完全依赖于理性的作用，那么这一点在物理学内也是无法得到说明的。

　　这一证成过程及其结果来自哲学思考。它们不能像对世界整体或者基本规范的约束力的识知那样被归派给某个主体的自身反思。尽管如此，它们的结果符合主体自身可通达经历的识知：自身确知的主体并未由此而已经把握自身，并且主体自身并未确定地进入它的运行之中。这样，他由此也总是已经自觉地提出了一个问题，即他的起源是什么，如何由此说明他的主体性的行为举止——视为单纯不可避免的事件，还是视为被卷入了赋予行为举止以意义的进程之中，此意义完全不同于主体想要出于自身而获得的任何意义创造。

　　这一意识贯穿人的生活。它先于任何理论反思，而且自身就是卷入哲学思考的诸动机中最有力量的一个。此洞见——主体性的基本形式不能消融在或者回溯到理论之中——给予前理论意识以保护及进一步前行的思路。如果人们预设了所有这些，那么他就会指望，从现在开始，主体性整体中的道德意识的不可推导性与自身意识主体隐含的识知中这一基本特征在哲学上是相关的。

主体为自身所确知，但并非同时也为自身所把握。由此首先得出了，一个疏离了他的根据先行于他。现在，当然有许多人认为，从他的自身关系出发是必要的；我们已经由此出发来说明世界的建制。但是，主体并不能洞悉他的基本的自身关涉——如此多的其他的清晰性由此产生——，由此除了说他预设了一个疏离了他的根据，还产生了另一个结果。它同时也引发了这样的想法，即主体建制自身并未通过他的基本的自知而完全展开，也并不能出于此自知而得到完全的定义——因而也不是通过从他的自身意识出发才得以理解的本质特征和行为方式而得到完全的定义。

因而，我们有必要将此根据设为前提，这就导致了主体由此并且关涉此而能够理解自身的领域的扩展。因而,此哲学洞见，即这一自身关涉抵制任何解析，也把握并且辩护了在实际的自身关涉和任何意识生活的自身理解过程中有什么总是发生着：主体不仅预设了一个根据。与此思想相关，他们以这样的方式理解自身，此种方式同时超越了他们的自为存在和他们的世界关涉。

这就使得我们有可能去澄清并且辩护这一事实，即在道德意识中的主体获得了对自身的揭示，此揭示尚未存在于他由此被构造为主体的自知之中，通过此揭示，他作为主体再次找到自己，并且是在扩展深化的意义上。而与此一致，我们也获得了一个基础去无循环地理解，对道德基本规范的意识具有实际的约束力，并且符合它的不可导出的有效性之行动甚至会在更高的意义上被理解为人格本己的行动，并且也立即如此被理解。为什么自身关系的纯粹性并不必然排除约束的实际性，这一点已经很清楚了。

同时也很清楚了，主体所获得的对自身的进一步揭示不是在对识知成就的规则的意识中，而是从对行动规范的意识出发获得的。本来，主体就不可能通过交流获得这样的揭示。因为对自身的揭示也只能出于他自身而落在他身上——正如自身意识的情况那样，对它的运作方式的意识之揭示也是如此。

对于主体来说，掌握世界的主体和在世界之中的有限人格的统一体是如此地必然，但是"自明地"，它也是不透明的，它的构造也是无法洞察的。与道德意识的基本规范一道，在世界构造中预设的同一性意义同时也被说明和要求为对主体的各种行动是构造性的。这样，主体性和人格性在人格的行动方式中彼此契合。在道德意识中，主体完全自发地将这一近似视为符合他的。这就解决了这样的问题，它在其他情况下仍然是一个晦暗的谜，即主体在满足基本规范的行动中不会认为自己被异化了，而是甚至会认为自己被提升了。

这一识知，就像自身意识，就是在行为举止中的自身描述和识知。这样，人们会说，它是理论和实践一体的，或者甚至先行于这一区分。主体在扩展的意义上理解自身——作为另一种独立的、不仅考虑着的对他的行动的安排之起源。

他认为自己展示在行为之中，但是也在所有独立的后果——它们从行为中产生，并且通过它们，他的自画像也能够进一步深化、改变——之中。

这样，人们不能这样来理解根据——它使得主体的自知得以可能——的前提，就好像主体通过这一根据而屈服于外在于他自身的规范——就好像根据首先使得主体格外服从行动规范。这一根据是主体在整体上的，因而也在关于自身在其基本的自身意识中未向他展开的东西上的唯一构造根据。只有这样才能理解，主体可以认为自己处于规范之下，只是出于自身而对自身有义务。

我们当然知道对这一关联的诸种表达，它们似乎听起来类似，但还是错失了此关联——比如，主体已经给予自身以某个法则，或者将自身置于这样的义务之下。只有在他本己的规范之下才能够（并且将在接下来关于自由的讲座中）谈及自身规定（Selbstbestimmung）。有一个根据先行于主体性，这一不容否认的思想必然导致我们也通过理解道德意识而完全远离自身构造的思想。撇开这一点不谈，借助于道德意识和它的实际性，在主体性的人格维度中的自身性是增强了，而非受到限制。主体在道德意识中是揭示了自身，而非揭示了他由此证成之物。当然，关于先行于任何主体性的根据的思想也使得我们可能设想，诸主体在整体上，因而在包含其道德人格性的情况下被卷入了一个秩序关联体之中，此关联体和他们的根据一样只能被设想为是先行于他们的。这一关联体也只能被设想为，可能的主体连同一切构成他们的东西都奠基于此。

五、道德意识的深化

这一讲要谈的是道德意识的开展。直至目前为止，它已经在某种意义上发生了，因为我们说明了道德意识在主体性建制整体中升起，因而是根据一种在静态意义上的开展。但是，上一讲已经使主体和人格的动力学作为"生活动力学"而成为论题，它具有历时的建制。现在，我们试图与这个论题联系起来。这样首先涉及的是道德意识在它自身之中的开展，并且是以道德意识在更全面的生活动力学中起效的方式——正是这一生活为了它的稳定、同一性的平衡和自身理解而操劳着。

我们已经假定，道德意识本质上与对道德基本规范的识知相关。即便在早期文化的戒律表上，其出发点也是，在诸个别戒律的内容之间存在着某种关联，它们因而不像是首先为了完全不同的目的而产生的诸法则的总和。既然在道德意识中总是要求行动者自己的评判能力，那么我们就更加要假定一个本己判断可以奠基于其上的关联体了。

但是，众所周知，现在在伦理学中也有对这样一些立场的批判，这些立场想要将道德判断仅仅建立在基本规范之上，并且由此而假定了，这一意识自身的意向仅仅关心基本规范的满足——通过评判它的有为和无为，以及通过动机引发的态度发展成行动。撇开这一论证——基本规则对于个别行动的决定来说不能给予充分确定的引导——不谈，首先有三个理由，它们能够使得这一批判有效：（一）善良意志的意向不只是，也不首先是涉及行动者符合基本规范地行事。甚至在所有那些指向其他个人的道德行动（比如施以援手）中，对他自己的兴趣也必须是真正引导性的兴趣。（二）善良意志不是自足的。谁行动，他就必须看到，他对他的行动结果或者恶果负有责任。但是感知到这一责任可能会要求违背道德的基本规范。（三）在某种意义上，基本规范也不会独立于具体情状来运用，当每一个行动者都活在具体的团体之中时，这些团体都出于自身而从道德上为有利于它们的优先行动辩护。

这三个理由就这一点而言是一致的，即它们由此而质疑基本规则的普遍有效性，即它们将道德行动嵌入具体的语境中，并且它们的意向以这些语境为旨归。如果这些理由捆在一起起作用，那么就会指向某种伦理学证成，对于它来说，一种普遍的规范或许只是对行动约束的事后一般化，这些约束先行于此规范，并且它们来自完全不同的来源。

为了说明这一分歧在多大程度上有影响，我们只需提到，同一分歧在政治理论中为普遍主义和社群主义之争奠基。在这里，一边是普遍原则，另一边是义务起源于具体生活情状，这两者也相互竞争。在这里，对于两者来说，有一种不同的意向起作用，它与各自首要证成性的行动方式相关。

如上所述，如果人们将道德意识内在地与对基本规范的识知相连，那么这一分歧就不会通过简单地优先考虑一种具体生活约束的伦理学和植根于这样的约束的道德判断力来解决。但是另一方面，我们恰恰也不能否认这样一些证据，它们证成了通过分析关注道德意识自身与道德规范无法相容的性质而对伦理学奠基于基本规范这种观点的批判。我们之前已经努力排除出于对某种秩序的存在或者保障自己的同一性的兴趣而获得伦理学中的普遍主义证成。现在看起来我们又把握到了另一种对基本规范伦理学的批判。它指出，单单以基本规范本身为旨归，这并未保证不会导致一种道德孤狂症。以形成这样的态度的方式，我们最终只会关心行动者自己的道德状态，也就是获得一种特殊的人格性质。而这一动机就会和一种行动方式本身所要求的规范约束不相容。道德意识的意向就会不再集中在行动的正确性上，而是通过引发行动的动机，追求通过这样的正确性而获得的某种特性。这样，它就会丧失与认识理性的可比性，并且招来道德虚荣的指责。

这样，人们就必须努力着，一方面坚持这样的将道德意识归派给对基本规范的识知的分析，而没有在另一方面沾染上对基本规范伦理学的批判所产生的后果。这显然要求我们进一步回到伦理学证成已经被置入其中的一般的哲学框架上。

道德意识涉及人格行动。根据其建制，这一意识符合主体性的基本形式，但不能由此推导出来。因而，我们可以说，主体借助于道德意识获得了对自身的深入理解。这一规定让我们明白了，人格为什么也能够进一步被引入对道德意识自身的理解之中，并且对于他自身来说，他自己与基本规范及其运用的关系的界限也变得清楚了。这样的界限能够由此认识到，即一个单单指向基本规范的行动不能完成道德态度和动机——它通过规范自身建立起来——的发展任务。这样，这一人格恰恰通过他的以规范为旨归而同时也超越了规范。

就这一点而言，人们会说，规范意识是道德生活的初始光源，它绝不会熄灭，它同时也超出自身，并且会显得不同于它自身。在其与基本规范打交道和在此规范之下形成一种意向这样的道德经验中，人格意在，在具体的团体和对它们的行动的一般结果负有的责任中看到自己的道德内涵。要符合它们，唯当行动意向相对于以基本规范为旨归也发生了变化并且得到扩展。

而通过道德意识的深化，人格作为整体连带着他在世界之中的生活和行动环境就被包含进一个扩展了的向着自身的视角，它通过主体的自身理解之中的道德意识而产生出来。这一环境现在不仅仅是基本规范的运用领域；它是这样的领域，在此之中，道德意识的意向得到充实。以这种方式，一个新的第二阶段就建立在道德意识的开展之上。

现在，当然显而易见的是，人格生活本来就在人格的关系和团结中进行。它们不是道德意识的基础，而是奠基于物种的自然发生和社会融合的进程，并且局限于此。不过，它们是由此而获得道德内涵的，即只有通过它们，道德意识才能弥补缺陷，只有在它们之中，道德意识自己的建制才能发生变化，并且开展出来。

因而，以这种方式在道德意识中进行的深化和自身纠正也绝不会导致以道德基本规范为代价，并且必然伪称它是虚构的或者是对事先行为的事后的一般化。在深化之后，我们仍然要权衡在何种程度上生活的具体团结相对于基本规范的要求应该具有优先性。即便出于这样的团结一种普遍的义务必须被违背，这也不会使它丧失义务的地位。这样的违背所涉及的人之所以变成在道德意义上无所谓的他者，并不是因为违背看起来是完全不可避免的。在深化的道德意识中，就像任何人一样，他会被理解和接受为一个人格，他在他自己的团体中作为人格而实现自身。在自然基础和奠基于道德意识动力学之物的共同作用下，主体和自然个体进入一个视角，在此视角中，两者彼此重合为人格。

因而，从道德上来考察，诸人权和作为人格被尊重的人权不是千人一面的、在某种意义上无个性的主体的要求。它们必须被视为奠基于对人格们各自拥有的具体生活的尊重。正是因此，被认为是从基本规范中产生的尊重人的尊严这一普遍悬设恰恰是从远离生活、苍白的抽象活动的假象之中产生的。

这样，我们就明白了，如何理解这样的哲学框架，在此之中，道德意识的位置和起源得到规定，为什么这一意识必定经历奠基于它自身的扩展和深化。这一开展导致了一个它所独有的后果，并且同时也陷入新的张力：在人格的具体道德生活和他的原则关涉——它对应于主体构建世界的基本形式——之间必要的平衡中的张力。我们现在需要查看，这一特殊的动力学如何加入并且嵌入意识生活的普遍动力学之中。

六、生活状况

道德是人生的一部分，并且每个人都知道，它并非人生的全部。但是，它也不是人生的随便哪个部分。我们也很清楚，它在几种行动处境中具有突出的、无可比拟的意义。然后，它能完全规定我们的生活。我们可以通过道德意识在生活动力学中所具有的位置来说明这一点。

我们已经看到，意识生活就它的道德性这方面而言涉及三个维度来给自己定位：作为构造并且改造世界的主体，作为意识到疏离了本己起源的主体，作为形成诸同一性和同一性平衡的行动人格。出于这三种活动之间的冲突，生活遭受了质疑，此疑问就是众所周知的"意义问题"。我们已经以如下方式来表达这个问题：在为一切他者奠基之物、人有所知之物和他自己的生活之间存在着这样一种关系，即这一生活因为它而知道自己得到肯定，它将此肯定区别于所有其他事实。或者这一生活是一桩单纯的、"盲目的"（无物能照亮的）事实，就像任意其他的也在由普遍规则规整的行为中的事实，以至于这一个体只会将一种状况自为地归派给这一生活——连带少数几个其生活在其中找到立足点的他者？

一切宗教和大多数生活学说都表达了一种基本的肯定，并且以某种方式不仅在人与人之间，而且在整体和个体化生活之间规定了一种肯定关系。如果它们不知道，在意识生活的思想之中，人们担心害怕对这样的肯定的渴望有可能徒劳无功，就像人们担心害怕实际上去确保这样的肯定的执着的努力被卡住一样，它们就不会这么做。这样，人们就会提出问题，就受到圣典和创始人的约束而言，一种与宗教一致的保障是否会有信服力。

在人格的行动生活中，这两种可能性之间的冲突只是隐秘地在场，并且也只是很少进一步展开。不过，这一生活会经受抗拒和放弃，它能够获得的任何同一性平衡都是脆弱的，这就产生了一种特别强大的冲动，去阐明这一冲突，并且解决它。我们也知道洞见开启的清醒瞬间，在这一瞬间，这个或者那个冲突的可能性获得结晶体般的明见，它也仍然令人难以忘怀。生活不会终结在这样的瞬间。两种对立可能性的证成所置于的深处，要求一种明确的理解不会完全依赖于这样的瞬间启示。我们必须获得对两种生活视角的起源的理解和一种基本意识，在此意识中，两者也被赋予了位置。高级宗教和伟大的哲学都承担着这一任务。用黑格尔的话来说，听起来是，整体认识必须从怀疑中产生，直至怀疑的终结。

不过，生活的道德维度是如何在这一理解的总括性动力学中起作用呢？它本身在各阶段中测量衡定自身，并且由此而在它们之间开展出一种张力。但是这并未阻碍它给整体生活带来了稳定——并且情况恰恰如此，当主体性不为了获得稳定本身而让它所包含的改变表态方式的要求起效时。恰恰这样的道德正确相对于所有其他兴趣的不可比拟的优先性，限制了这些兴趣的分量，并且使得在同一性平衡失败之后仍有一种自身满足得以可能。这种自身满足绝不等同于幸运和成功的生活，它甚至可以是听天由命。而它仍然永远是无懈可击的。

这样的自身满足也不会消散，即便在追求生活基本肯定所涉入的冲突中，虚无主义的回答开始具有优势。在道德意识中，意识生活获得了一种自知。这一识知不会被证伪，即便自身存在仍然没有根据保障它符合它所由之而出的整体，以至于它的自身理解被剥夺了任何独立于它自身的保障。同样要看到的是，当生活看不得基本肯定的希望时，道德意识也可能会被普遍怀疑是虚幻的。既然这一意识应该不是作为实际的影响力，而只是根据规范的要求，引起生活中的行动态度的改变，那么在这样的怀疑之下，即规范只是通过不明机制而投射在主体之中，改变态度的努力就消退了。这样，就会产生一种态度，人们甚至奋力追求以获得这种态度，它摆脱了规范，并且假装对规范无动于衷。

而在生活中的道德意识没有以这种方式被封装和截取的地方，对生活的基本理解才在总体上获得了一种意义。不过在解释这一意义时，人们必须小心行事。因为即便是一流的思想家，包括康德，也很容易从与道德基本规范实际相关的无条件性中得出粗率的、过度延伸的结果。因为，如上所述，人们并不能宣称，道德意识本身排除了如下假定的可能性，即意识生活可能会在其根据上无法指望获得任何保障和肯定。在这一意识中，主体包含关于自己的揭示，而非关于它的根据的揭示。为了揭示这一根据，人们实际上还是要从道德意识自身出发，如果我们或许必须假定，善的规范是由这一根据为由此构造的道德意识而通过一个附加的行为变得有效的。但是，或许如此一来，主体性和道德意识之间的内在关联也就解体了。我们必须设想，规范的约束力完全奠基于构成主体本身之物。因而，关于如何思考主体性的根据的问题，这通过规范的有效性仍然没有答案。因而，在一幅变得晦暗的世界图像的背景前，善良意志中的生活总是有可能的。这样的生活表明了，正如我们所知道的，它对于意识生活来说是本质性的；它通过经验到它单独出于自身以及为了他人并且在他人面前获得的意义而安顿下来，这些他人以同样的理解方式和它一起过生活。因而，没有人有权利怀疑做出虚无主义的生活总结的人也就是非道德论者。

134　　如果人们想要从道德意识回溯推论至整个主体性的根据，那么他很有可能也就遵照一种理论认识的范式。它本身将会违背所有这样的证成，这些证成指明，这一根据不可知。当然，对于一种无需提出认知主张而将诸思想联系起来的证成关系来说也有效的是，此根据将被认为和被证成之物处于一种相即关系之中。因而，人们必须在任何情况下都假定，在这一根据中也有能力让一个主体出现，然后道德规范的意识也奠基于此主体之中。但是，由此并未导出，规范的有效性来自根据本身，同样，也不会因为根据有能力使一个合规则的、依照语义学的思想的主体产生出来，我们就得出，这样的思想同样在根据自身中进行。我们只能从证成关涉的相即性条件中导出，正如我们所知道的，从世界，从我们的物理学所构造的物质概念出发，绝没有相即地说明意识生活。无论人们如何一再地解释这一科学理论，它并未包含任何我们能够由此而理解自身意识的理智之产生的东西。

也还有其他的证成，根据它们，道德意识在主体性的自身理解中起作用，它们能够给予它在整体上的指向。这些证成不是从这一意识事实出发得出的结论。毋宁说，它们可以被认为是一些动机，这些动机摆脱了道德-实践的考虑和经验，并且导致人们做出并接受对主体存在于其中的世界建制的假设。它们在哲学中的地位要回溯至柏拉图和卢梭。

一个这样的动机是，人们会操心，善良意志的所有付出——即便在感知到它的责任时——很可能徒劳无功。另一个动机则来自对在人的命运中无法平衡幸运和努力这一现象的愤愤不平。谁要真诚地追求一个目标，他就不能同时又认为他根本无法接近这一目标。因而，谁出于道德责任行动，他也就不能一开始就认为，这一目标在世界中根本没什么好处，并且对他的一切都起到反作用。谁看到人们甚至孩子为了满足快乐而承受痛苦，或者被剥夺了生命，他作为道德人格就必定会希望，他在这样的处境中能够不对这样的世界进程抱有听天由命的想法，在此世界进程中，受害者和施害者的生活最终同样都是一桩无意义的事情——只不过一个受苦，而另一个则获得它为他带来的快乐。而谁要再进一步，就由此传达了一种多么令人忧心的信念，相信在人生与世界结构的一种意义秩序之间存在着一种同构关系。

135

在得出这样的结果的思考中，只有单单来自道德意识的动机在起作用。不过，它们可以加入一种形而上学建筑式样的思想之中：使得我们的生活可能的根据和这一根据也归属其中的整体，现在就与人在其中生活的世界发生关系，并且被理解为在这一世界之中的一种意义秩序的根据。在这样的世界中，我们的有限目标也将与其整体进程保持一致。在这样的世界中，即便看起来不得善终、死于非命的生活也会得到一种肯定的保障，此肯定本身也在每一个生活中都被经验到。即便生活肯定有终结，它们也还未消失。不管这进一步意味着什么，很多人支持说，如果我们已经考虑了一切，我们就实际上一定会这样想。

因而，激发道德意识中的沉思的动机显然还以某种方式和另一种沉思——它支配着整个意识生活动力学——相关，即它们在关于生活状况问题的诸回答的冲突中有利于两种彼此对立的选项之一：它们已经使得在人生中认识到一种状况，并且看到它起作用。如果生活单单依循在道德意识中出现的理解之路，那么对于生活来说只还有这样的问题，即它是否能够成功地帮助这一状况得到清楚的、对于它的意识整体生活来说足够确切可靠的表达，这样，对于它来说就有可能不仅涉入这一视角之中，而且在其所有状况下并且相对于一切对此的异议而结合进入它的自身理解——因而获得了自清，由此它总是能够为自己辩解。

生活操心和植根于道德意识中的动机之间的联系让我们更好地理解了在人类文化史中的宗教维度的力量。宗教总是将伦理学说和普遍的生活学说联系在一起。此外，它们必定总是这样来形成它们认为有约束力的这些学说，即一种对于人生动力学的复杂深入的理解也能附着于它们之上。一旦它们丧失了这样的力量，关于生活的虚无主义总结也就有机会进入公共文化。当然，这一总结也常常——我们知道尼采就是这样——很快重又被重新构想的生活肯定所覆盖。对于它来说，同样对于宗教本身来说，做出虚无主义总结的可能性对于可靠的生活肯定来说只是一条必要的通道。在文化史中，也只有极少的几位作者，他们想要排除任何的生活肯定，但是即便是他们也尝试在总体上通观和照亮生活动力学，他们也想要说，在这样的总结的照亮下过生活，这意味着什么。莱奥帕尔迪（Leopardi）[①]和加缪属于这一少数群体，但是即便是他们也绝不会解构道德意识。这一点是值得注意的，并且也证实了主体性和这里所提出的道德性的相互归属。

看起来对于我们的时代来说标志性的是，它假定虚无主义的生活总结是自明的，而它将这一总结平庸化，假装可以对它泰然任之。虽然它不再去证成或者主张这种总结，但是却通过看似轻松的生活和转瞬即逝的图像及符号世界——它们看起来让一切状况问题落空——来实践并且诱发这种总结，并且放任这一结果自行发生。这些向生活敞开肯定视角的传统学说因为这种有力无言的潜流被夺去了立足之地。由此我们就不再可能通过直接尝试肯定一种生活视角而进入公共理解之中。我们的时代想要通过肯定而面对从生活自身中产生的意义问题的一切重要尝试都追随这一洞见，并且从对当代的深入诊断和对支配性的虚无主义基本倾向的诊断开始。这样的诊断要能够有说服

[①] 贾科莫·莱奥帕尔迪（Giacomo Leopardi，1798—1837），19世纪意大利著名浪漫主义诗人。——译者

力，唯当它也知道如何揭示虚无主义的总结在意识生活自身之中的根。而正是在这样的关联体中，也提出了在这些讲座中所探寻的所有的哲学基本问题。

但是，与公共文化所表现的不同，对于日常生活中的人的意识来说，肯定的总结和虚无主义的结论都不会成为肤浅的自明之物。最终的意义丧失的威胁对于他来说总是当下的、肯定无法封存的可能性。当然，在日常行动中，肯定的自身理解倾向之对立面也一定仍然保持在生活背景之中，与此相关，则有一种希望，即这一对立面的爆炸力不会被释放出来。不过每个人肯定都知道，正如他关于自己的一般所知：他的生活会并且很可能有一天会陷入一种状况，在此状况下，生活难以遏制地遭遇这一对立面，而任何泰然任之的实践都无能为力了。因而，人们在实际生活中也根本不会赞同表面上泰然自若的对沉思一种生活肯定的公共无知。如果他们在他们的小圈子里努力深化道德实践，而不能为此期待获得奖赏，他们就越发无法这样做了。这一张力在很大程度上解释了诸西方工业国家的公共生活所陷入的危机、它们的生活形式在其他文化中——在那里人们渴望富裕的生活——所遭遇的阻抗和拒斥。

139　　但是，我们现在也知道，要实际上得出最终的生活总结，这是多么的困难，如果它的轮廓不是在宗教中事先被规定，甚至在鼎盛时期被视为是有说服力的，并且从内心里被作为生活的榜样的话。如果在生活动力学中产生的许多张力变得明显，并且就这样的总结中的诸选项而言，还没有哪个能够被认为是事先决定的，这会更困难。没有人会以为他牢固地保有一种这样的总结，对于他来说，此总结之前在最具挑战的处境中就没有经受住考验。既然此总结不能以理论认识的方式获得稳定性，那么它就一定实际上是来自与之相反的自身理解的尝试。在我们时代的不受规范的生活中，任何这样的尝试都是允许的。不过与此相反，在这种生活中，很显然任何这样的尝试都已经事先被制止去相信它真正严肃地面对生活。甚至这些尝试还会彼此缠绕，直至变成一团乱麻。

虽然道德意识受到这样的处境的影响，但它不会为此完全受到破坏。它至少因为两个原因而受到影响：它和人揭示自身为主体直接相关。就这一点而言，道德意识会受到对植根于主体的根据和意义问题的任何回答的影响，因而也尤其会受到这样的处境的影响，在此处境中，对这些问题的任何回答看起来都被延宕了，人们甚至进一步默许让这些问题失效。它之所以被影响，也是因为它只能自为地不依赖于那些为公众所支持并且合乎时代意识的生活学说而调和在它自身中产生的各种张力。

不过，道德意识不仅奠基于行动规范意识，它只会退到后面，但不会解体。主体通过道德意识获得的关于自身的揭示将成为他的自画像的一部分，并且能够和规范一道在这样的公共关系之下给予意识生活以稳定性，这种稳定性的建制不同于任何其他的同一性平衡。尽管这些公共关系会让人们视这幅自画像为虚假的、道德败坏的，但人们仍然会期待，这幅自画像的效力总是一再在每一个个体生活和所谓的"普通"人的生活中显示出来，并且获得证实。

我们当然也已经看到，只通过道德意识以及它的内在开展还不能获得最终的生活总结。有可能人们能做出这样的生活总结，却不能说出它，或者将它与生活的整体动力学相关。但是，如果此事实际发生了，那么生活的自身传达就已经出现在一个重要领域之中，在此领域中，哲学尝试或者应该尝试获得并且给予方向。这样的总结将考察并且加权在生活进程的动力学中能够实际起效的一切思路。即便这种总结认为生活处于创造意义的肯定的保护之下，它也总是尝试把握，生活如何在一种动力学中进行，此动力学要么导致混乱，要么导致自身平凡化，以免陷入混乱。

而一旦这样的理解也采取了概念形式和条分缕析的证成形式，那么它也就由此而获得了哲学的形态。至今为止，并且尤其在第三讲中，我们的目标是，根据一种工作方式——它想要综合先验哲学和生存哲学——来说明意识生活的建制和动力学以及意识生活的自身理解在其中进行的那些维度。在第五讲中，关于整体的诸思想将被探寻，它们同时也是主体性根据的思想。这样的思想必定和植根于道德意识中的思想具有一个共同点，即它们不伪称为认识，但它们也不是任意的。它们必须超越某个世界概念，此世界概念就像在我们的原初世界概念中的情况那样，虽然预设了主体，但无法将诸主体融入自身。因而，它们必须是关于这样的整体的思想，此整体涵盖了主体性连同在其中奠基的动力学——但是是这样涵盖的，以至于人们有可能认为自身作为主体，并且作为道德人格而在整体中得到肯定。

第四讲　共在中的主体性

一、先验奠基

在前面三讲中，我们已经勾勒出什么构成了人的生活——如果它是自知着地进行的。这些讲座也已经着手于从这一基础出发，展开一幅关于意识生活的复杂图像。这一图像本身首先会静态地展开：从以个体自知为中心的识知的内在建制出发，产生了双重的伸展——通过识知向世界整体的伸展和与之相反的向主体性的根据的伸展。这一根据不是在识知中，因而根本不是在对世界中的实在之物之识知中得以展开。但是，它最终必定也和在对世界的识知中展开的整体相关。

这样，从这一图像中就直接得出了主体性不能局限于此静态描述。毋宁说，在这双重的伸展中，在融合诸伸展所遵循的相反方向的任务中，就已经设定了，主体性在动力学中实现自身，它进一步在多方面自身构型。世界本身必须被筹划，它所包含之物必须被占有或者探寻。诸相互冲突的思想都朝向本己生活的根据。这些思想构成了围绕着它生活总结才能构建起来的核心，因而此总结的明见性也会因为生活情调的更替和处境的变化而延宕。生活本来至多只能提纲挈领地综合根据和世界，而这些纲要的难以捉摸则几乎总是超出生活通过一些论证在自己和他者面前为它们做出辩护的能力。

所有这些说的只是构成意识生活动力学的东西的最小值。关于此动力学的图像在之前的讲座中也已经得到扩展和分层了。在第二讲中，我们的出发点是主体的个体性，它导致主体自身同时也必须在其世界中定位。在这一关联体之中，主体的活动具体化为作为人格的主体的行动。第三讲则必须从这一点开始。因为，人们要能够胜任道德意识这一论题，唯当行动的人格性和疏离的主体性根据这两者关联起来。由此最终产生了对更进一步的道德意识自身独特的动力学的洞见。它使得我们不会将伦理学局限在单一阶段的说明这一意识之上。

与所有这些研究一道，作为主体的人和他的同人之间的关系也已经以多种方式得到了关注。在这一讲中，共在的方式现在会被引入一个秩序之中，此秩序使得这些方式依附于人的主体性，而它尤其使得指明主体性在诸共在方式中的在场得以可能。我们从一个先验论证开始，它从所有之前的研究的一个基础性预设出发。

在上文中，主体性也一直不仅被把握为并且评估为识知的形式构造条件，而且也被把握为并且评估为个体化主体的建制。只是对于即时的个人来说，才会有同人，只是对于个别主体来说，根据哲学的说法，才会有"他-我"（Alter-Ego）。虽然主体识知和自知的方式超出了他的具体内容，并且成为先验研究的论题，但是实际的识知也只能是个体化的主体的识知。

主体作为个体化主体的识知方式不仅是我们可以谈及诸多

主体的共在的必要条件。它也充分说明了，任何主体出于自身就能够以某种方式来思考其他主体，即他是主体们中的一员。这是大量可能共在方式的最小值。仅仅根据这样的识知，还根本没有出现和实际的其他个体的关系。这里只是为这些多种多样的关系可以出现或者被接受提供了一个基础。

　　构建对主体的个体性的识知的这些条件需要特殊的研究。以下内容将在此研究中具体展开：自知出现，主体本身在此之中构造自身，与此一道也必须使用关于个体连同它的所有内涵的思想。当孩子学会了面对他者时通过使用"我"来自身定位时，这种思想甚至一定早已被使用了。人们能够很好地理解这一点，当他注意到，识知着的自身关涉就它对于所有的思想情况来说都始终保持同一而言，随这一个世界的构造而来。在关涉这一世界时，个体总是已经相对于其他个体凸显出来。但是，进行这一区分的主体也与此同时将自己区别于他彼此区分开来的主体们。如果他不是也自为地，因而在其自身关系中，被理解为个体，情况就不可能如此。

　　但是，现在在其自身关系中并没有什么表明，只能有一个唯一的个体，它处于这样的识知着的自身关涉之中的个体——就好像在关于最高峰、万物或者所谓的"绝对的自我"的观念中所具有的唯一性那样。即便有这样的唯一个体，它也只能是实在的。而既然主体并非已经出于概念性的根据而是这样的排他性个体，那么在识知着的自身关系本身中就包含了关于某种许多主体能够在此之中共存的秩序的思想。虽然这一思想是抽象的，本身排除了一切直观。这样，它也只能和实际共在的经验相关联而形成。但是，它仍然内在地本质上和个体的自为存在紧密相关。由此，是因为它，而非通过各种各样的经验，才最终奠定了自身存在和共在之间的一切关联，这样它不会为了一种对一个绝对的、因而必然孤独的自我的意识而通过进一步的抽象活动被悬置。

先前的讲座总是由此内涵出发。但是由此并未得出，一种这样的在同一个世界中的主体共存的秩序已经实现了，它向着主体自身与他的识知着的自身关涉一道展现开来。人们总还是可以设想，一个世界总是只能为一个主体展开。这样，有多少主体在某个秩序中彼此区分开来，就有多少世界彼此区分开来。

当人们反思主体由此而在他的世界自身中自身定位的根据时，他就朝着在同一个世界中的主体共在推进了一步。这是必然会发生的，并且与此一道也产生了对世界的识知，而这首先是因为，人们不可能一下子把握构成一个世界的整体以及在其中所包含的一切。在没有选择和视角的整体沉思中，主体在经过他的世界关涉诸阶段时就不再是同一个。他或许会进入包含在整体思想本身之中的同一个恒常之物，不过在这一点上他也就不再是在不确定的多样的世界关涉之识知状态中的同一个主体。而世界整体根本不能被描绘得就像是直观中的一幅巨幅画像。世界作为总体必然超越任何直观整体。人们还要补充，主体能够被认为是适宜的，唯当人们归派给他一个在世界关涉中的认知状态的确定序列，主体在其思想中总是作为整体而预期这一序列。在一种初始意义上，主体通过在与世界整体的关涉中的这一序列而得到定位。

现在，由此已经设定了，一个完全不同的世界关涉状态序列——并且是关涉同一个世界——是可能的。这样，同一个世界也可以以完全不同的方式得到展开；因而，区别于一个主体的某个展开序列，也可以有其他完全不同的但同样有序的展开序列。虽然，在关系到这些序列时，人们当然也总是可以设想，这只是涉及对于同一个孤独主体的世界关涉的诸相关选项，即虽然总是同一个主体，但是他也总是只能够实际上实现一种可能的世界展开顺序。但是，现在也就没有理由来反对，将这些选项理解为多种与同一个世界的关涉可能性，它们各自为另一个主体所实现。因为，每一个主体都最终因为它们而束缚在一条唯一的道路上。他所看到的展开道路的其他可能性，每一个主体在这一点上都只能设想是为其他主体所实现，这些主体在其建制上和他自身是同样的。接下来，主体将这样来关系到其他的主体，即一个共同的世界以其他方式向他们展开，不过关于这些方式，此主体可以设想它们本来也可能是他自己的。

　　这样，我们就获得了一个位置能够转向去思考时间和主体性的关系这一重大哲学论题。这不仅是因为这一世界展开的序列是时间性的。在涉及世界展开的其他方式——它们本来也可能是自己的——时，唯一的时间统一体也同时为世界的一切主体所需要。而要获得关于主体性的揭示，人们总是会陷入反思时间的迷宫之中——人们总是会将通达理解人的共在的道路引进这一迷宫。

　　主体必须在其世界中自身定位，这一点所意味的不仅仅是他总是以特殊的顺序展开世界，他也必须以同样的顺序占有属于世界的一切。这一顺序不仅像推论步骤的序列那样组织。它也依赖在世界整体中的某个位置，由此出发，世界作为整体向主体开放。在主体本身中有理由来说明，一个一般整体如何能够成为一切具体处境由此出发而得以理解的视域。就这一点而言，人们可以说，主体和他的世界对立。这一视域要被筹划，并且实际上展开所有在它之中遭遇到的东西，唯当主体也在其本己世界内部归派给自身一个位置。因而，主体和世界所包含之物的关系结构中的序列就得到了进一步的规定，即此序列是在涉及主体在世界中的这一位置中形成的。

但是，现在也由此导致，这一位置必然是固定的。它和主体世界的一般构建形式一样，都不为主体所支配。在人的世界中，这一位置通过人格的躯体而在时空中得到规定。因而，每一个主体，不管是何种类型，如果他以我们的方式自身关涉，即他自己展开世界，那么他就必定在世界中通过某种躯体得到定位——不管世界如何被塑造，并且无论此躯体性在世界中服从何种规则。由此，我们也已经以某种方式进一步规定了，更多的主体如何能够实际上存在于这一个世界之中，它们的共在方式必须在怎样的基本条件下才能形成。

我们以同样的方式说明了，主体如何不仅先于他们的世界筹划，而且也在他们自己的世界筹划的视域中，并且在这一点上作为世界内容与自身相关。他们的识知中的自身关涉肯定不直接是因为人格对他们自己的躯体的识知而得以可能。毋宁说，谈及"自己的"躯体，这就已经预设了这样的自身关涉。但是，如果主体察觉了世界关涉形成的条件和序列，他们就归属给自身一个躯体了。由此，他们也就把自己识知为在所有其他世界内容下的一个世界内容。但是，他们不是这一躯体，而是说它们被躯体化。"躯体化"这个动词当然很可能会引起一种错误的假象，就好像人们必须将这一关系想象为主体所承受的行动或者发生的结果。其他的表达方式——据此，主体"有"躯体——也会涉及用语言在思想中合适地描画这一独一的关系时所陷入的困境。主体能够以一种只是这一关系特有的方式而归派给自身一个躯体，这一事实就陷入了此困境之中。

和躯体不同，这一关系本身并不能在世界中找到。它只是它的自身关系的一种内涵。因此，它归属于这样的自身关系，考虑到这种自身关系，任何关于一种包含了世界内容的世界形式的思想必定仍然是不完整的。唯有处于这一自身关系中的人才能够明白，他者以同样的方式自为存在，在这一点上，他们也"有"躯体。

归根结底，人的共在这一哲学问题集中在不同主体的自身关系的相互关涉上。我们目前只是在某种程度上接近这个问题，即我们出于主体的世界关涉而说明，主体间的一种关系的初始前提如何被带入这同一个世界中，也就是说，主体们也必须归派给自身各自对他们的本己世界的特殊视角和在其中的位置。这样，通过他们的躯体，我们也为所有进一步的东西规定了条件，即出于其自身关系而又考虑到其共在能够得出什么结果。在生活中，这一关联是完全自明的。但这并不意味着，人们也在反思生活中能够让人不考虑到它，从而只是在人们的前提中附带引出它。此事就发生在语言伪称为哲学研究的最终视域的地方。

尽管通过作为一桩事实的躯体性——它对于他们自己的自身关系和任何主体间的关系来说都仍然是基础性的、不可修正的——任何与其他主体的共在也都尚未实际出现，亦未充分证成。但是，一道光由此落在了人的自为存在和他的躯体性之间的歧义和张力上。就像躯体性这一基本事实本身那样，它们也是每个人都熟悉的。人不可避免地受到躯体的束缚，这对于人来说随时并且总是一再地成为烦恼——也就是说，躯体作为世界事物也服从诸自然强制，而它们对于主体性来说则一定还是毫无意义的。对于躯体来说，它只有习惯于不可避免之物，或者常常也只是沉默地抗议不可取消的拘役。这一束缚甚至让人面临深渊，也就是说，当躯体的解体宣布并且导致意识生活的终结时，虽然这一生活在其中运行的动力学并未耗尽，以及当躯体被禁止和剥夺了它总是以合适的力量通达的目标时。也正是通过躯体，人的任何世界关涉才能构型并且实现。没有躯体，他就必然没有任何共在的快乐，并且仍然束缚在不可取消的孤独之中。并且，所有他在其主体性的动力学中实际成就之物在他之外就都毫无影响，也没有应答。

二、主体出于主体间性？

152　　考虑到所有这些为理解人的共在的思考都是从个人的主体性出发来获得通往主体共在的道路，它们就都接受了之前讲座已经预先给予之物。人们似乎只能这样来依循这条道路，即人们回到那些对于人的生活来说具有极大明见性的关联体背后去。人们必须这样来处理这些关联体，就好像它们还有其他相关选项，并且还希望找到说明这一明见性的痕迹。但是，如果人们尝试探究自明之物，那么他不免会涉及并且信任抽象的思考。这些思考和在人的世界关系中明见可靠之物之间形成对照，人们在从活生生的生活出发走向哲学语言的这个角度上一定会觉得这一对照格外刺眼。也就是说，在这一证成阶段，这一抽象语言必定失去了和语言与期待的联系，人的共在自身在其中进行着。由此，人们也总是一再地产生怀疑，在每一种这样的处理方式中是否前后颠倒了。基于此，人们提出建议，人们只能从在哲学研究中想要探究和说明之物的不可取消的明见性出发。这一建议也总是联系着期待转变说明的秩序：人们指望，一旦自明之物的明见性得到尊重，那么我们也就找到一条思路来看清并且拒绝会带给所谓的自明之物所缺乏的光亮的东西。

在我们的情况中，遵循这一范式的诸建议就让人们接受人的共在作为既基本又基础的事实，以便然后在此基础上获得一种更简单、纯朴的关于人的自身存在的理解。每一个这样的建议都通过批判所有这样的计划——正如这里所发生的，它们想要从自身存在出发找到通达共在的道路——而获得力量：它们不仅认为，这一共在当然是无可争议的事实，而且它们还想要通过一系列证成来推导出这一事实。毋宁说，它们在论证时却已经预设了这一事实。它们当然以或多或少隐蔽的方式这么做，这是因为它们的论证必须避免成为循环论证。

当我们需要展示这些讲座对其主体性进路的允诺时，我们已经研究了其中一个接受人的共在作为一切证成出发点的建议。在我们现在已经处在的位置上，我们再一次回到这个建议上来。与此相关，我们将目光投向两个其他的建议，它们遵循一个可兹比较的基本范式。我们已经阐明的建议从语言共同体开始，其他建议则想要指明，在主体的自身存在和其他主体性——他们区别于他——的自身存在之间的区分之前，有一个尚未区分的体验和表达性质的维度。

有两个理由恰恰让我们进一步探寻这些建议。一方面，它们依赖于一些事实，没有任何关于人的共在的理解可以驳斥这些事实，或者忽略它们。因而，通过它们作为对于这一理解来说根本性的事实所产生的影响，我们就刻画了这样一些事态，即便一种依附于主体性的理解方式也不能忽视它们，并且通过它们，它获得了一种本己的揭示。另一方面，这些建议也依据这样的任务，它的完成对于依附于主体性的做法来说具有特殊的重要性。这一任务不仅出于哲学理论的兴趣，也出于意识生活本身的兴趣——这一任务就是，在意识生活的多样行为中使得一种自身理解的统一体成为可能，并且保障它。人们因而必定会问，这些作为从主体出发的思路的其他相关选项而提出的建议是否有希望也胜任这一任务。人的诸共在模式在类型上和它们参与形成这一生活的深刻程度上都千差万别。人的生活受到他的共在方式的约束，这一点只需要一种一般的说明。除此之外，人们也提出了问题，人在他所有的共在方式中如何把握自身为同一个。他或许会最终在其多样的共在中看到自己就像在舞台上表演一样，他以不同的角色涉入截然不同的互动游戏之中。

　　这一问题当然也会给从生活主体性出发的理解方式带来困难。在这里，我们已经可以事先明白了，这些困难也根本不会得到解决，如果在意识生活中的人的主体位置被认为是这一生活的自身赋权。不过，我们从一开始就没有助长这一说法。毋宁说，我们总是一再地澄清，为什么一切形态的人的主体性自身也总是被理解为是有条件的。与此相关，从主体性开始的证成不能仅仅依靠主体性的一系列自身确证行为。我们已经澄清，毋宁说，这些证成能够指明完全不同的限定方式，它们因而也并非归派给主体性的开展以仅仅一维的动力学。但是，这并不必然反驳了，尽管如此，人作为主体能够获得统一建制的理解和对他自己的意识生活的同样建制的基本筹划。当然，从主体性出发，这要有意义，唯当人们承认他对于意识生活具有核心意义。但是，这并不意味着，他自身是揭示一切的来源。与此相反，人们会由此出发而被引导至这一理解的来源，这些来源使得进一步揭示主体性自身得以可能。

语言是人际理解最重要的媒介。它也是确切描画思想内容的唯一媒介，通过语言，我们能够完全清晰地，并且条分缕析地通达他人的思想和意图。维特根斯坦已经证明了，个别主体不可能发展出一门语言而完全为己所用。这样，人们就很容易给予这种建议——一切说明，因而关于主体性的说明，都是从人的共在出发——以从人的语言共同体出发的证成形态。这样，人的世界的展开因为他的母语形式而获得了特殊的轮廓，这一洞见和语言一起也总是已经成了最重要的证据来批判以孤独主体为旨归的哲学。

人们认为，这一批判的有效性已经能够在一些语言表达方式上被辨识出来，即便是主体哲学也一定要利用这些表达方式。主体哲学为了能够谈及它想要奠基于其上的自身意识，就必须使用人称代词"我"。而作为代词，它被嵌入单称表达的系统之中，在这一系统之中，"你"和"我们"作为最切近之物被安排给它。如果"我"的使用要有意义，唯当"你"和"我们"的使用也是可能的，那么通过"我"表达之物就被卷入语言共同体之中，在此共同体之中，与用"你"称谓之人的互动，以及对这样的共同体本身的集合表达也是可能的。甚至，这两种建立在语言理论之上的关于共在起源的理论彼此之间的区别就在于，它们各自给予两个与"我"相关的人称代词之一以优先性：从"我们"出发能够引入人的社会本质，从"你"出发能够引入人对切近他人的命令的听从作为初始明见。

这一论证足以取消这样一种怀疑立场，根据这种立场，不可能有证成地确证存在着那个通过使用"我"而理解自身的主体之外的其他主体。它提供了一个出发点，即在人称代词"我"使用的地方，语言共同体的存在不受质疑。人们可以在此看到从这一明见出发的研究方法的巨大优点。因为它能够以其他语言表达的使用方式为线索来阐明人的主体性和主体间性的方式，此外它知道自己处在这样的地域上，此地域不会受到那些导向冒巨大风险的理论领域之推论的威胁。但是，如果这就是强调语言共同体的基础意义的背景，那么与此相关，人们就丧失了进一步延展哲学启蒙的希望，并且丧失了对理解基本事态的兴趣。

人们在这种情况下也看到，公共语言是基本事实，但是人并非实际生来就会。他只是生来就有学会语言的能力。长久以来人们就已经不再怀疑，小孩很早就有理智行为，和他的交流在能说得上开始获得语言之前就已经开始了。这件事得到了补充，如果我们指明，为什么成熟的语言系统——在此之中，不同的单称表达、其中的人称代词相互指引——只能由这样的一个人支配，即他可以不单单被归属一个发育不充分的自身意识前阶段。

正是在表达式"我"得以运用的这些条件下，这一点变得尤其清楚。我们之前已经指明，用表达式"我"，孩子不单单也使用普遍形式，以这种形式，他者各自说及自己。这个表达——

孩子开始使用它要后于其他人称代词——也总是已经真正指出了人在他作为说话者的角色上对自身有所表达。"我"的使用因而预设了展开了的自身意识。正因为这样，"我"的使用也不能阐明自身意识。

谁强调语言共同体的展开意义，并且同时想要主张从语言互动中导出主体性，那么他的说明就必须更为深入。这种说明不会作为一种知识而被获得，这种知识以某种方法清晰地——通过语言分析的做法能够获得的清晰性——解读出语言系统和对它的支配。他必须从事说明活动，此说明回到开展了的语言使用之后，以便以这种方式来澄清人的自身关涉的产生，而它为开展了的语言使用所预设。在米德的著作中，行为主义的社会心理学关于此已经预先规定了一个模式。大半个世纪之后，针对自身存在的谱系学，通过哈贝马斯的工作，米德获得了显著的反响：在行为者——他们仍然完全是由本能支配的——的基本互动中，这些以语声的形式分节表达的反应构成了行为者自身关系的基础——并且之所以如此，是因为这样的朝向他者的语声以和为它们所知会的人一样的感知方式而为发出它们的行为者所感知。因而，谁作为行为者做出这样的举动，他就通过这些行为也同时为他自己的举动所达及。这样，他不仅事实上是引发者，而且通过接受自己的语声也被自己把握为这个引发者。

这一说明显然是一种建构。它的明见性不能脱离它所遵循的意图而存在。这一建构的基础是此事实，即人的发声几乎以和接收者同样的方式而达及自己的接受器官，由此它区别于其他的举动。如果人们从这样一种自身意识的模式出发，人们很容易去尝试从这一自身感知中导出自身意识；对这种模式，粗略地看起来我们要说几点：在自身意识中，主体自身变成了客体。活动的主体没有自身意识地行为着；此外，他意识到自己，这一点也不会是他的活动的目标，因而他必须通过他的被动性而成为客体。发声和听自己的声音，这很好地嵌入了这一模式之中。这样也就同时满足了此预先规定，这一建构其实就是为了证实它而做出的：人并非单单自为地获得自身意识。他将他完全本己的自身意识自身——它会直接将他构成为孤独的——归功于与他者的互动。

如果人们看透了这一建构所提供的策略上的优势，那么也就不难认识到它的薄弱环节。这一长长的系列环节始于自为存在分裂为无意识活动的主体和通过其接受性而意识到他自身的主体。它终结于此假定，即自身意识通过保证主动使用自己的语声而出现。如果人们只是想到语声在最早期孩童的成长史中的地位，那么这一建构很快就丧失了它的合理性。如果一个没有任何自身意识的人对他者说话，那么他就绝不可能因为听到他的发声自身而出现自身意识。人在自说中也自听，这一点恰恰渐渐隐没于成熟的说话者的注意力之中。至少有可能发生，说话者通过他在说话时注意听他所说的东西仍与他的言说行为保持距离——这样的距离接近理论思考中的自为存在。但是，自身意识由此就肯定不是原初发生的。这样的自身意识——不同于知会地发声，比如出声威胁——和语言的使用实际上已经紧密相关，它只是变成注意的对象，因而同时转变为另一种行为模式。

这样的批判思考总是只适用于悬置某种突出的以发生引导

的方式的知识主张，在这种情况下，自身意识从一种更原初之物导出，并且更确切地说，是从口头语言的对话者之间的互动中导出，这种语言也可能缺乏命题系统的完全的分环勾连。这种批判并不一定就让人准备，比如从现在开始突出另一个同样类型的但是与此相对的知识主张。也可能与此相反，我们可以从主体的自身意识出发将互动把握为关涉它的次级的事实，这一事实本身从他们的主体性中产生。

主体的自为存在从互动来证成，这种证成具有一种说明的形式，自身意识的产生想要通过这种说明来澄清。即便一种哲学证成从主体性出发，这种证成方式也不一定要采取一种发生说明的形式。费希特的哲学工作当然实际上就是朝向这样的目的的。他从未实现这一目的，也没有说清楚这一目的以何种方式得以实现。对交往主义的批判作为基础假定也并不意味着人们视对立的证成道路为大有前途的，并且从现在开始采取这一道路，就好像是自明的。人们更应该看到，它促使人们质疑这种证成的做法，这种做法总是想要通过说明性的推导从总体上提出一部"人的精神的实用历史"，就像费希特那样。

如果主体性从互动中导出是错误的，那么由此产生，任何互动自身——这一说明本想要由此获得——都只能在包含行为者的自身关系的情况下进行，并且得以理解。这样，由此批判出发，作为它的积极后果，首先凸显出了这一复杂的事实。除了反过来说，人们从现在开始从主体性方面解决并且在发生上重构这一事实，也完全有可能在涉及主体性本身时也承认这一事实。从互动中产生主体性这种论证失败了，这可以让人们看到，在这两者之间存在一种相互依赖性。主体性越少从互动中来理解，主体性就越少能够在没有互动时是实在的。正如这里所发生的,谁在证成时从主体性出发,他就会承认这一复杂事实本身。如果人们放弃主张说,只能从这一事实中的一个因素出发以便能够导出别的因素,而是承认这一复杂事实,那么人们就会知道,它内部的这一相互关系也不同于构造者与被构造者之间的关系。

不过,承认相互依赖性,这当然并不意味着,由此说明这一复杂事实本身的要求会落空。只不过,人们要说明的是完全不同的东西——不是自为的自身意识,而是交织中的自身意识。这就意味着,这一说明也必须以完全不同的方式开始。行为主义所负责的从互动出发的推导活动是在某种对主体性的自然主义说明的更广阔的框架中构想的。如果人们认为,还应该坚持这一框架,那么就必须寻求另一种自然主义的说明方式。

既然从现在开始人们的出发点是,主体性和互动这两者处于一个唯一的关联之中,那么人们就会将说明这一点的条件回溯到人的个体发生的早期阶段中,由此人们也更好地符合所有其他的结果。此外,人们也会想要寻求神经学的说明,并且想要指明,理智的互动没有自身关系的发展就根本没有神经基础。但是,所有这样的说明相较于行为主义的说明在高得多的程度上是假设性的,行为主义的说明还至少会让人以为,它们从直接经验中获得其明见性。

如果人们从主体性出发,那么即便此研究看到主体性的开展和互动相关时,它也仍然有不同于以自然主义的方式说明意识生活的产生的其他相关选项。即便这一复杂事实的个体发生定向仍然应该和对它的神经学说明结合,这种说明方式也仍然是一种进一步伸展的外推法。虽然它得到了科学认识和当前的基础信念——它们涉及这种说明的可能性——的保障，但是它和一种实际成就了的说明有着天壤之别。如果是这样，它就最终还是不能阻止这样的推论，这些推论来自以人的自身关系本身为论题的思考。这一自身关系具有自然基础或者自然方面，这一点斯多亚学派和比如莱布尼茨都没有掩盖起来。莱布尼茨已经能够从形而上学的构想出发，并且通过至少在他的时代来说有优势的证成来把握这一自身关系和一切处于这样的自身关系之中的存在者之间的关联。研究自身关系的思路向着这两种彼此对立的说明开放。但是这恰恰意味着，冲突不仅从远处、外部触及人的生活。如果他从他可能的自身释义之间的明显冲突出发，而这种冲突在这一生活中总是一再出现，他的生活自身就卷入这一冲突之中。

三、共在先于自身存在？

由此，我们将这些有方法的结论——它依附于对从互动导出主体性的批判——带到了本身可以从这些结论中产生出来的最广阔的视角之中。这样，我们或许可以再次获得这条之前已经从主体性出发直到为其躯体化的必要性证成而被探寻的思路。

但是，以互动论的方式说明自身意识的发生，这当然只是其中一种证成主体间性相对于人的自身存在的优先性的方式。在关于这个问题的大量文献中，人们能够看到对20世纪上半叶哲学基本倾向的表达。对它的兴趣还将保持很长时间。这些文献依循着不仅在操作方法上，而且在旨归内容上完全不同的思路。在这一点上，它们就像群岛一样分布，它们内部的典型特征是热烈的争论，外部的典型特征是广泛缺乏联系——这样就有法国关于"他异性"（Alterité）的争论、英美关于"他心"（other minds）的争论和德国的种种对话哲学。我们甚至不可能在这里也只是给出关于这些立场的大致勾勒。但是，我们应该在对互动论说明的批判之后提一提其他两种立场的基本特征——之所以如此，是因为对所有这些思路的进一步评论都与此相关。

人们尝试着回到诸个体化主体的区分之后。根据马克斯·舍勒，体验杂多的杂多维度先行于归派给这样的主体以某些只是他本己的状态。这一维度尚未分化为主体的本己领域和归属给其他主体的领域。这就意味着，甚至躯体感觉，比如饥饿和疼痛，或许一开始就已经与本己领域紧密相关。此外，这一分化也是这样进行的，即本己主体和其他主体在同一个过程中从一个尚未分化的意识流中产生出来。这样，我们应该打造一个基础来说明，人们也能够认为，其他主体的本己领域为任何个别主体的在场都直接起效。他们之间的一切人格关系就不再需要回溯到类比推论或者统握行为上。无需主体展开，毋宁说，他可以直接知道，其他主体出于内在状态而行动，并且在行动中转向这一主体自身，这些内在状态类似于他自己的状态，并且只是出于这一理由而能够让他理解。

我们以完全不同的方式开始，如果一个哲学论点首先专注于并且奠基于这样的关系，在此关系中，同人以第二人称单数称呼自己——用"你"（Du），它在德语中一直到最近才首先指熟悉的邻人，此外也常常作为它的弱化形式，指同志。我首先并且真正地是"我自身"，唯当我被他者——他们是我的他者——所招呼，如果我回答他并且我们两人都在其中是共彼此的。我们中没有人在其中是谈及的对象。如果我自己转向你，你所是的就不是世界中的事件，不是"他"，也不是"它"，而是说你属于——就像"我自身"——完全不同的领域。我要能发现自己并且将自己理解为某种先于并且超越一切的先验自我，关于它1800年间的观念论者有所处理，只是因为我出入这样的"你"-关涉和关联而有根据地自知。既然这一交互性对任何在这样的关系中有其实在性的人都有效，关系就被视为优先于任何处于其中的个体。它不能为人所建立，而是说，就像马丁·布伯（Martin Buber）所说的，它是"之间"，我的所有行动都不可拆解地与此紧密相连，即接受由此出发之物，他对于我自己来说就是你，对于他来说，我同样就是他的你。

这两种立场彼此具有一个共同点，即它们都让某物先行于将人意识为"我"，此物本身具有经验状态。但是，这一先行之物彼此完全不同，并且实质上就属于在意识生活动力学的开展中完全不同的阶段。体验杂多——它尚未根据体验的主体而分化——可以很容易被归入最早的生活阶段。人们将很容易把我-你-关系——在此之中，每个人对于他者都出于同样的生活分量而是生活意义的来源——和生活的初始成熟的思想紧密关联。但是，这两种立场都坚称，它们所针对的东西具有完全一般的重要性。没有体验中的某种未分割之物，就没有他者直接作为你而是可通达的，没有成人——他们也让孩子已经预期了成熟的"你"——的指点，自身存在的发展也根本不能进行。进一步的区分在于，在早期未分割的体验起作用之处，一切可理解的主体的多方面都进入某个视角，并且作为由此出发的发展成果。在我－你－关系作为奠基性的经验维度起效之处，单纯主体的主体间性就总是被理解为本真共在的缺失形式，即便它包含了这些主体彼此之间直接的可通达性。

人们可能认为，这两种通达人的共在的方式不只是互动主义，它们提出了某物，人们承认它是事实，并且它也对于理解这一共在来说关系重大。面对他者的活动实际上不是建立在推论之上，这些推论让行为者确信，他者存在，以及什么在他们之中发生。人们彼此之间也具有一种意义，如果他们能够支配他们的共在，就像支配使用某种能力一样，这种意义或许不会被理解。这样，在这两个事实中实际上存在着对任何关于其自身存在的理解的挑战，这种理解说明，为什么它们会让人们怀疑哲学总体上误入了歧途，并且想要借助于此引导人们走出歧途。

正如在互动主义的情况中那样，这一歧途也被归派给主体性起到原则性作用的哲学。人们归罪于它，说它想要将主体性设定为自足的。如果主体性的来源由某种更为基础之物来说明，摆脱这种哲学的活动就看起来最有说服力。这样就一定会产生出一个观点，即某物先行于主体的自知，人们一定只有关注此物才能理解自知的来源。而恰恰这种论点是人们必须摆脱的。

这种对自为存在的来源的证明也一定会失败，这一点通过短暂一瞥此证明的论证方式就能看出来。许多主体涌出未分化的体验杂多，这一论点不会，就像在互动主义的情况中那样，作为循环理论而失去力量。但是，它由此要求我们将一个事态接受为所谓现象学上可指明的实在，而这比起常常被人讥笑的主体世界从唯一一个绝对自我中产生来说不会更不神秘。对于费希特的这一观点，体验中的原初未分化状态的观点甚至正好是其对立面。人们可以指责对话论者，他要负担过多的证据来证明他的生活意义不受质疑，如果他反对，在注意到他者对我自己说话时，这其中就已经隐含了在那里被招呼的人的某种自身关系。或许没有人对于我自己来说是你，如果他不是与此一道也是一个他者，如果我也不可以因此说"他"、同人在我转向作为我的"你"的他时，对于我来说是一个不同于我自身的他者。人们可以将与一个"你"的关系尽可能地远离以理论认识为样本的识知。如果后者作为有本己权利的现象也属于不同于有距离的认识和思考的领域，他性的概念内涵就不会区别于熟悉的共在。就这一点而言，在任何我－你－遭遇——也就是对于两个生活来说具有最深刻意义的遭遇——中，两者的自为存在都被预设为构造性的，并且对于这一意义本身也是构造性的。这一事态的理论相关性不会由此减少，即它可能在面对人的我－你遭遇的分量时显得平平无奇。如果人们设想它落空了，那么我－你－关系的形式和内在动力学也不再会得到恰当的理解。

  刚刚阐明的两种立场都被归入现象学运动。其中最具争议的一方面是，现象学运动总是一再助长人们倾向于从对现象的阐释直接拐向大胆的建构，这些建构应该同时具有人的至高意蕴，并且由它来支持。以另一种方式走到极端的进一步的例子之一是伊曼纽尔·勒维纳斯的主体间性理论。他为了无条件的义务——它让同人承担和一个人的最简单的遭遇——而将"你"的经验提升到相对于任何自身存在的无限的优先地位上。与这样的释义相反，我们总是想要指出，在这些释义之中，这些现象承受了过度修饰,并且对自身存在的其他相关解释——它们更能胜任现象事实——被排除了,而正是为了保存这一现象事实才进行了这种建构。

四、自然主义的定位

169　　所有这些思考及其结果结合起来会诱使人们去表达出一条原理,它的真正证明——如果对它来说有证明的话——只能在一个广阔得多的框架之中来进行:人们提供一些事实,而这些事实意味着,正是通过它们,意识生活的自身关系才形成起来,就在这里,人们总是能够指出,这样的自身关系已经在它们之中,这一自身关系对于它们的内在构造和理解来说也是不可取消的。意识生活在多维动力学中进行;这一动力学和许多其他因素——也包括并非其自身关系的样态的那些因素——不仅外在地,而且在许多情况下甚至必然地相关。但是如果要没有同时融入自身关系本身及其样态之中,那么所有想要先行于它并且与它相关的东西就要么根本未成为论题,要么无法被描述而又不会丧失可理解性。

　　自身存在承受一种动力学,这意味着人能够区分他的诸实现阶段。在同一个实现阶段,他也分化为多种自身关涉,比如有间距的认识和在不同处境状态中的行动。但是自为存在本身在一切领域中都是理智之物,并且是理智成就的核心。围绕它,所有其他的东西彼此相关,而且就好像是自明地被接受为属于"我自己",并且被归派给我自己的事物。正因为人的生活中这一基本的统一形成从它出发并且依赖于它,所以它也区别于一切必须被设想出来的东西,并且也区别于以某种方式——比如一切理论——支配且能够支配的东西。

毫无疑问,人的个体发展过程——它始于生育——中,许多阶段先行于生活意识,在这些阶段中,这样的自为存在还没有出现。在这些阶段中起作用的诸自身关系首先会是客观的、与转换电路相似的反馈,它们对于所有生物来说都是典型的。很快它们就会受到生动感受的改造,或者也转变为这种感受。在早期孩童的共生中——自身意识由此凸显——,进一步能够被称为"感受"之物达到更高形态。我们这里还不能涉及所有这些识知着的自身关涉的前形式。

不过,承认了它们的实在性,这仍然意味着我们想要提出完全不同于此要求——想要出于在可经验的意义上先行于它之物来说明自知——的东西。这样的阶段是生活成为意识生活的前提。但是,向这一生活的过渡是自发进行的——在这一点上自发地,即在直到意识生活的一系列阶段中,都无法找到充分的根据来说明如何获得意识生活的形式。

这也并不意味着生活意识被归派给解围人物(Deus ex machina)的出现。在这些讲座的证成过程中,我们一开始就已经指出,为什么意在自身理解的思考同时指向两个相反的方向:世界认识和朝向主体性由此产生的根据的思想。这一双重性也仍然起效,即便主体性不再只是被理解为简单的自为存在形式,而是被理解为动态的实行,它被放在了连续的自为存在的中心。如果自为存在不是通过先行于这一实行的那些阶段而获得理解,那么人们就一定会得出结论,它自身总是预设了的根据就只能在一个不同于这一实行自身的维度中寻找。

探寻这样的根据的思想也只可能指向两个方向。一个方向是指向寻求意识生活的自然基础，另一个方向则是促使主体概念的外推，这些外推奠基于从研究主体意义自身中获得的东西。上一讲已经通过说明道德意识为第二种思维方式概述了一个例子。第一种思维方式在我们的时代由微生物学和神经学对意识的自然基础的研究所代表。不过两种思路有个共同点，这一点使得它们区别于互动主义和共在的现象学观点——也就是说，它们不限于意识生活自身进行着的维度。

将人的自身存在理解为自然事实，这意味着它最终被把握为融入亚原子世界的科学图像之中，因而它也是从实在之物之中导出，此实在之物自己的实行必定总是摆脱了意识生活而留在铁幕之后。因而，自身关系关于自身所接受的启蒙与它本己的理解倾向是对立的。在亚原子世界中，诸状态的关联法则起支配作用，它们不同于物体力的作用法则。有可能它们包含了协变法则，这些法则被描述为意识形式的类似物。但是，构成意识生活的自知并不能由协变规则来把握。这样，亚原子世界中的发现——它们看起来推进了对意识的理解——也不会取消意识的物质基础和它自为展开的方式之间的划界。

类似地也适用于作为基因密码承担者的双螺旋状物和镜像神经元，人们想要通过它们来说明通达陌生心理的通道。这样一些值得注意的发现十几年来可能让人产生了这样的印象，认为我们直接面临根本之谜的解决。但是，新的问题总是一再出现，同样的划界现在再次在其他情况下引人注目。人们常常会在说明所谓轰动性的实验结果时认识到，就像在镜像神经元的情况下，与此相关的说明主张是没有充分地描述问题的结果。

所有自为存在都具有自然基础，这一点实在是稀松平常的事实。它也不会为最夸张的形而上学家和最出世的僧侣所否认。而如果人们越多地研究它，越多地尝试说明它，它似乎就越有利于这种意见，即对精神的自然主义的说明必定在什么时候，甚至很快就会成功。它也告诉那些否认实际上可以找到说明［从杜布瓦－雷蒙（Dubois-Reymond）直到科林·麦金（Colin McGinn）］的人，在亚原子的实在性和意识生活之间应该预设一种闭合关联。这重又会强化这种观点，即人们只能通过对自然科学方法的认识批判来反对自然主义，此认识批判也和从人的共在中推导出主体性紧密相关。因为或许只有以这种方式，正如哈贝马斯所认为的，自身理解的人的维度才会不受自然主义的陌生化的影响。

但是所有这样的推导都被证明是没有结果的。人的主体性在某种意义上是最终的，然而并非出于自身而证成的事实。虽然这给予从疏离了主体性自身的维度来进行的自然主义的说明以额外的合理性。但是这同样也加强证明，还可能存在着在自然主义的说明之外的其他相关选项，因为自然主义的说明要求人的自画像的自身修正。它不能未加删减地进入人的实际生活进程中。虽然今天要求这样的修正的人们也会承认，这对于他们自己来说也是非常困难的，但是他们并没有澄清，它如何能达到某种一致性，此一致性能够在本己生活中贯彻到底。与此相关，他们必定进一步要求分离理论洞见和生活实践，并且使实践不受此洞见的影响。由此，生活实践就成了虽然不可放弃但是没有认识能保障的实行。这样，它本身可能还为一种理解所支配和支持，不过此理解不可能在它所包含的真理主张瓦解之后依然存留。如果它只是表现为要求在所谓的对任何人都是明显之物面前不闭上眼睛，人们就不会接受导致这些困难的说明。这样，思想史中的自然主义也根本不是单纯的明见呼吁，而是出于某个证据——一切思想尝试，如果它们相信摆脱了或者免除了对精神的自然主义说明，就都仍然是无结果的，并且必定总是如此——的推论结果。由此，自然主义获得了一种完全不同类型的认证，但是也卷入了另一个完全不同领域的思考和争论之中。在这个角度上，关于意识生活的自然主义的理解应该真正会希望，它不会沦为自明之物，就像当代所误以为的那样，因为没有人再扮演它的对手这个角色。今天，人们很难让人信服地扮演这个角色，就像柏拉图、莱布尼茨和康德曾经的那样，他们让他们时代的自然主义一下子几乎沉寂了。但是，他们所扮演的角色并非保持空缺，这一点既事关理论兴趣，也事关生活兴趣。

对自然主义的说明方式的诊断包含了，它从两个事实的结合中产生，这两者就标记在第一讲显眼的位置上：它结合了主体性回溯到自身之后进入到他们关于根据——他们从此根据中产生——的思想，以及从自然世界图像至科学的世界图像的深化。在某种意义上，它完全直接地结合了主体性的两种相反的伸展。这一定位或许会有助于给对自然主义的自身释义——意识生活看来未能劝阻它——的反驳安排一个好的理由，这个理由直接就从自然主义的说明方式中推导出来。

自然主义自画像之外的其他相关选项的轮廓在这些讲座中被勾画出来。在这些讲座之中，在这一生活中直接显明的事实维度也已经退到后面去了。此外，主体性对他自己的根据的追问也被转化为思想，这些思想意在将主体性的进程理解为这一根据的结果，并且它们能够由此在作为自身理解的主体性进程中起效。这包含了主体性在依附于这些思想时也能够在其多维形成的进程统一体中把握自身。作为例子，我们可以再次提出主体概念和道德意识之间的关联，这是上一讲的论题。

不同于在主体的根据关涉和科学的世界图像之间的自然主义的紧密合作中，这些关于主体性根据的思想只是思想。它们的内容既未在原初的世界图像中，也未在科学的世界图像中有相关物。由此一定会导致，人们大都想要通过严肃地权衡它们的生活分量来对此加以反驳，也就是说，相对于经验识知的事实，它们看起来是远离生活的抽象之物。而首先是在它们自为地展开之后才能够由此开始，从它们出发而展开一幅经验世界的图像，在这幅图像之中，主体性及其进程并非无立足之地。在这样的图像中，陌生性的面纱会被揭开，原初的世界概念，尤其是科学展开的世界形式对于人的意识生活来说就在这副面纱之下——它虽然不可见，但随时都能通过意识到自己无立足之地而被感受到。在这幅图像中，对主体性的自然主义说明建立在其上的这些事实必须得到尊重和重视——比如柏拉图也并未忽略这些事实，它们建立起原子主义的世界图像，比如康德甚至为牛顿描述的世界所促使去筹划了一个哲学纲要，牛顿的世界和另一种相关的世界描述能够依次归属其中。

主体性根据的外推与自然主义的说明有一个共同点，它们都不将主体性视为自足的。这两种做法彼此对立，但同样直接为此确信所激发，即主体性在其进程中一贯地被视为有条件的，他也是如此经验自身的。它们的区别在于，思想中根据的外推并未破坏主体性的自画像，而是说，根据先前的澄清，此外推为它奠定基础，并且此外推不会导致扬弃自身活动，而是导致对自身活动的有证成的归派。下一讲将澄清这一点。

但是，不管主体性的关联约束所涉及的是什么，对主体概念的澄清连同根据的外推都会导致我们将在进程中的主体视为并且理解为以多方面的方式是有条件的。自身理解的统一体并未被这一多方面所扬弃。这一关涉其根据的造就统一的成就直接作用到人关于他的诸种共在的理解上。

众所周知，人在其生活中也总是被卷入完全不同的方式的共在之中。其中几种属于保存他的物理实存领域，在其他领域中，他作为主体实现自己，并且同时涉及他由此而在其主体性自身中理解自身之物。他必须努力适应并且表明能胜任这多方面，而不只是像一台被动反应的自动机。作为主体，他意在把握他的生活统一体，但以不同于通过他在千差万别的功能中的实际连续性的方式。对于他来说，主体的最小意义——它为保持自知的连续性所规定——应该也是通过主体性的有丰富内容的统一意义来满足的。它是哲学的论题同样也是生活自身关怀的目标，尤其在涉及作为主体与同人彼此分歧的生活方式时。在上一讲中，我们已经看到，这一任务已经闯入道德意识的问题维度之中。尊重同人和在同人中看到自己的生活得到满足，这些也是道德上完全不同的共在方式。它们的彼此关系既不会通过记录它们的差异，亦不会通过它们之间的等级秩序而得到恰当的规定。只有通过理解主体性的动力学，这一关系才得到澄清，而不会使这一澄清错过对这种差异的深层维度的意识。

五、身体作为共在的条件

人意识到他们自身,并且他们在这一点上是主体,这是一个任何人都不会怀疑的基本事实。虽然乍一看极为简单——不过我们已经说明了,它本身是复杂的——,但它不能够通过分析回溯到更简单之物。与此相关的复杂体会围绕几个方面变得更加复杂,如果人们想到,它在这样的条件——人们把它的所谓前形态算作这些条件——下产生,但是它又是自发地出现的,然后它进入多种方式的识知和行为之中。人们可以将它们标识为识知着的自身关涉的诸变样。

人们处于和其他人的关涉之中,这一点和他的自身关系一样属于人们立刻会视为绝对基本的事实。这一共在是复杂的,并且它表现为多种多样,不同于自知的情况,这一点是极为明显的。人们不必像在自身意识的情况中那样要努力证明这一事实。普通人也会对他的共在所涉及的问题敏感——比如,他者对他来说是可以理解的还是封闭的,是否人实际上能够无保留地信任他者,或者无限制地占有他。

此外,也无可争议,有效的是,人们赋予了其共在的方式以对于其生活的意义,此意义和他的自身关系相关——对于这些人也是如此,即便他们最终想要从一种共在方式中导出所有自身存在。这些多种多样的共在和自身存在在理解其彼此关系上给人们带来了极其多可能的分歧和争论。在前些章节中,它们推进得如此之远,看起来我们就有必要澄清诸前提,在这些前提下,现在能够从主体性出发探讨人的多种共在方式。

此外，我们不再可以设想，根据某种推导模式——它为那些反过来想将自身存在视为奠基于共在之中的人所注意到——将共在从自身存在中发生地推导出来。既不是说自身存在从更为原初的共在中产生，也不是说它来自一种通过自身存在而导致本身被经验的共在的互动。与此相应的——正如我们已经指明的——是另一个事实，自身存在也不能以一种最高共在的方式和其他自身存在交织在一起。我们必须并且始终将自身存在视为并非出于自身而证成的，这就直接导致它也不能从完全外在于它的前提中导出。

对于理解主体间性——它以主体性作为出发点——来说，主体的不可导出性也必定影响对共在方式的说明。它只会指明，共在的方式在何种程度上依附于主体性建制中的因素，何种主体性行为方式必须以共在的方式一并进行。人们可能会认为，由此对自身存在和共在的关联的证明完全转化为这样的证明，即两者之间存在着一系列关联。实际上，研究自身存在和共在的交织，这是这样支配着这一领域的推导模式之外在方法上的其他相关选项。然而，在关联证明上从主体性出发，这意味着，与它相关，人们还会有进一步的期待。在这一关联交织中，主体性是核心关联点，并且是在这种意义上，即涉及它，共在的方式能够进入一个独一的理解关联的视角之中。从主体性出发，而非从它的共在方式出发，人能够在其意识生活的统一体之中把握自身。如果主体性没有被赋予在这一生活结构中的优先性，情况就不可能会是这样的。

我们这样说绝不意味着应归于这一生活中自身关涉的对于生活自身的意义分量相对于它的共在对于它来说所具有的意义

是次要的。指明在关联结构中的地位，这并未预先判定在这一关联中的诸因素的生活意义。它甚至会是这样的必要前提，它保证了，不可比拟的、具有超越一切其他的生活意义的共在方式——比如友谊和爱——不仅变得清楚了，而且也变得可理解了。

和意义分量的归属一样，关联——在此之中，主体性具有展开性的位置——证明也不会引发关于共在开展阶段的发生秩序的观点。这一证明并未让人承认，自身存在的自发涌现是在外在条件下产生的。要使它与流行的认识——对于这一涌现过程来说，成长着的人的共在方式具有决定性的意义——一致，这也不会更困难。自身存在不必先于共在，由此我们可以承认，自身存在在种种共在的方式中具有关键性的位置。

根据所有这些澄清和区分，我们现在再次着手进行这样一些思考，它们从主体性的世界关涉出发导出了个体化的主体受到躯体的束缚。在这一系列步骤——它们只能是提纲挈领的论证——中，人们从这一阶段出发过渡到躯体化主体的共在。此外，如果我们想到，之前的思考已经产生了一系列思路，将这一共在的多种方式以各自不同的方式附着于主体性的建制和动力学，这就会是有用的。在此之中，除了躯体——通过它，世界展开的道路与世界中的一个位置紧密相连——，还有下面三种重要的思路：主体性自知是有根据的——以一种摆脱了对象性规定的方式。他也总是将作为个体的自身归入一个维度，在此维度之中，个体彼此区分。主体性自发涌现，并且诸条件可以被归入这一涌现，但是并不是说，这些条件自身也被视为主体性的原因。与人格同一性形成的进程相关，并且在对道德意识之中的动力学的说明中，这些进一步的思路已经表达出来了。

如果人们将世界理解为一个主体一般在一个唯一的关联系统中视为实在之物的总体，那么如果他要关于它而形成一个概念，唯当人们将它把握为在一个奠基于主体建制自身的思想之中。但是，作为总体性，它同时与任何对确定实在的特殊把握保持根本的距离，主体能够在总体的视域之中，并且涉及总体性来进行这种把握。从这一奠基于主体意义自身中的张力产生了进一步的张力。它们包括本己躯体作为对象和作为主体的身体之间的差异。

即便人通过他的躯体在他的世界中定位，他和这一躯体的关系也不会与和某个对象的关系完全一致，不管人们总是可以想象两者会贴得多么紧密。因为他和这一个世界的特殊关系是以躯体为中介的。不过，这种关系也不能完全消除这种和对象的关系，因为躯体恰恰是在这一点上居间促成了这种特殊的世界关涉，即它属于世界。德语的特殊性在于，它能够通过区分人的身体和他的躯体来表达这一根本的差异。身体只是在这一点上是客体，即它也能够被视为躯体；但是它不可以被理解为单纯的躯体。

这一区分——它尤其是在 20 世纪对于哲学来说具有重要意义——标画了一个广阔的领域，它并未为现象学的描述和心理学、神经学的经验研究所完全测定。这一差异本身将不会因为经验研究而消失，因为它属于人的世界关涉的基础——它肯定也不会消失，即便人们希望通过彻底深入神经研究的领域之中而消解这一差异。

身体不可能像世界中介工具——人们只需组合它的产物和

信息——那样起作用。它本身必须是有意识的。因为世界展开的一切媒介手段对于主体性来说都必须汇入它之中，并且由此而让主体在关涉世界时获得一个位置。为此，身体必须充满某种感受性的识知。它不是由诸因素组合而成的，却又分化为不同区域。它们的关系根据肢体的位置和处身性而变化，并且对于这样的人也是如此，即便他根本无法将他的肢体感知为躯体的一部分。在身体的本己领域——心理学家称为本体感受——的这种在场中，人们能够看到识知中的自身关涉的对应物。但是，人们不应该去尝试，将人的自身关系视为可以通过本体感受来定义的，否则主体就能够以如此简单的方式来改变自身感知，即他绷紧几块肌肉，挺直身体。在少数情况下，本体感受也会消失。主体总是能够学会通过复杂手段，通过其他资源——对本己躯体的外感知就在其中——来重新安排他和世界的躯体关涉。

主体觉察到他的身体，并且经由本体感受通过行动冲动而调整身体，这是任何自发的-有意图的躯体运动的前提。这样的躯体运动是基本的行动。它们能够为某个目的而进行，可以是一个习惯性的实践活动的一部分，也能够或者充满愉悦地或者被迫地进行。至少人们不需要进一步的行动，以便进行躯体运动。为了喝水，人们必须张嘴。但是，为了张嘴，人们只需想要并且开始张嘴，而无需进一步的活动。

这一身体中的无中介的在场导致主体的诸感官领域被视为他的世界展开——它根据主体在其世界中的定位而发生——的开展中各阶段的前提。进入这些领域中的东西和自己的躯体一样是直接在场的，只不过是以外向（Extrazeption）的模式。就像有肢节的身体作为秩序整体直接为一种感受所贯穿，因而在外向中不仅杂多分散的印象被意识到，而且环境的统合图像也总是被意识到。

我们必须假定，这些统合活动不可以离开它们的因素，它们奠基于非常复杂的机制，不过这样一些机制不是主体自身能够操纵的。正是主体建构了他内在的躯体感知，也建构了他的行动引发过程和他的感知图像，这一假定立刻陷入了循环。也就是说，如果要建构之物作为建构的预先规定对于主体来说不是已经存在了的话，则根本不可能成就这样的建构。建构活动最多也只能做到出现在某个身体之中，而非在自己的身体中。有一个事实总是先行于世界关涉的建构，即实行这一建构的主体必定已经知道自己在其世界中的定位。还不太清楚的是，先行于感知图像和本体感受的形成的进程是什么类型的，因为它们只能被展开，而自身并不能在意识中凸显。

因为在基本行动和世界接触中的本体感受是无中介的，所以只要求主体通过其身体而归派给自身之物的一部分。这样，我们说的还不是像疼痛和快感那样的本己感知，或者躯体方面的情绪和感受。它们在人格陌生感知中构成了由他者最先归派给这一人格——根据他的躯体显现图像——之物。看起来我们有必要在这里探讨这一感知方式。不过，主体的共在，而非自身关涉的躯体样态，才是这一讲的论题。

身体作为主体在其世界中的本己位置的中介却对于理解共在的身体基础具有更大的意义。因为，适用于它的思考澄清了人们归属给主体在其身体中的直接在场，但是另一方面，主体本身仍然区别于其身体的本体感受。这就开放了一种可能性来接近问题的解决，这个问题总是搅扰得主体间性理论心神不宁：

人格之间的关涉一方面是完全直接的，另一方面是这样的，处于这样的关涉之中的人格之间，并且因为他们的差异而被给予的距离决不能被扬弃——尽管人格在集体行动中表面上消除了界限，尽管他们看起来交织在最深度的彼此共在的行为中。

本己感知定位在身体某部分中，或者，比如被推倒时，遍布周身。因而，它们为身体的本体感受所包围，或者奠基于此。即便人们不愿意说感受和情绪本身是身体性的变样，它们仍然直接引发了身体的调整。它们似乎也会逐渐衰弱，只要对本己身体的意识逐渐消失。人将他的心情自发地转化为身体的行为举止，不是以进行某种活动的方式，而只是为了表达出心情。这样，身体就是主体性的动力学也首先在此之中得到表达的媒介——更确切地说，是这样的表达，它决不能完全由意图来控制。这一表达也不仅为他人所感知。人经验到自身衰弱了，当使其身体自发运动的东西受到了干扰。他有能力和倾向也在其处身性中向自身展现自身。

所有这些都先行于共在条件下的行为。但是在此之中也有这样一些必要条件，它们导致人们能够彼此交往，无需根据指引而寻求彼此的揭示。不过由此尚未说明这一共在。这一共在也并未由此来说明，即身体作为躯体必须能够根据外在感知的模式而被感知。这样，本体感受与他自己的外在图像达成相合。但是在本己身体的外在感知中，主体几乎完全丧失了他的自发的表达性质。每个人都知道，当他第一次在录像或录音中看到自己和他的自发的表达性质和行动时，这些录像或录音首先总是会让他感到陌生和惊讶。

他人不仅感知到一具躯体，他们还将它富有深意地——并且总是出奇地适宜——解释为主体的身体。他们直接觉识到他者的身体,更确切地说,是在一种特殊的举止中,在此之中,他的主体性找到了总是受限制的表达。这会是可能的,唯当这两种彼此补充的进程进行着,它们不为行为者引发而开始,并且瞬间完成:将本己感知转变为身体表达和觉识到此表达作为这样的表达,因而涉及一种状态,此状态只能为原初地知道它的人归派给自己。就像那些由此而形成身体关涉的外向活动的进程,这些进程也先于意识。

人们有必要说清楚,这些进程包含了何等程度的复杂性。并且人们必须总是由此而注意到,它们必然延及本己感知和陌生感知之间不能为我们所扬弃的差异。只有这样人们才会承认,我们关于它们几乎一无所知,如果没有被诱骗去根据某些范式将它们模式化,而这些范式之前已经被批判,根据这种批判,它们是从多个比它们实际进行的更高阶段开始的。

从上文中,我们能够提出一个完整系列的根据,它们证明,在主体性理论中我们可以接受:一切共在以人的身体性的基础阶段为中介,这是不可取消的,并且依据这种标准的说明的需要仍未得到满足。所有哲学说明的尝试,如果它们没有注意到这一点,就都会陷入循环之中,或者陷入更大的怀疑之中。从主体性出发的证成过程不是以说明的形式进行的推导。在阐明初始原则、主体性自身时,所有说明性推导的尝试都不得不被放弃了。

六、语言与文化

关于这些将内在状态转化为表达,并且将表达转化为他者对本己感知的理解的进程之说法不局限于人,至少灵长目动物的互动就不仅被描述为相互的行为反应。这意味着,虽然这些进程结合成主体共在的基本前提,但是它们自身并不能反过来说是以成熟的主体性为其前提的。这些进程如此深地植根于种系发生,以至于会引起人们猜测,通过它们,本来可能让人感到极为惊讶的东西对人来说却成了自明的:他为其他同类所包围。

一只乌龟独自从壳里钻出来,既然它是有理智的,它就会准备遇见它的同类,即便它并非为了交配而寻找性伴侣。人自己,并且因而他自知为个体,他在其特殊性中理解他在世界中的道路,由此关于像他一样的他者的想法就已经进入他的思想中了。因而,并非实际上有这样的他者,而是说,一定数量的他们围绕着他,并且他们所有人都也以某种方式直接向他展开,这对他来说才是最大的惊奇。

而之所以没有导致这样的惊奇,这只是因为,人朝向他的主体性而成长,他也在主体性的开展中进一步成长。他发现自己并非从一开始,或者甚至自古以来就具有主体性并且成熟了。主体性的自发产生是人的生活中的事件,借助于这一事件,生活成了意识生活。但是这一生活并非自足的,而是需要关心和伴护。因而,这些进程——通过它们,他者彼此展开——在他成长着的早期生活中起作用。它们也为那些关心和伴护这一生活的人从很早就在关照和鼓励时所需要。因而,在青少年获得意识生活,并且从这一生活出发能够传达自身之前,成为同人的一个条件就已经要得到满足了。

而由此不仅导致,当人获得自知时,他把自己理解为与他者结伴。这也导致,他的意识生活的伴护方式类型和伴护他的人理解这一伴护的方式类型对于他来说，因而对于每个需要这样的引导的人来说，都必须事先被给予。在这一点上，不仅主体间性，而且引导性交往实践、文化都是这样的条件，它导致主体性能够在有限的、本身成长着的生物中产生。

文化对于意识生活的必要性当然不仅仅来自于让下一代成长为这一生活的实践需要。它以完全不同的方式植根于意识生活建制，植根于意识生活向自身释义的伸展和在其行动的多维度中稳定他的行为方式的必要性，而不仅仅植根于意识生活的发生。对于在一种文化中成长的人来说，这种文化首先熟悉关心和伴护他的方式，并且首先在举止、表情中，以及通过在它们之中得到表达之物。

通过所有这些，人们明白了，他者的实存对于一个这样的主体来说是无疑的，虽然他们的实存根本不能被证明。他对于他们的识知是这样的进程的结果，这个进程对于这一识知来说既是有影响力的，又是不可洞察的。它的效力还先行于主体成长为意识生活的其他进程。与其他主体的关涉也包容在他的建制之中。这一关涉具体化为与他们的交往，这一点对于他来说不为这一建制所保证，因而人们单单通过分析它也不能通过证明而获得对交往的现实性的确证。尽管如此，它对于他的生活进程来说成为并且保持为基础性的。

共在对于作为主体的人来说不是逻辑上的平凡之物，因而并非在某种意义上是自明的，即在这种意义上，它几乎一致为20世纪的理论所需要——作为一种基本的项目，人们用来定义理论上的同代人。因而，谁要通过严肃的理论思考或者在生活困境本身中对它如此的自明性产生了怀疑，他都不必被诊断说，他的主体性的基础受到了干扰。取而代之的是，人们必须说，恰恰对于将与他者的交往视为平凡的自明之物的人来说，人的共在的更深刻的形式仍然隐藏着。也就是说，对于这样的经验来说本质性的是，与他者的共同性不可脱离本己的自身存在，而正因为此共同性，并且恰恰也因此，他者的此在总是一再地被人溶化入他不可取消的实际性中，并且攫取了他。

如果人们一开始就从语言出发，那么它当然必定隐含了说话者的共同体。因而，以它为指向也是一种极为简单的策略，它意在停歇对他者的确定性的追问。但是，口语——一切书面语由此导出——预设了表达和回忆的进程。当然，它在更高阶段上利用了这些进程，在此阶段，表达的分环勾连为规则和对表达事件的反思性认识所规定。谁成长为了意识生活，他就首先遭遇到了语言。如果他没有被招呼，周围没有说话者，那么他就不能使用语言。否则他就得首先自己加上理解语言的能力一起来发明出它，而这可真是一项超人的计划。尽管如此，他的理智和他的自身关涉都不能从语言表达事件出发来说明。我们关于人称代词"我"的使用之前已经指明的东西，对于语言使用完全普遍适用。

当然，语言不只是传达之前已经无声地分节表达之物的媒介。总体上对于表达事件有效的是，得到表达的东西并非对表达自身漠不关心，也就是说，表达与它所表达之物形成一体。思想无意图地在和它的语言表达的持续关涉中自身分节表达，这一点只是同一个基本事实的特别重要的事例。

与此相反，在这种情况下同样有效的是，理智通过语言的媒介而被赋予了一些可能性，没有这一媒介，理智的形成的这些可能性就不可能走得这么远。为了把握最复杂的思想，人们必须能够将它形诸语言在语言中权衡和固定。没有命题形式，就根本没有客体思想。命题形式是理智所不可取消的，这样我们必须假定，它出乎理智，入乎语言形式。因而，看起来它已经或者已经能够先于并且独立于语言使用而被理解和使用。但是，它只能和掌握语言一道成为实际上普遍适用的、一致的确认和描画客体的系统，此系统本身可以有洞见地、反思地运用。

但是，现在语言和主体性的关系所涉及的东西给语言带来了一个恰恰对它来说更进一步的成就，此成就对于人的生活具有至高的意义。它让主体性，并且是主体性本身，为他者所通达。这样，它从根本上区别于对表达事件的理解。在每个对表达的理解中，都已经有不应归于理解者自己的事物向他展开了。他者的疼痛和悲伤通过它们的表达来触动人，无需此人同时一并承担它们。任何表达都在某种意义上和体验——它进入表达——的本己领域直接相关，并且同时也奠定了，此体验为他者所理解，并且无需他者一并进行。理解者的本己主体性在某种程度上依附于被理解之物，即本己的经验潜能本身得到实现，不过是在不仅对他者而且对本己生活的双重间距中。他者的表达——比如在攻击性表达的情况下——直接激起自己的防御活动，在这里情况也是这样的。通过表达——它是将理解引向自身的初始之物——，人们总是也对整个生活——得到表达之物出现在此生活之中，并且嵌入其中——有所感触。但是总体关联——主体性的自为存在和从自为存在中产生出来的动力学在此之中进行着——不能完全像直接得到表达之物那样获得表达，并且由此而得以理解。

这也导致意识生活陷入种种矛盾之中。每个人都有一种倾向去调和它们，对调和方式的感觉大概也包含在每一幅画像的面部表情中。生活要能被理解，唯当调和过程也获得表达。而这样一来，人们就一定会如此地接近其生活获得这样的表达之人的自为存在，以至于接下来似乎就消除了和本己的为我存在的间距。如果这发生了，那么诸主体的差异——它对于所有表达理解来说都是构造性的——自身就被吸收进来。而如果主体之自为存在的差异仍然保持稳定，那么整体生活的表达就分散为多方面的表达要素，它们能够各自自为地唤起各自本己生活的经验潜能。统一性需要尝试理解它之人首先出于本己生活而重新获得。

语言是完全特殊的表达媒介。人们自发地、没有明确识知地使用语言规则。它是出于意向的使用，不同于通常的表达过程，不过仍然很普遍。通过第一人称单数"我"，对主体视角的传达就嵌入作为整体的语言系统之中——并且在通过它而分节表达的断言命题需要根据的支持之处也是如此。因为证成不仅包括与主体本己生活的间距，而且包括本己生活自身将这些根据据为己有。由此就赋予了语言一种可能性，通过它，主体的为我存在本身能够分节表达自身——以至于语言传达的形式中包含了通过经验潜能的激活来调协他者的为我存在的阻力。不过，本己为我存在的这种当下化仍然区别于客体化行为，它也进一步为说话者自身成就了语言——通过他的自言自语和他的本己思想在语言上的分节表达。它可以自发涌现，不过也可以在紧张的思想中明确被追求。

因而，人们缩小了语言的成就，如果他就其成就——使得真实的客体规定性得以可能，或者使其稳定——而只是描画它的命题形式。当然有多种形式的语言行为，它们预设了说话者不同于宣称者的其他角色。但是一种双重的可能性已经与命题性自身紧密相关：奠立关涉世界的陈述，为他者，但是也为自己开启本己的主体性本身。这一缩小在这样的地方很容易认识到，即这第二种成就被标识为语言的"表现"使用。语言本身总是表达，但是它尤其使得一种表达形式得以可能，这种表达形式使得主体性的当下化恰恰区别于表达事件。

在语言本身中，原初地就已经有双重的、相反的倾向包含在它进一步的发展之中，人们能够由此进一步导出：它发展为科学和发展为诗歌。因为它同样使得世界关涉的稳定和主体性的当下化得以可能。在口语中，两种倾向也不是完全彼此分离的。因为主体性必然意在世界认识和这样的理解，借助于它，他能够把握在一个整体中的自身。总是也有一些特征暗地里进入通过语言建制的世界认识，这些特征从作为表达事件的语言形式中导出。不管如何更加确切地把握两者的关系——这一关系存在，这一点重又表明，语言是文化之物。

语言也在这种意义上是文化之物，即在此意义上，文化概念首先从意识生活必须在其中成长的关联体出发来说明。当父母说话时，孩子首先将它感知为单纯的表达。父母自身也在识知语言时特别强调语言的表达力。与他的智力发展一道，孩子将开始理解父母的语言本身。通过开始从他自己的创造性出发获得孩童形态的语言和它的逐步修正，他将最终达到正确地、合乎规则地使用他的正常形式的母语。与此一致，孩子获得了对世界的划分和澄清它的思路，这些思路在语言形式中形成。

就目前而言，它们之外的替代选项很难设想，当然也很难被考虑到。孩子以这种方式获得可能性，向他者独立地表达他的想法——由此最终也奠基了自主地建立世界图像并且为此发挥语言的分节表达能力。与此一致，他也获得可能性，给予触发他自身的东西和他看见触发他者的东西以有间距的表达形式，它同时也是有意向的传达。关于之后采纳人称代词"我"的使用的说明最终也定位在这一进程的更广阔的关联体之中，这一点已经在之前的一个讲座中给出了。

对于孩子来说，仍然很重要的是，他者通过强调性地使用语言的口语表达性而朝向他，这样他才成长并且变得独立。在这种经验和孩子对于诗歌语言形态之间，比如对于韵律的感觉之间，就表现出了某种关联。

这也会有助于说明，为什么在完全掌握语言之后，它的当下化主体性的能力的限度依然如此醒目。由此说明了这种超越这一限度的趋向。如上所述，语言因为能够当下化主体性而区别于所有原始的表达形式。它的这种能力不能脱离命题形式，与此相连的是一种原初地、支配性地朝向客体规定性的意向。通过命题形式，主体性对客体化世界关涉的基本形式的适应，也就是一种间距化，也进入对主体性在语言上的当下化，而若没有与他的行为的间距，这种当下化是根本不可能的。人们可以将此间距化体会为它的当下化力量受到了限制。由此出发，人们能够以真正的艺术作品，尤其是以音乐的形式来说明一个方面：它成就了对这一限制的扬弃。

但是现在这不可以被误解为，人们应该将艺术作品理解为向语声原初表达力的返回。这些艺术作品总是预设了智力和语言使用的发展所导致的多种形态的间距化。因而,它们尝试超越这一间距化,但不是回到它之后。由此我们也理解了,在何种意义上艺术作品预设了命题形式本身,它无需明确地被使用,并且能够为它们恰当地把握。

七、社会秩序中的个体

孩子通过和几个亲人的直接接触学习母语;或许在他之后的生活中再没有哪种关系能和这一亲近的生活圈子相提并论了。但是语言不是由将它传播给孩子的人所创造的。他们实际上是以同样的方式来学习语言的。而语言也恰恰不用于保存熟悉的亲近的圈子。当孩子通过语言打开一个广阔的互动领域时,孩子与父母的共生就消解了。因为在语言被转化成人工字符并且完全无需一个说话者的中介就能生效之前,就已经可以通过语言的通告而形成大的团体,并且彼此远离生活着的人也可以达成和谐合作——通过一个命令,通过公告,或者口口相传。因而,语言不仅是个体接触的媒介,它也是在一个大团体中并且跨越很远的距离的理解媒介。学习语言需要个体接触,而学会了语言的孩子则进入这样更大的团体中,由此总是进入一种文化之中。它也影响到人们将自然禀赋用作表达举措的方式。

人们可以将语言理解为一种机制,如果他将机制区别于社会秩序,比如社团和企业——由此社会角色的范式被预先给予。语言协调外化行为和理解行为,并且使得在即时的一对一关系和自己从事的工作中,对种种意向和反应的调和变得多余。通过其命题形式,它甚至能够完全独立于这种关系的实现——这也间接导致了所有语言互动也能够在与世界整体的关涉之中定向，并且几乎不费力地起作用。因而，从主体的共在——它与主体的自身存在一道开展——出发，语言就让我们注意到了诸主体和他们生活在其中的更大的人际关系之关涉，并且同时也注意到了诸主体总体上和他们在世界中的位置的关涉。

语言不会像创建家庭那样是一种为人所建立的机制。它从一开始就需要人的智力；语言通过理智的成就进一步发展。但是因为语言的原初建立预设了理解语言的能力，也就是语言性自身，所以语言机制的开端只能由这样一些根据来说明，这些根据先行于某种为意向和考虑所掌握的生活方式。不回溯到这一广阔的表达领域，人的种种共在方式就不能被把握，即便它们所特有之物也不只是从它之中产生。在这一领域中，语言也已经为社会关系的开展提供了一个视角，这些关系超越了人们的互动领域，在这里，他们的关系和关系范式随时能为他们自身所综观。

这一社会行动的切近领域分化成许多其他机制，比如亲属秩序。但是很久以来一种完全不同类型的秩序也已经进入它之中。这样的秩序对于人来说并非以同样的方式而是熟悉的、明白的和自明的。虽然任何熟悉的机制也都限制了个体行动的可能性，如果它们同时也给他铺设行为道路，而没有这些道路，他也不能够自立。但是，那些并未归属于这一切近领域的秩序则以完全不同的方式被经验为限制性的，与切近领域的秩序相比较，它们首先被经验为陌生的力量。虽然能听到它们用我们自己的语言，但是它们以代表形态表现出来，比如邮递员、警察和出纳。由他们代表的秩序之所以展现为如此宏大的、本身却不可见的机构,它们通过一种看起来不可触及的秩序和安排嵌入熟悉的环境之中,是因为它们不像熟悉的机制——这些机制能够为人所综观——那样融入行动之中,并且它们同时也凭借它们的广度和超出一切人格关系的坚固性而占据优势,并且令人目眩。

个体和个体卷入其中的多种秩序之间的关系,以及它们的变迁是社会科学的研究对象。有两个问题涉及这些科学的基础,哲学问题同时也由此提出了:社会秩序在我们所识知的实在整体中的地位是什么?如何从根本上把握个体和这些秩序的关系?第一个问题首先作为存在论问题被提出,不过也在方法论-认识论的考察方式的框架内被表达出来。这样,它进一步规定自身为追问集体概念的起源,并且追问是否这样的集体——就像大型号的个体——能够被论题化并且说明为自为存在的个体事物,或者是否它们只是诸互动——它们在变化的视角下吸引认识兴趣——的捆束体。对第二个追问个体和社会秩序的关系的任何回答都最终也总是被卷入回答第一个问题的尝试。不过,由此我们就提出了这些讲座必须处理的问题。因为,这个问题涉及诸主体的主体性本身,它正是对它们的思考的出发点。这样,我们也尝试,从人的主体性出发来理解他们的共在方式。与此相应,我们必须考虑,如何从他们的主体性出发来把握他们如何融入社会秩序。

这样的思考涉及两个任务:我们要问,在何种程度上主体的共在由社会秩序所规定,在何种程度上,他们经验到自身嵌入这样的秩序之中,这一点似乎在原则上对立于将哲学基本问题建立在个体的主体性和意识生活之上。但是,我们首先要考虑的是，是否以及如何能够指出，社会机制和匿名结构的形成的可能性植根于主体性建制自身。诸秩序——它们脱离了生活和行动的切近领域，并且能够支配和改变这一领域——的构建是从这些存在者的生活进程中产生的结果，它们与他们的本己生活处于某种为他们的自知所铸造的关系之中。如此一来，我们的出发点是，这一相符并非偶然，因而这些存在者也并非简单地只是被他们所屈从的秩序侵压。

存在着这样的秩序，这一事实也不能如此简单地来说明，比如说，这些组织服务于生活的自身保存和生活利用理智与创造劳动产品的能力而变得更舒适。宏大规模和长链条的生产过程延伸开来，用于生活的自身保存之组织的诸功能领域保持独立，并且同时也彼此结合起来，由此，生活的这种能力的效用也显著提升。根据这种模式，社会组织自身是有合目的地建立起来的机构。这样的说明可能奠基于某种对主体性的理解，它看起来将主体性标识为自身赋权的、支配世界的了。自主的自身关涉——主体性的一切进程都实际上在此之中进行着——总是让人看到一些限制，它们不是从外部被加在自发性之上，而是说，这些进程在自身中使它们得以可能。人们更应该从这种对主体性的理解出发来理解宏大的社会形态。倘若这样的秩序不是自然事实，它们就同样为主体所承担，并且在主体自身中产生出来。

如果主体是人格，那么他们就在世界中行动。人们能谈及行动，唯当这些身体活动并非自动引发，并且唯当这些活动为动机所引导，主体可以对这些动机加以权衡，即便它们正好还未实际上被权衡。与此相应，社会行动就不仅仅是单单关涉他人或者与他人合作的行为。因为这种合作出现在社会行动中，并不就像鱼群中那样，是由冲动引发产生的，因而它总是可以是有考虑的。情况要会是如此，唯当每一个人格也心怀他人——他的行动涉及他们，或者自己的行动和他们的行动协调一致——的主体性。人格们必须识知他人为主体，从这一识知出发来安排自己的行为，并且可以视它们为有根据的。人的主体性和他在他的生活嵌入其中的各种社会秩序之中的可能定位之间的关系也从这一基本事态出发而产生。因为人们已经问到，我们必须如何理解人的生活，由此这一嵌入也同时能通过他的作为主体的自身关系而得以澄清。

社会行动的基本情况是交互关系，也就是关涉他人或者与他人达成共识的行动，这些他人以同样的方式面对行动者：他们与他竞争，与他行动一致，或者努力与他在某个方面达成共识。因而，一切行动都在广义上关涉目标或者目的，它们应该在行动中或者通过行动而实现。就这一点而言，双人舞也是关涉目的的社会行动，虽然它的目标和它的进行重合了。这样的行动为完全不同类型的活动所贯穿交织。在世界中的行动显然预设了在世界中的定向，因而预设了感知和感知由此而进入世界关涉的一切复杂的认知成就。现在，给予行动以社会维度，从而能够使其成为社会行动的东西情况也类似。因而，像感知的世界关涉那样，这一社会性的诸维度也不是从行动中产生的。它们像这一世界关涉一样奠基于这些从主体的自身关涉出发而保存其结构的活动。如果人们逐渐忽略了这一关联，然后采取行动的日常意义，那么人们往往就很容易会认为，行动的社会性就局限于想要根据理性优先选择模式而构成一般行动，也包括在社会秩序中的行动的东西了。人在其行动中追求目的，这些目的为动机所规定，这些动机作为简单的原动力或者通过宏大战略而起效。他们的行动是理性的，这一点表现在，他们在任何行动处境中都会回溯到诸动机的优先秩序，他们在处境中，也就是在给定的情状下，尝试选择并且进行看起来能够实现所追求目的的这样类型的行动方式。这样的行动的一个范例就是在资源短缺的条件下通过经济决策达成利益最大化。

这样的行动以三种方式获得社会维度：个人在处境以及各色各样的行动范式中行动，这些范式为其他人所获得，并且他知道这一点。在行动中，他顾及他人，并且为他们的行动范围所限。他的行动涉及目标，这些目标要能够实现，唯当它们适应了在未来形成行动处境的整体条件。

诸社会结构不同于比如语言机制，它们远离了生活视域和个人经验，它们从一开始就进入三叠纪，并且以此为出发点。这样，行动的处境为共同体的正当秩序所一并规定。当个体行为者在市场得以形成的前提下，也将市场、它的即时的秩序和它的作用算入他的利益计量之中时，诸个体——他们的目标在于各自的利益最大化——的行动目标就共同作用去形成一个市场。

显然，在这种通达行动的社会维度的方式上，这些匿名的社会结构对于即时个别的行动来说必定起到了这一行动得以产生的给定前提的作用。不仅它们不能从行动出发而得到澄清，而且仍然不清楚的是，行动如何能够从它作为社会行动的本己机制出发而与它们发生关联。如果人们想要从行动本身出发来说明这些秩序，那么他就必须或者将它们理解为合目的有计划地建立的，或者理解为未计划的、作为多人在彼此关联的处境中的行动之非意愿的后果而产生的结果,以便作为前提反作用于个别行动。对应于第一种说明的是关于国家建立在契约之上的想法,对应于第二种说明的是亚当·斯密对市场的说明,它就像是由一只"看不见的手"所创造的,但是无需任何外在的创造力量,而是通过无数行动意向的影响交织在一起产生的。这两种模式当然只能通过划分秩序发生的诸阶段才有所成就。我们只需指出因为未加区分地使用这些模式而产生的无限后退:通过统治契约建立国家,这预设了契约机制,而市场体制也具有一些机制上的前提,这些前提出乎竞争,入乎利益计算,而不像是它们的一个副作用自动产生出来的。

如果人们已经看到了这一点,那么他就很容易明白,机制和匿名秩序不能单单被理解为人格互动的结果。这样,人们能够从这一循环中摆脱出来,即人们最终总是必定需要它们作为社会行动的单纯实际的前提,而与之相反,它们又应该是出于人格社会行动而得到说明的。为了使得它们也有可能独立于众多行为者的非任意的共同活动而产生,人们,比如一些语言理论家,就会为建立大规模的秩序而将恒定的物种遗传配置设为前提。或者人们会假定,社会秩序虽然不被分析为复杂互动的结果,但是它们作为这些活动的新的合作阶段而自发出现。而它们一旦存在,那么个体的行为方式也就一并为它们所规定。英国哲学家布劳德(C. D. Broad)在很久以前就已经为自然中高阶秩序的合规则出现——它并不能从在先的条件中导出——让表达式"突生"(Emergenz)变得流行。

虽然秩序看起来在经验世界的一切领域中都是自发产生的,虽然突生这个表达意味着将这一事实结合进说明性的理论,但是我们也不能忽略，这种将机制编排进对我们承认为实在之物的描述的方式并未被承认为确切意义上的说明。或者人们假定，不熟悉的事件复杂体导致了所谓的突生。或者人们谈及突生，当在特定条件下合规则的不可说明之物出现。一种类似的说法会反对将社会秩序描绘为自身保存的、在自身保存中分化的系统。所有这些策略都有一个共同点，即归属给社会秩序以相对于个体——他们在这一秩序中行动——互动的独立性。将社会秩序说明为从许多行动进程的复杂结合中产生的后果，这种做法仍然是这样的策略之外唯一的相关选项。

但是这一做法总是以新的方式不断地陷入同一个困境，即在任何说明阶段都只能从给定的秩序——行动在此之中累积起来——出发。倘若它真是不可避免的，那么我们就只能够尽可能地限定在说明中设为前提的秩序的突生，并且不要求突生秩序作为其他秩序事实的原因。因而，在关于这一问题的方法论争论中，没有烦琐的论证人们就对付不了。对此，人们在所考虑的诸相关选项之间也肯定已经就这方面做出了决断，即它是否在分析实际的社会秩序，因而涉及经验领域时获得了证实。

但是，我们是从行动者的主体性出发来考察人在秩序中的共在的，因而不必深入讨论这些论证。这暂时减轻了我们的负担去就社会秩序相对于行动累积可能的独立性和这一独立性的程度而表明自己的立场。我们在这里也不必尝试，在某个统一体概念——它应该是下一讲要处理的——的视角下澄清这一问题。

不过，我们还必须说到一个条件，它应该已经得到了满足，如果本己的现实性能够被归派给社会秩序：在这些秩序表明它们独立的实在性的地方，必定总是存在着实际的行动，因而也存在着诸个体——他们被包卷入这样的秩序之中——的主体性。

人们往往很容易将实存的社会秩序设想为像是大型号的客体，由此它超越个体，就像风景，甚至大陆。国家和帝国实际上幅员辽阔。今天，个人和市民们都会碰上强有力的公司和有能力的经济机构的活动，它们遍及全球，看起来就像是肥硕的章鱼一般。但是，将社会秩序想象为扩展了的客体或者客体-群，这只是一种错觉。这一错觉还会因为大多数秩序都不会被经验为个体的产物而得到加强。于是，人们很愿意谈及，个体融入这些秩序之中，这些秩序可能被强加于他们，或者他们被捕捉进这些秩序之中。这样的说明——人们也很难避免这样的说明——让秩序看起来就像是一个固定的空间包含着诸个体。然而，在属于这一秩序的个体之外，根本没有社会秩序。

这一命题或许听起来悖谬，如果人们的意图是将实在之物的强力集结与社会秩序紧密联系起来，并且依赖于它们——宏伟建筑、灌溉系统和交通道路、军队、金库、电网和规则手册。各种文件与行为——它们保障了秩序的功能——充斥着宏大的档案馆。机制的作用方式也始终不限于信念的铸造。它们就像是个体一样，作为物质世界的力量中心而表演着；它们最重要的一种作用方式是各种形式的力量和物理强力的运作。这一切都澄清了，为什么个体也总是一再地经验并且进一步经验到机制和秩序相对于他的生活的超能力。

但是，在所有这些实在之物之中，机制还没有地位。它们只是为这些机制服务，或者成为这些机制起作用的介质。人们也可以进一步说，在它们之中，这些秩序得到了表达，通过它们，这些秩序获得了持续性和实效性，而它们是不可能只通过互动而获得持续性和实效性的。各种语言也是可能的传达之高度复杂的范式，没有个体知道如何充分地使用此范式。它们可能已经先于文字的产生——比如婆罗门结集吠陀圣典传给下一代——而获得了超越漫漫时空的稳定性。但是在语言的情况中，也很显然，语言——尽管有了一切的词典、录音和大型图书馆——只存在于语言共同体的个体之中。建立在归置行为之上的标准化——从法律系统直到成文法典——的情况则似乎有所不同。它们不会起作用，如果没有通过对象性的规章文本而固定下来。但是人们只需要想到先于文字产生的法律传统和说出一种语言的方式，他就会看到，它们也并非从根本上区别于其实在性完全和个人紧密相连的语言。当然，人格躯体化了，并且在某种意义上自身——就像他们的社会行动一样——实际存在于世界之中。由此，他们和世界事物、世界关系的交织，而非他们的行动秩序的起源本身，就可以得到理解。

　　因而，我们有进一步的理由认为，是所有社会秩序都被说明为人格的无数活动和互动的纠缠，还是也赋予它们本己的实在性，这个问题仍然是悬而未决的。我们一旦接受社会秩序没有独立的对象性实在性，这就会导致这个问题就一定还会指向作为行为者的人格的建制和他们的互动。因而，人们一定会摆脱这种想法，即一种秩序——它并非来自行为者的互动——必定像一个世界那样向他们敞开，或者是一种他们在此之中发现自身的实在性。但是，一旦人们排除了这一点，那么它也就不会阻碍人们有可能也将秩序——不同于互动的产物和事先规定——从在先的互动交织中推导出来。如果对独立秩序的地位的追问也局限于个体行为者，那么将秩序设想为有条件的，但是独立产生的，这种可能性也不会比将它设想为在作为准-客体的秩序表象的支配下的可能性更少。独立秩序的突生必定只能被把握为有条件的自发涌现——被把握为在个体自身中的一种行动方式的涌现，以及与此一道一种和这种行动方式紧密相连的理解方式的涌现。

在个体发展史中，这样的事情是经常发生的，它们看起来是一种个体的突生。我们已经尝试指出，自身意识虽然是有条件地出现，但是不可以从在孩童和他的互动中先行于他的自身意识的东西中推导出来。在个体的所有这些发展上，虽然我们总是假定了，它们并非内在地被推导出来，但是也许通过联系到大脑中的神经潜能和进程才获得了充分的说明。此外，我们当然还不清楚，这些进程是否从神经的秩序方式经过微观物理学的秩序方式都预设了突生。以这种方式，人们或许也可以说明，新的互动形式和朝向个体中大规模社会秩序的倾向如何可能。比如，下棋显然是一种互动，但是它也显然植根于诸个体的思想力和想象力，并且没有任何不同于仅仅在他们之中的实存。

没有人会认为，社会秩序具有完全独立于个体的实存。想要给这样的秩序捏造一种不涉及个体的实存，这甚至是荒谬的。但是这当然并不排除，一种准-对象性的实在性能够被归属给它，而个体则只是被包卷入其中。但是，如果我们已经指明，所有可能的突生的秩序也只能在个体中，在个体之间而具有其实在性，那么我们看起来就不必再考虑这种看法：社会秩序至少不能直接对秩序起实在的作用。然后，我们就由此为说明一切社会事实而建立了一条原理：要理解从秩序形式向秩序形式的过渡，人们就必须经过卷入这样的秩序之中的个体的理解。秩序能够影响个体,并且塑造他的生活。它们也能够这样,即便它们的实存根本不能脱离个体。它们更能如此,当所有个体必须在一种生活形式中成长,或者当秩序出现突生,它们的产生因而完全摆脱了个体的支配意志。但是尽管如此,秩序并非直接从秩序中产生,而只是从处在秩序之中的个体的改变中产生——情况亦是如此,即便它们有条件地出现在个体之中,在这些条件上,我们应该需要突生这个表达。社会学和历史哲学总是处于违背这一原理的危险之中。大多数不会公然如此,而总是隐蔽着的。烦琐的分析同样必要,以便显明此谬误推论。

八、社会秩序中的主体性

社会科学看到了,它们的任务就是澄清个体行动和社会秩序的关系,它们的基本理论问题则是行动和秩序的支配关系。对多方面的这些关系、它们的交织和由此产生的历史形式变迁的研究成了一个从未穷尽的论题资源库。所有这些论题都被放置在给此研究提出问题的高度复杂的领域之中,它关心的是,种种关于行动和秩序的关系的基本看法尝试组织研究方式,然后也伴以从方法上反思这种研究方式,并且阐明它。

哲学大都不关心这一进程。但是,它出于自身而对个体和秩序的关系这一基本问题感兴趣——当它从主体性出发开展它自己的问题,情况恰恰也会如此。如果哲学也想要保障社会学的研究,它就必须在它自己的思考中探讨社会学研究的方法论方面。虽然在对主体性的反思中,哲学将只能从一个方面触及行动和秩序的关系,但是这一个方面对于社会学的方法反思来说也一定不是无所谓的，而是说在社会学的自身理解和语言形式中的一个缺陷就会暴露出来。而至少这一个方面必须引入对作为主体的人格的共在的理解之中。

如果人格和他生活其中的秩序的关系从行动和秩序的关系开始，那么它就会让人在一个受到限制的视角中来看人格在秩序中能够理解并且理解了自身的方式。也就是说，从行动出发，这就导致人们忽略了，人格作为主体是如何先于一切行动而在世界中定位的。这一自身定位的多方面却是其中的一个前提来说明他们如何理解他们和社会秩序的关系，他们接下来能够如何安排他们自己的行动和这样的秩序的关系。

这一关联体应该要再进一步探寻。为此，我们首先要回忆一下，在之前的讲座中什么导致了主体的这一定位。乍一看，这里处理的是无关紧要的，或者是完全平常的意识生活的基本事实。它们不仅简单，而且是根本性的，由此却产生了一种思路，去分析人在各种社会秩序之中的处境和在这些秩序之间产生的冲突——它们会让人们陷入其中的冲突——之中的处境。

作为主体，并且借助于他的自身意识，人与一切他能够思想之物对立。但是，正是通过这一自身意识，他知道自身也被卷入他所归属的世界之中。归根结底，人在他的共在中所遭受的一切冲突都是从这两种说法之间的对立的背景中展开的。人们由此获得在这个角度上理解这些冲突的第一种思路，即从另一种与隐含在他的自知方式中的秩序的关涉中展开这种对立。

在其自身意识中，主体将自己作为个体来识知。在这一个体性中隐含了他区别于一切其他主体。他的自身意识在涉及他的识知中是最基本的事实，这一点导致了，他知道自己不同于一切其他主体，不管是可能的还是实际的主体，无需由此也已经知道，是否有这样的其他主体，以及如何进一步规定他与他们的区别。主体只知道，他的经验物和识知物的总体关联不会是其他主体的。情况仍然会是如此，即便人们比如想要假定，当其他主体具有同样的识知内容时，他们完全能够进行同样的经验。

由此直接导致了，任何实际的主体本身都必然设想了一种主体的秩序，在此秩序之中，诸主体彼此区分。这一秩序不同于他在此之中实际遭遇其他主体的秩序。如果主体不知道自己在一个实际秩序中定位，和他的主体存在紧密相关的关于秩序的思想就不可能具体化。但是，这一思想也奠基了，主体能够在这样的秩序中，并且在任何与其他主体的遭遇中，将自己定位为他本己的世界的单一立足点，并且保持为同一个主体。主体由此而在同一个秩序中归属给他遭遇的其他主体以位置，在此之中，他自身作为主体知道自己得到定位。但是这一秩序总是区别于主体在此之中实际彼此遭遇的秩序。

这一秩序的思想就是内在统一性、每一个主体在其自身关涉中所表现出来的唯一性和他总是归派给自身的个体性结合起来所产生的逻辑后果。在个体性归派中包含了主体的内在唯一性并未证成一般的唯一性主张，而是说，与它一道，可以设想其他主体的单一性，并且由此也会承认，每一个这样的主体在自身关涉中都具有同样的统一性和唯一性。这一秩序并未出现在主体本身的眼前，它也不能变成其中的一种世界内容，基于此，恰恰主体的单一性就在他与一切世界内容的关涉中表达了出来。但是，关于主体的这一最原初秩序本身的思想给予了主体远离任何其他秩序形式的可能性,在这些秩序之中,他实际上处于他的世界中并且实际上关涉其他属于这一世界的主体。由此,在他的世界中就没有秩序是主体自身不能够在自身思考中超越的——情况仍然会是如此,即便他不容商量就被卷入其中。

这不仅适用于大规模秩序,也适用于最密切的生活环境中的诸秩序,它们由此以各自不同的方式出现,即主体不仅有他的世界整体作为他的自知的相关物,而且他同时也在他的这一个世界中定位。世界内容向某个主体展开的道路区别于关于这一个世界的整体思想。而与关于世界整体的思想紧密相连的是,有无穷多这样的展开它的可能的道路。倘若这些道路彼此交叉,这些主体就会彼此遭遇。每一条道路也在世界中有其出发点。这一讲已经说明了,主体通过其躯体化而与这一条道路和它的出发点紧密相连。

215 实际的主体只能以本己的以及他者同样的躯体化为中介和其他实际的主体遭遇。我们已经看到,一切回避或者断然草率地解决这些问题的尝试都一定会失败,而这些问题产生出来是因为,以确定性的模式并且只是通过复杂的事件——在此事件中将主体性与他们的躯体化此在结合起来的诸多因素必须共同起作用——而当下化他者是可能的。这意味着,主体和其他主体的任何关系都必须从同人的躯体在场出发。接下来它也能够采取间接在场的形式。不过,在主体的自身关涉中有一种以完全不同于面对面互动的秩序形式向主体的共存的伸展。

动物能够生活在群之中,它们和其他群划分界限。有几种物种,比如蜜蜂和蚂蚁,也能够在复杂的劳动分工时依靠卓有成效的信息系统,一些物种的个体能够聚集在大地上的特殊地方。但是没有其他生物像人那样，从一开始他的社会秩序关涉就超越了他的环境中的一切经验。由此他在朝向一切类型的社会秩序时都是灵活机动的，并且有能力协调许多不同类型的秩序，并且长久以来也以此协调为指导。

人们不能简单地将这一点把握为他本己的理性的后果之一。理性使得他能够在关涉一切可能的事实中把握和确认个别事实。但是如果主体自身在秩序中思考和理解自身，那么向这一秩序的伸展就必定植根于他的自身关涉。这一自身关涉当然和他在一种独一的功能关联体中的理性紧密相关。理性推论只能让主体能够推导出这样一些秩序，这些秩序从很远的地方对他的生活发生影响。但是，与这样的秩序的关涉却一定不是通过思考来展开。毋宁说，对它们的开放已经由此而产生，即人作为主体与世界相对，作为个体学习在他的周围世界中发挥作用。

因而，如果人们认为，人们只能通过历史进程和社会动力学来澄清人活在帝国和高级文化中并且活在复杂的现代社会中这一事实，这种看法就也是有缺陷的。也就是说，这些进程自身是不可理解的，如果它们不是对应于一种在人之中通过他们的自身关系而形成的潜能。与此并不冲突，这一潜能的实现要和历史的发生、大规模社会秩序的实际形成的进程结合起来。

在这一潜能实现之处，有一些张力也影响到了人们，它们对于他来说在他的躯体当下的生活的切近领域、他的独立空间和大规模的秩序意义之间彰显开来。这一秩序意义甚至能够延及诸世界，但是他被卷入现实的、远程作用的秩序之中，这一事实同时也使得这一秩序意义不仅仅显现为他所不熟悉的强制力。他达成自主，恰恰由此，他也知道他在世界中并非是唯一的，并且在此也并非是全能的。由此,他的自知与一些思想紧密相关,通过这些思想,就可能为与秩序的关涉开辟一个领域,这些关涉可以让他不限于他的躯体此在的切近领域——其中不仅关涉他的独立空间被卷入其中的秩序,而且也关涉通过远程作用限制这一独立空间的秩序。

如上所述,社会学家在关涉他自己的科学基础时所提出的,并且在许多争论中进一步讨论了的方法论的出发点是,对行动和秩序的关系的规定是它的关键问题。然后,这一安排必定会导致人们看问题的眼光受到限制,如果行动被理解为有意识的、有目标的活动,通过此活动,人在世界中使某物成为实在的。但是,还有另一种活动也在作为主体的人之中进行着,"行动"这个词不恰当,或者根本不适合这种活动。它不使用手段来达到目标,它也不关注应该在世界中实现的目标。倘若它有目标的话,这个目标就是稳定它和实在性、本己生活属于其中的诸多秩序之间的复杂关系。这样的行动不是有计划的活动,而是态度——它们必须开展,而不能凸显——的均衡和对接。努力和清醒的控制是必要的,以便这一更多地是进程而非行动的东西不会被缩短、减弱或者变形。这里所谓的行动就更类似于自发的识知成就,而非审慎的实践。不过,自我关涉在它之中还比在这一实践中更加突出。因为这一活动的目标在于主体存在在关涉生活和人格在世界——人格在世界中定位——中的共在的一切维度中的稳定性。

这一进程参与了一切样式的社会行动,也就是真正的、严格意义上的行动。有多种活动和互动,如果没有与秩序的关涉就根本不能被把握,这些秩序从同一个来源中产生,此来源也卷入主体存在的稳定化进程中。因而，如果人们想要从总体上理解，一个人接受一个角色，或者处身于角色之中，这意味着什么，人们也必须参与这一进程——它不确切地被标识为内在行动。

在第二讲中我们已经谈到同一性平衡，意识生活——它在世界中要自身主张——的动力学就朝向它。正是这同一个进程从现在开始在主体性的共在和主体性与这一共在的诸秩序的关涉的视角中重新出现。如果人们只是将行动定义为在某些框架条件的前提下对目标和手段做出理性的决断，这些框架条件也都涉及这些决断，并且这些决断限制和校准了行动的可能性范围，那么主体也就只是将这一行动的萎缩形态作为分析的论题。不管人们是多么努力地将他的动机和兴趣投入复杂的动力学之中，他的主体性的动力学都已经通过削足适履而被定在了从科学问题出发的思路上。

所有这一切不应该让人与此相反要去尝试只从主体性的动力学来说明一切目标性的行动。因为这些行动是人格——他自身保存着，并且保存着在世界中的定位——的躯体化的结果，所以在人格行动时，对于行动来说特有的根据和力量也已经起作用，并且接下来在说明行动时首先得到考察。所以，我们要避免任何类型的简化。为此，人们将注意力转向这些维度的组织结构，以便澄清人格的主体性如何在组织他的行动时起作用，而并非将一切行动都从主体性的动力学中导出。

社会行动的秩序也总是在两种视角下考察：根据它们在此之中形成和稳定自身的各种互动的交织，根据通过它们来实现的功能。这就导致，它们不仅仅被接受为像自然力量一样的，而是也出于好的理由，在少数情况中，就像比如教育机构，也能够有计划地造就。通过结合这两种视角，我们也说明了通过秩序起效的规范。一个这样的例子就是很久以前就已经建立了的货币经济——它是不可避免的，但是需要许多控制机构，并且也因为它们的成就而出于好的理由接受大规模的物品和成就的交换秩序形式。

这里并未涉及尝试勾画社会秩序的拓扑学。这些秩序只在和从主体性出发的动力学相关时才成为论题。这一动力学在人的共在中不断被需要，此共在必须在这些多样的社会秩序中定向和定位，同时这些秩序不能在这一复杂体中产生——要是没有个别主体与秩序的多方面关涉的话。

在任何共在中都包含了秩序——从共生的亲密关系到不确定的但普遍的包容一切主体的思想，它和个别主体的独立空间紧密相连。在这两个极端之间的领域中，主体能够识知和经验到，自身卷入某种维度化的秩序中，并且也在其中活动。他的自身意识在这一点上就是立足点，即他将自己在世界中的位置识知为不确定的多个位置中的一个，并且他也进一步知道，这些道路能够通过世界相切，并且彼此交织——这些道路形态多样，无法综观，这样，它们可能包含了这一主体，或者排除了他。这样的多样性的基本结构必定在自身关系自身之中已经安置准备好了。只有这样，这一基本结构才能为对即时实在的社会世界的经验而形成。

此外，在独立的自身存在中一并想到的秩序就像一种界限概念那样起作用。借助于它，主体直接地因而无需经过推论就有能力将自身视为在大规模的、有效的社会秩序中定位。主体总是面对世界整体，但是人们并未由此直接导出，对于他们来说，人们称为"社会"的生活视域和效果视域也得到展开——并且情况也是如此，即便它远远超越了主体和其他主体直接相互影响的领域。从在主体意义上的秩序内涵出发，主体也能够以多种方式知道自己在这样的秩序中定位：作为承受它们的强势，作为适应其中，作为它们的受益者，作为在它们之中或者在它们旁边活动的，也作为它们的承担者或者奠基者。

　　意识——以上面提及的一种方式被动遭受秩序——越有可能作为出发点，秩序就会是越大规模的，以越匿名的、越不透明的影响方式起作用。为此，货币经济再次提供示例。但是在主体秩序的界限概念中也包含了，在主体中有一种趋向，要在大规模秩序中重新找到自己，因而自觉地作为其成分与这样的秩序认同。因而，社会秩序的结构并不必然逐渐根据秩序起效的空间顺序而展开。孩子更容易想象自己在一个王国中，而非看清楚他自己的家族谱系，并且自觉归属于它。

　　宏大秩序中的自身确认被包卷在小圈子中不断竞争。看起来完全投入家庭生活中的人也不缺乏和宏大秩序的关系。它只是处于他的注意力的边缘之处。任何职业都将人引入超越了自己的小圈子的秩序之中。这些秩序在一切与他者的面对面的共在和这种秩序——它最广泛地遍及可经验的实在，因而它最接近一切主体的秩序——之间的居间领域之中有其位置。通过与在居间领域中的这些秩序——从同行团体、协会、企业和教区，直到机关、军队——的关涉，各种程度和类型的向秩序中的包卷也就形成了。它们都必须彼此平衡，又总是重新失衡。如果情况是这样，那么这一人格也能够感知到，他的任务就是在其诸角色中获得和保障同一性平衡。他的个体轮廓也就在共在的秩序中形成了。

我们可以很容易看到，其他可能的间距化的程度和确认的程度也与包卷入秩序的程度紧密相关。对于两者来说，主体性的自身关系是前提。倘若包卷为开展和不断权衡的进程奠基，那么这一进程也导致人格在其角色和这一角色属于其中的秩序中的自身间距的增长。人格如何行动，他如何在其行动中理解自己，这为他在感知其角色时所探寻的目标所规定，也为这一以共在的方式寻求内在平衡的进程所规定。这一寻求不仅是主体处身其中的事件，也是不断需要他们的思考力和开辟道路、为他们自己的生活获得良好秩序的力量的举措。

由此，我们指明了一条研究思路，此研究探寻主体性的变样，这些变样在和多种共在方式中的平衡交替相关时形成。此研究能够进一步伸展。因为它已经展开了一片地带，这片地带从两个其他方面，文学和精神病学，比从哲学更好地得到展示。甚至这样的研究方式还需要进一步的阐明。因为意识生活的进程不是人们通过耐心的描述或者调查就能够开启的事实。人们必须投入其中，让研究联系着贯穿这一进程本身的自身展开和自身间距的倾向。

这里，我们必须停止对这样的举措的进一步研究。我们只想要补充这样的思考，它涉及卷入在宏大秩序和切近秩序的冲突中的那些秩序的趋向。将个体安排进大型秩序，这不仅可能，而且也是完全直接从主体的自主性中产生的趋向。对于不仅让眼光而且让生活突破许多束缚的限制来说，它也是有意义的。如果没有它，大规模的共在的奠基行为——世界性宗教也属于其中——就是不可能的。

但是，在新的时代，诸经验首先遭受解构，解构的力量能够从在宏大秩序中的确认行为中释放出来。这一确认可能来自尝试摆脱亲近圈子的束缚和向一切自身存在的秩序伸展之间的冲突——并且因而使得人们去尝试，将面对面的生活亲密关系调动进宏大的秩序之中。由此直接产生这样的调动结果的假象性，但是也产生顽固的趋向去不动摇它，直到对亲密关系和遍及世界的力量的想象综合的产物出于自身而瓦解了。通过建立世界帝国，征服者已经能够使普遍化秩序力量的趋向通过征服为他所用。19世纪和20世纪的意识形态将这一趋向推向了极端，为此，它们要求，任何共在都从宏大秩序出发。如果没有主体性形成距离的能力——在超越切近秩序时，总是需要更高程度的形成距离的能力——就不可能掌握这一解构的可能性。它使得人们有可能通过将其包卷入强大的秩序力量——它也会是反力量——的作用而逃离有限主体作用的有限范围。为了使这一解构机制运转，我们不需要宗教使命。但是它可以从外部和内部有助于辩护从这一机制中产生的行为。

有一种展望——它也预示出希望——现在由此产生，即世界文明化出现了，它的出发点是，意识到人在宇宙中的边缘地位，并且他为宇宙自身所威胁。当它形成为一种人的生活自身保存的现实秩序，它就降低了小规模秩序承载意识形态的能力，并且这样的秩序并未提供一条思路来替代切近共在的经验。它也并非必然只在全球特大城市的冷酷中被经验到。因为最终一切切近秩序也只是在这样的全球秩序中得到保障。因而，是作为保存的组织，而非自身提升的组织，并且出于人在宇宙事件中的自身定位，这种包卷人的生活的可能性才能够加予它。只有通过这样在经验中奠基，它才将对一切主体秩序的不确定的界限思想转变为社会秩序，它通过各种形式的社会行动起作用。

这样的思考让人明白建立国家的成就何在：超越家乡的界限，造就行动和本己行动中的自身理解的关联，它使得匿名的现代经济和政治秩序驻足于人格生活之中。但是，如果未能认清这些秩序的功能，它们就会被经验为与生活相陌生的"钢铁牢笼"。从前主要是国家自发成就的东西，今天欧盟应该通过努力以历史教化识知为中介而获得。单单靠自己必定仍然只是徒劳尝试的东西要能够得到实现，唯当欧洲学会把自己理解为包括在人类所面临的事件中，以便由此出发重新构想自身。

如果秩序——它一旦作为最总括性的生活秩序起作用——丧失了它的约束力，并且没有为更总括性的社会秩序所取代，那么就会影响社会行动的进行方式。通过生活驻足于在此生活最广泛伸展的领域中的秩序之中，主体和许多中等范围的秩序的距离也增大了。虽然人们可能会认为，最终秩序维度中的匿名性和它的陌生性会加强人们去准备，让受限维度的秩序成为本己行为的标准。不过，从最终视域的陌生实际性中产生的反冲将主体推回他们的切近领域，此外，推回他们通过实际必然性的强力来调动和控制他们的生活很好地运行的能力。自主的行动秩序领域就成了其中的一个领域，在这些领域中，策略能力可以以利益最大化的意图得到实践。同一性平衡的任务由此甚至变得容易。但是，付出的代价是主体性受阻的动力学，他必定将他的这种状态隐藏在不断变化的交往的外部和必要的流动性之后。

九、社会秩序与道德秩序

前两章的思考已经涉及社会学的基本问题,也就是如何理解社会行动和秩序的关系。它的目标是,在所谓的"行动"的后面和内部,让主体性进程开显,并且与此一道通过人和社会秩序的关系而开显这些进程的组织。

这里所预设的"人格"的意义是从社会学的角度接受的,并且尚未进一步被讨论。这里所谈及的主体性的动力学在某种程度上是这样的,即它也可以根据社会心理学方法上的事先规定成为论题。因而,依循这些最后的思考,并没有真正的哲学问题被提出,虽然它们也都应该在主体性——它从哲学上得到论证——理论中有其位置。现在为了能够重新获得并且进一步思考——这些思考指向以下的讲座——上一讲所涉及的问题,我们首先想到对道德意识的说明,它是第三讲的论题。

人们也能够在这样的视角下回答伦理学的基本问题,这些视角对于社会心理学来说是标准性的,因而是在自然主义的前提下。但是,第三讲想要指出,道德意识并不能以这种分析而恰当地成为论题,并且得到说明。我们已经将对它的分析嵌入主体性理论的论证方式之中,从而以这种方式来解决一个古老的问题,这个问题总是让关于道德意义上的善的哲学反思感到不安:人们理解了道德意识所具有的不可消解的实际性,当人们在这一意识中同时也通过主体的本质性建制而看到主体——他知道自己疏离了他自己的根据——的揭示。只有这样,道德识知不可还原的实际性才可以与此调和,即人格通过它既不会陷入他承受的法则，也不会陷入他承受的自然必然性——毋宁说，他恰恰能够在某种实际性中——比如人们总是已经归属给良知的实际性——把握和理解自身。

在这样的证成中，显然我们已经超越了主体概念还仍然在此之中的界限，人们必须从主体概念出发，如果在社会行动的定义中，就像在理解者那里那样，应该引入主体性的维度。现在，在这一证成中产生的推论必须被归为对社会行动和社会秩序的关系的思考。

为此，我们首先要注意到，道德意识的分析专注于个体性的人格的主体性。相对于诸哲学学派共享的其中一种观点，我们并未将行动的贯通有效的基本规范理解为社会机制。虽然社会中的道德习俗会被描述为这样的机制，但是它也最终立足于个人的建制。只有规范的外在实施的实际力量——而非规范自身——以及规范意识各自特殊的塑造，才表明是道德出于它的历史条件的机制化后果。

道德意识预设了具有独立意识的成熟主体。因而，这也预设了，共在的方式在主体性中开展，它们将这样的主体关联起来。通过道德基本规范，这些主体实际上以新的、特殊的方式相互归属。但是，这是从一切个体的道德意识出发而发生的，这些个体自为地，由此也彼此将它们的行动置于这些规范之下，并且由此产生影响。人格当然不会成为个体，他们作为这些个体而共同起作用，如果他们不是在文化机制中成长起来。此外，他们生长在共在之中，正如他者实际当下的明见性，共在也是直接面对面地进行。因而，在主体发生中，"面对面"（face to face）的关系是根本的，同时，诸机制介入了这些遭遇的进行方式。

一切道德秩序都是从个体意识中产生的。这样的道德秩序也很快就不限于即时的"面对面"互动。毋宁说，它让任何这样的互动被它的一致和普遍的秩序原则——它正是从一致性中产生——所包含。这一秩序原则在某种意义上与某种已经包含在作为个体的主体的简单自身意识之中关于一切主体秩序的思想协调起来。但是，这种思想对道德意识有着完全不同的影响。它不是不确定的界限概念，而是首先被设想为一种行为的内在形式。为此它也不必被转化为一种赋予界限概念以内容的思想——也是说，在实际生活条件下尽可能大的社会秩序。

因而人们可以说，在伦理学和社会理论之间发现了处境和秩序以及个体性和共在之间的反向的关系。这一反向却不导致冲突的产生。因为它是从对于伦理学和社会理论来说标准性的不同出发点和角度来理解的。根据现代的理解，伦理学不再是像对于亚里士多德那样的一种普遍的行动理论。社会理论同样不被视为一维的、从自身出发封闭的对共在和行动的说明。为了进一步澄清它们的关系，我们必须再次做一项专门研究。

但是，现在我们可以进一步想到，一种本己的动力学被归派给道德意识。对这一意识的研究始于如何理解道德意识基本规范特有的特殊约束方式这个问题，并且由此追问道德意识的起源。但是，对这个问题的回答不是封闭的。基本规范完全一般地涉及行动处境，并且因而与在个体的自身意识本身中被预设的秩序意义具有共同之处。但是躯体化的人格——他从他的自身意识出发而生活——经验自身为在完全不同的秩序中定位。与此相应，第三讲已经证成，为什么道德意识本身允许人格将他的行动不单单以基本规范的普遍有效性为旨归。他一定会受到某些约束,并且自觉到在面对它们时也以特殊的方式有义务。我们已经指明,这并不意味着这样的约束悬置了基本规范的有效性或者使人视它为较低等级的。但是,正是从在道德意识自身中的冲突中产生了道德意识会陷入其中的最重要的两难困境——然而是这样的深渊,它出于在基本规范下的道德判断力而首先让最终指引性的希望落在一种复杂的生活动力学之中。

因为道德意识受到特殊关系的约束,向属于社会行动切近领域的社会秩序中的包卷也直接出现了。个体的行动也必须依照出现在它的生活中的特殊处境,即便他只想要仅仅由基本规范来规定行动。除此之外,对于他来说,在此规范下也要设定特殊的行动目标,比如要求正义或者缓解贫困。这样他也能——就像阿尔贝特·施韦泽(Albert Schweitzer)[①]在兰巴雷内(Lambarene),或者就像大赦国际——在这一规范下形成自己的行动范围和机制。由此也进行着向特殊关系中的包卷。但是这些机制也可以被理解为具体化活动,通过它,基本规范尤其坚实地起作用。在某种意义上,由此并未导致,至少并未直接导致在规范的普遍性方面的潜在冲突,并且进一步深化道德意识。

与此相反,来自道德意识的其他约束也包含了对基本规范的有效性的限制。倘若一切行动语境都应该以完全中立的普遍性隶属于此规范。这种类型的限制总是使得特殊的行动范围具

[①] 阿尔贝特·施韦泽(1875—1965),德国哲学家、神学家、医生、管风琴演奏家、社会活动家、人道主义者。施韦泽于1913年来到非洲,在加蓬的兰巴雷内建立了丛林诊所,服务非洲人民直至逝世。他获得了1952年的诺贝尔和平奖,被称为"非洲之子"。——译者

有优先性。由此，这些范围却可以以完全不同的方式被限制。

有一种限制方式由此产生，即人们对一种处境负有责任，在此之中，必须保障宏大的社会秩序不会崩溃，或者过渡到更好的生活关系。政治行为者（他也可以偶然地投入一种处境，此处境让他成为这样的行为者）必须从这一责任出发权衡是否有必要为了行动目标而损害基本规范。另一种限制方式来自生活被赋予特殊任务或者使命，比如机制建设或者保存和改造一家企业，它们也可能会借助在其他方面可疑的手段来辩护。权衡的任务会变得更加混乱，如果涉及能够坚持一个毕生的事业，比如一件艺术作品，在此之中更难以将本己兴趣与对他对于他者和世界的内在价值与意义的评估分离开来。不过，道德生活最重大的意义包含在这样的生活关系之中，在此之中，人格和他人通过给予与获取而长期联系起来，并且他们在给予与获取中相互听从。家政、水手、家庭在所有文化中都是这种具有决定性意义的实在性，它们具有远离普遍规范的约束力。

因而，人格和社会秩序处于不同起源的关系之中，这些关系都植根于他们作为主体的建制，但是各自植根于他们的主体性的不同方面。从自身关系本身导出的共在维度之所以被视为基本的，是因为我们由此理解了，为什么主体无需任何进一步的中介也能够知道自己进入那些广阔伸展的秩序之中。但是，社会秩序的生活意义显然不是从共在出于自身关系的这种发生出发来理解的。

我们要特别研究道德意识和社会秩序的关系，因为对这一意识的理解是这些讲座之前的论题。如果我们在这里研究赋予人格的共在以意义的一切动力来源，那么我们就必须彻底重新开始。由此，人——他们必须被引导着走向自立——的有限此在或许就是共同的出发点。从性直到获得主体可能被拒绝的承认，许多共在维度都从这一基本处境出发并开展出来。由此我们明白了，忙着眼于切近领域中的一种共在，它自身也有威胁其他秩序的倾向，与此相反，为承认的斗争则在涉及人格在广阔伸展的秩序中定位时进行着。所有这些导致了生活动力学中的诸多复杂体，它们在这里还不予考察。正是因为这些复杂体，生活的道德维度——它不能被还原为其他维度——也被卷入许多冲突之中。我们的线索排除了，也将这一相互依赖作为论题。

但是，谁要回顾了所有讲座的思路，他就会注意到，无论以何种方式观察我们一直研究的一切共在的方式和秩序，就主体性而言的两个基本论点也实际有效：主体的个体性和他的双重地、逆向地向世界和他的根据的伸展。

这第一个基本论点所涉及的就是共在中的生活动力学总是被理解为即时个别主体的动力学——不谈主体在彼此关涉中理解自身的方式和在这一理解中行为的方式之间的差异。他们考虑到他者，并且和他们合作行动。但是在所有这些中，归根结底是各自个体的生活进行着——出于规定了这一个体生活的种种根据。在人们最可能会期待他者这种情况下，这一点最清楚：也就是在道德情况下，在道德中，主体——他以新的方式理解自身——总是个体的主体。他的责任，他作为道德存在者承担的责任，完全是他的责任。正是在这样的责任中，他本己的生活实现了——情况也会是如此，即便这一生活知道自己是出于人行动着包卷入其中的秩序而得以可能。

与此相反，在一切证成中，另一个基本论点还没有获得根据总体思想状况而必须归于此论点的分量。它涉及为一切主体性预设一个根据，在之前的分析中我们总是一再需要做出这一预设。虽然一切对共在方式的阐释的目标都是突出人的主体性对于其共在方式的构造意义。但是至今我们只是满足于从主体建制中那些和在世界中定位的主体的思想相关的因素出发。在第一讲中我们已经阐明，对于主体来说，除了向世界的伸展，也还有另一种伸展运动是典型的：向世界——他自身在此之中定位——伸展，相反地对应着的是对根据的勘察，从这一根据出发，主体能理解自身，倘若他们是主体。

在至今对共在方式的阐释中，我们还没有顾及第二种运动。但是，鉴于逆向的伸展运动的相关性，我们就得假定，为了理解共在方式，不仅必须回到主体性，而且必须回到转向他自己的根据的思想。由此我们期待，先前的几点阐释必须再次被采纳，如果在对共在的反思中，从现在开始另一种与世界关涉相反的主体性的伸展运动也被引入进来。

十、本质性的共在

人格是高度复杂的存在者，这一点是奠基于其主体性的。他们能够同时在不同的秩序中理解和定位自身。他们的理解和自身定位是高度机变的。此外，他们也总是要在规定他们的生活的因素之间获得秩序和平衡。即便他们像通常情况那样躲在一种习惯态度之中，这也是通过抵制一种出于种种动机的苛求而发生的。之所以种种要求常常会从外部催促他们，只是因为它们在主体中的共鸣使它们能够这样。主体性在这一抵制中变得僵化，否则他或许会看到自己被指明了一条通道，在此通道中，保持为同一个主体的意识一致性必须真正首先在改变以及扩展的自身理解方式的检验和开展中证明自己。意识的这一机变性是发展为成熟的生活所必须的。它开辟了一条延伸缠绕的道路从已经在母体中的共生经验直到自身定位为国家公民和秩序中的一员，其中包含了几个有计划的秩序。意识在这条道路的各阶段上发生变化——一方面为了稳定个体生活的主体位置，另一方面通过它能够看到和理解它被囊括进秩序之中的方式。

只是因为它的对立面，任何社会秩序也都有一种依赖性关系。处于秩序之中的意识，也总是同时意识到，不只是出于自身而得到证成。这也适用于首先创造秩序的人——除非他同时能够与它完全保持距离。依赖性也表现为，处于秩序之中的生活如何由此经验到自身的可能性的提升、受限，或者投入关联体之中，如果没有秩序，这些关联体不会对他展开。在某种程度上可以说，人会因为他的归属于秩序而能够被彻底改变。但是这些变化并未涉及他的主体性本身。即便在道德意识中，主体也只是投入到一个改变了的朝向自身的视角之中。因而，只要关于主体所来自的根据的思想对于理解他们的被包括进秩序中是有意义的，那么它自身就可以分节表达为关于可将主体规定为他们不是出于自身赋权的主体的结果的思想。当主体认同一个广泛伸展的秩序时，这一思想也肯定起作用。不过，关于主体性根据的思想也并未由此规定他作为主体处于共在中并且行动着的方式。

我们首先要能够谈及在主体存在自身中进行的转变，唯当在人格中，这种思想摆脱共在中的经验关联，即从他的主体存在的根据出发进入其主体性的一种运行。这一思想不能单单从共在经验中产生。也有在个别主体的生活中进行的主体性发生改变的经验。但是，如果这一经验完全受缚于共在方式，那么它就包含了，这一共在的主体不再只是将自己理解为主体，他们由他者或者共在秩序引入某些条件或者道路，或者为他们而开启。然后，他们把他们的共在理解为一种行为或者一个事件，在此之中，他们自身所是，与其他主体的主体存在一道超越了主体各自的个体性——但是是这样的，即他们作为主体似乎并未消失，而是毋宁说他们自身能够得到提升。

20世纪的几位哲学家已经给予这样的经验以对于其总体思想的关键意义。由此，他们接受统一哲学的动机，它——源自柏拉图，从沙夫茨伯里（Shaftesbury）出发——已经在18世纪成为相对于讲台哲学的反潮流。这一潮流已经引发了，对主体的共在的追问最终必定通过反思其主体性而被推进一个独一的进程。以雅可比和赫尔德为中介，在黑格尔和荷尔德林早期著作中的这种统一哲学也尝试让学院哲学超越至今的博学和理论沉思的界限。

在20世纪，这一柏拉图式的动机分化开展——远离统一哲学的激情，但是具有相似的相对于诸哲学学派的反立场。我们只提两个例子：卡尔·雅斯贝尔斯已经引入今天全世界都在使用的陈旧的词"交往"来表示相互证实的过程，在此之中人们彼此意识到，什么构成和承担他的生活。对于雅斯贝尔斯来说，哲学思考的真理关涉最终奠基于这样的交往，并且只是在此之中得到证明。马丁·布伯将通过经验和称呼对方为"你"而相互遭遇的同人关系描述为一桩事件，它不可能来自一个人格的

"我",因而也不可能来自他的他者。这是这样的事件,它在他们之间发生,由此他们两个人也改变了他们的自身关涉,由此他们首先经验到自身在一切他们特有之物中得以可能,并且得到确证。

对于这两种本真共在的阐明来说,超越关涉是本质性的。雅斯贝尔斯的说明很好地联系到了生活展开的意义——柏拉图将它归派给哲学对话——和友爱的道德意义,就像亚里士多德所描述的那样。与此相反,布伯的构想采纳了爱的神学,爱源自上帝,并且也只有它让上帝自身在人的共在中恰切地被经验到。

因而,通过比较两者引发人们思考,是否雅斯贝尔斯违背了他的意图,过于将作为交往方式的对话置入一个共同的观念勘察的切近领域中。与此相反,根据伽达默尔,它被理解为一桩事件,在此事件中,真理的开启与理解——它为生活运动所承担——视域的变化一致。至于布伯,我们则要提出反对意见,他总是一再倾向于不考虑彼此敞开生活的人的自身关涉。

如果揭示一种经验的种种尝试的彼此距离如此之远,如果它们看起来适用于同一现象领域,并且也依循同一基本意图,那么它们必定处理的是一种高度复杂的生命活动。在此期间,我们已经考察了这样的前提,去多层次地探寻这一复杂体,而没有降低生活意义,它由如此多的哲学家赋予了一种共在的关键性经验。

这一生活意义包含了,也来自于在这一经验中展开了共在的深层维度,它或者完全缺乏其他形式的共在,或者在它们之中只是间接地和不明确地起效。它在这一点上影响和改变了主体意识,即它完全排除了可能性,将本己主体经验为相对于共在更为原初并且总是经验为先行于它同时被卷入其中的整体,且与此整体保持距离。这一共在从他者,也从我自身产生。既然这以完全同样的方式适用于两者,那么在经验中必定有某种他们自身不能导入和获得的东西与他们一道发生。相对于他们的自身存在和主体存在来说,它也仍然既不是陌生之物也不是一个他者。因为这一共在似乎不会只是通过主体性或者在主体性上发生。毋宁说,他在这一事件中经验和理解自身为他自身,并且甚至被提升。

如果现在涉及在主体性说明的框架中正确评价这种经验方式,那么为此作为理论说明的手段,唯有与主体性的根据的关涉可以考虑。主体性在与世界展开相反的运动中也注意到探寻关于其根据的思想,它自身不会被揭示为在世界中的与料。作为主体的根据,作为在此之中他的主体性进程一贯得以可能的根据,这一根据不能被设想为像是引发着的、不断获得的原因。由此首先使得我们有可能归入诸主体的不是各自本己的根据,而是他们共同的根据。然后,这样的根据将同样出现在其中任何一个主体中。但是,这就进一步使得我们有可能设想诸主体处于一种彼此关系之中,此关系将他们的主体性进程结合起来,并且导致这些进程能够彼此交织,这样,他们自身是其中的两者在共在中交互进行。只有这样才能理解,他们能够在共在中完全地、提升地经验自身。

在这一思想中,使得主体性可能的进程与主体性的运行相合。但是,这也不仅是一种关于一种共在方式的思想。它也可以保持与对本真共在的经验一道。人们甚至必须更进一步说,这一思想本质上属于这一共在的进行。因为在此之中,通过自己而成功的经验与经验到这一经验的不可支配性和意识到对生活根据和状况的深刻揭示如此紧密相关，以至于它同时也给予这一经验以固定的、明确的形式。正是通过这样的思想，超越关涉在这样的共在经验中表达出来。一种成文宗教中的任何立足点情况也是如此。这能够并且必须唤起这样一种被思想支配的经验作为它的可靠来源。

现在，我们从这一关联出发来把握，通过什么这一本真共在的经验区别于一切主体被秩序的内包，也区别于道德意识。秩序关涉由主体存在自身设定，它证成了一种共在，但是是这样的共在，它预设了任何主体的自身关涉是完全不相关的。道德意识在主体自身的深度揭示中形成。由此也对他的共在产生完全直接的后果。但是，只有诸主体的关系——它同样来自道德意识——依循本真共在的模式，这一关于主体存在的自身经验也才会回到主体的共同根据。

通过这少数几点已经澄清了，我们到达了一个点，在这一点上有必要扩展研究视域。现在必须进一步探寻关于自身存在的根据的思想。布伯和雅斯贝尔斯在他们的阐释中让超越维度直接就来自本真共在。但也应该有可能在思想中扩展这一维度，这些思想并非临时召集，毋宁说它们已经和主体性分析的基础相关。于是，主体性的自身理解的关键性经验也完全出于自身而被描述和把握为嵌入这样的关联之中，并且归属于它——就像当开始提出思辨逻辑时，黑格尔曾经意图的那样。

但是，在这里我们必须停留在这一展望所达到的点上。最后一讲应该在思想领域中迈出几步，由此，主体向其根据的返回就可以获得一种富有洞见、条理清楚的有根基的建筑形式。

即便在那里，刚才提出的展望也只能够在结尾处再次实现。因为最后一讲的目标是，规定自由的意义，这种意义被嵌入关于主体性根据的精心思考中——并且是初始的、但也是在自由的可能意义的序列中基础性的自由意义。这种自由意义却是受缚于个体的行动，而非他的共在。

与此相反，这一讲还有另一个任务有待处理。关于主体在其中提升为它自身的共在，至今还只是很少说及。但是，与阐明这种自身存在的方式的任务一道，人们又提出了另一个任务，在一切共在方式的关联中把握这样的共在，这些共在方式可能很容易与它混淆。有限的、躯体化的人的意识生活在许多条件下进行。我们已经努力从一开始就在阐明共在方式时考虑到它们。但是，本真共在如何能够形成和进行，这不会不为这些条件所触动。由此产生了完满共在的经验和理想之间的分化，它们在统一哲学史中总是一再被略过。在上个世纪的主体间性理论中也留下了对它们考虑不足的痕迹。

爱是极其重要的词，但是只具有表面上明确的关系。种种早期文化已经有不同名称来区分不同的爱的方式，并且将它们归入不同的神。显然人们需要一种从一开始就很复杂的思路，以便不仅能够把握诸种爱的形态，也能够把握它们的内在关联。对于人的生活来说，有两种情况是典型的：它们的差异，它们在某些情况下的鲜明对立，但是也有统一它们的可能性。

人们通过引入一种文化而被引导走出共生的生活形式，走进他们作为主体的生活。在这条道路的诸早期阶段，他们就知道他们遭受危害，依靠可靠的照料，并且与此一道经验到世界的神圣完美性，在这个世界中这一照料无微不至地包围着他们。

他们被包卷入这种方式的共在之中；由此他们受到鼓励去占有他们自己的东西，并且同时也努力走向它。在发展心理学中，可以理所当然地认为，任何持续地对共在所奠基于此的纽带关系的信任之扰乱，都会因为终身的扰乱而导致长期的损害。一个成长中的人还仍然尝试着固结在孩童时期的关怀共在，这也导致了扰乱——也就是导致固着于一种纽带关系，它排除了去获得生活的扩展和主体只能从独立获得的世界关涉出发而处身其中的另一种纽带关系。

这些关联属于奠基于生活经验的日常识知，这要比成为精神分析的基本识知早得多，而首先是通过弗洛伊德，精神分析才获得这些关联的。但是这也让进一步的问题得到了理解：为什么人决不能沉湎于回忆遥远孩童时期的纽带关系经验从而厌恶自己。人们应该这样去回忆，以至于在它之中总是仍然有希望，被回忆之物不会完全属于过去。因而，我们能够重新获得一种共在，在此之中，生活最初的安全感从总体上和自身存在的自由相结合。

这一希望引发了许多关于在人类历史合理性中的三步骤学说。据此，和个体的发展一样，文化的发展也是起源于饱满的直接性，经过分裂和潜能的开展，达到更高阶段的新的统一体——三步骤，从赫希俄德直到黑格尔，它贯穿着并且很大程度上支配着历史哲学。在主体性理论的系列构想中，这样的三步骤也属于最常见的思维模式。人们更有理由去注意，总是从这一范式中散发出来的诱惑力不要导致将人的生活动力学把握为一维的——情况亦是如此，即便关于生活进程中的三步骤的观念不必丧失它的意义。如果被把握为一维的阶段系列，那么这一动力学由此同时也就会失去其复杂性和潜能。虽然人的希望并不在于他要脱离他的起源，但是同样也不是想要在更高阶段上重构此起源。

在其开展的主体性中，人格的共在不可能毫无疑问是一致的东西。共在必须通过世界道路和自身理解的道路之间的冲突而渐渐习惯起来——首先习惯于诸道路的相同分量和彼此充实，然后习惯于它们的融合，它超越区分，通过关于生活根据的思想而展开自身。通过这样的融合，这一共在获得绝对的内在一致。它成了这样的生命活动，此生命活动绝不可能被经验为次级的并且不完满的生活可能性。但是这一确定性来自全面意义上的对话，它决心以勘察的方式一并进行他者的生命活动。一开始这样的遭际必须尽可能地去感受和寻找，然后常常令人惊讶地成功了，并且进一步重新得到证实。接下来的这一对话能够为可靠的共同性经验所支持，并且广泛伸展，达至成熟。

这样的共在并未将人置入一个在理念中并且通过理念而统一的彼岸世界。正是脆弱的人格作为主体处于这一共在之中。因而，他们知道他们早期孩童的安全感经验。由此他们也有可能，彼此相互向着处境活动，在此处境中，对作为孩子的安全感的回忆也得到反响和一种重复。在这种形态和气氛——成人给予它们当下的可靠性——中，那些不能通过回忆而再现之物还能够得到一种对应物。

但是这也不是那些本质上完全不同的共在动机的单纯汇编。因为孩子在成人的关照中感觉到安全。孩子可以在共同给予的安全感中感受到父母和家人的共在方式，并且由此有所预见，即他自身作为主体能够由此加入本真的共在。回忆早年在一种

244

纽带关系中的安全感，也就是回忆那些默默关怀他的人们生活中的亲密关系。虽然文化的力量和可靠性肯定不能转化为这一传统形成的基本事件，但是也不能脱离它。

许多其他因素也可能影响主体的这种共在方式。性紧张和性吸引会让人上瘾，但是也可能会导致主体性从躯体共在的经验出发来强化自身，并且为差异化而被开启。如果成熟的共在导致自主和差异的协调，那么对于它来说，通过两性——它们同时还知道相互依赖——的张力，最切近的也是最丰富的领域就为它的形成而开启了。

不过，人的其他生活趋向也可能集中于这样的成熟共在，并且同时也彼此紧密相连。从其中两种我们已经谈及并且由此也导出了一种本己的共在方式的趋向中，我们很容易看到：认同某些秩序的趋向奠基于主体的建制。这一趋向也可能转向本真共在能够在其中实现的小圈子。从道德意识中产生了向着受缚于一种实在性的责任的趋向。这种趋向也能在这一共在中得到满足。此外，本真共在也已经从自身出发证成了一种责任，它将在此共在中生活的人束缚在相互关怀之中。

但是这也往往让人们说，并不会是因为意识生活而使得他的一切趋向都集中在一个独一的实在性之上。那样的话，主体的世界关涉的伸展以及这一共在的丰富性自身也会受到限制。同一性平衡——这一生活也在最本质性的共在经验中放弃了它——将丧失其灵活性，并且被凝固在一种汇聚于一点的同一性之中。相对于它，就只还要平衡生存关怀中的诸角色和人格的诸种义务，这些义务来自基本道德规范。

主体总是活在对他们自身无法支配的根据的意识之中。他们可以将这一根据视为实际的事件，比如在其神经主导的躯体中高度复杂的进程。但是他们也可以将这一根据在思想中展开，在此思想中，一种状况被指派给他们的生活进程，它并未转化为一桩生活进程不可取消的事实。这样的思想是不可或缺的，即便也只有道德意识应该被包含在对这一生活未歪曲减弱的理解之中。但是它的这种与根据的关系就是与主体个别生活各自根据的关系。有很多共在方式根本不要求其他的基本关系。这样，一个人通过让自己的生活服从于一项伟大事业而赋予它意义。一切主体都应该可以总是以这种或者其他方式而看到他们的生活还可以立足于不同于智人繁衍的规则，由此什么也没改变。

但是，如果人们在共同展开一个世界和在这一世界中建立一个共同生活领域上彼此遭遇，那么他们就不会只从他们生活各自的根据出发来理解他们的所得。他们必须将他们的生活根据思考为并且经验为与他者的根据相互缠绕。他们的经验让他们这么觉得，这一点本身就是一个特别持久的动机而让人不把本己生活的所有作为都理解为不可避免的事件，而是在一个完全不同类型的根据的照亮下并且出于对根据的经验来理解它们的。

生活能够被改变的本质性遭际和来自这些遭际的纽带关系在人的诸多共在方式中肯定不会成为正常情况。在日常的社会世界中，并且也在意识生活的复杂动力学中，它们可以被视为边缘现象和例外经验。但是从它们的可能性出发，一切其他的共在方式也可以得到考察，并且进入一个改变了的视角之中。在何种程度上一种共在只是必要的，或者在何种程度上它仍然是偶然的和附带的，这最终在可能的本质性共在的背景前得到衡量。

这样，一个可能的深厚饱满的维度就在一切日常共在的背景下张开——大多数人从他们的孩童经验中都有可能已经体会到的一种饱满。只有通过喑哑的听天由命，人们才能忍受这些脱离了或者长久失去了这一可能性的关系。我们遇到的每一个人都能够并且应该为我们感知为一个这样的人，他能够或者实际上就以他特有的方式处在本真共在的经验之中。虽然对人权的说法的证成需要完全不同于比如道德的根据。但是空洞之声和高谈阔论也不会从它那里消失，只要在人的概念中不是一并想到，他的主体性必须在一种对于他来说完全本己的共在中实现，并且他应该能够这样实现自身。

第五讲　统一性、个体性与自由

一、外推思想

在之前的讲座中，我们已经处理了几种识知方式，它们对于任何理论的思维方式来说都是必要的前提，但是它们自身不能转变为一种理论的识知。对于所有这些识知来说，每个人在其自身意识中都具有的关于自身的识知是基础性的。

这一自知不是出于诸构建它的成分来把握，或者出于它所由来的条件来说明的。如果人们谈及它，那么他必然涉及实际进行的识知。它不能被产生出来，而是说注意力必须摆放在并且集中在这一已经出现的识知上。这一识知自身在某种程度上是施为，当诸思维方式和识知方式毫无间隙地紧贴着它时，而它——比如客体思维——自身只是被理解为活动。它也在这一点上是状态，即它是完全不变的识知，此识知作为同一物贯穿所有这些施为，无需可认识的活动起作用。

在第三讲中，我们谈及道德意识。它也不可以转换为理论识知，但也不是从理论识知由以出发而形成的自身意识中导出的。人作为在其自身意识中构造的主体，在其道德意识中包含了深化了的自身揭示——并且是这样的，以至于从现在开始，他在其作为人格的行动中将自身理解为一种变化了的意义上的主体，并且如此施为。因而，在任何自知中都有不可扬弃的实际性，这一点通过道德意识再次得到证明，尽管是以另一种方式。

这一实际性是在自身意识以及道德意识中一并进行的识知的部分。这一实际性同时也是一个能够在理论思考中确立，并且能够就其内涵和后果得到权衡的事实。这样的思考也导致几个结论，它们在先前的讲座中已经被提出来了：（一）自身意识必须预设一个根据。任何关于这一根据的进一步的思考都不可以忽略一种特殊的处境，它由此被规定，即自身意识不仅不容许有推导，而且也不容许有完全的阐明。（二）在道德意识中，通过自身意识展开的主体意义得到扩展和深化，无需将这一意识归入其他的根据。这一根据使得主体在所有构成他的方面，也包括他的自由得以可能——无论在何种意义上来理解它。

由此，我们在总体上为理解主体性确立了框架条件。但是，我们的思考尚未伸展出主体的自知这一事实和从这一自身意识出发的诸思维方式。我们同时也已经看到，源于主体性的思想实际上进行着这样的伸展——并且是出于一整系列的根据，这些根据在他自己的动力学中起作用。我们要回想一下其中的几个根据：（一）在世界——它向主体联系着其贯通的自身意识而展开——整体中，主体作为人格有一个位置，他的身体占据这一位置。但是他不能从这一位置来把握自己，倘若他是主体。这样，他必须同样进行向他的根据和向世界整体的相反的伸展，主体被包含进这一世界中，而非像在自然科学的世界图像中，甚至根据它的形式结构，主体概念就已经从世界中排除出去了。（二）如果主体愈加为对他的生活状况的追问所催迫，并且陷入方向的冲突中，这一伸展就变得愈加紧迫。这一问题涉及，主体知道他不能深入研究的根据属于其中的整体是否与他的生活协调一致，或者是否它对这一生活来说毫不相关，以至于生活能够在此之下进行的任何肯定都必定只是出于它自身而获得或者设想出来。（三）在基本规范下的道德行动包含了对行动者能够为后果负责的确信。改变了和深化了的道德意识也知道自己进一步地受到生活关系的束缚，它将一种状况归派给这些关系，即这些关系不能只是归因于处于这些关系中的人的意图。因而，道德生活的维度强烈地渴望获得某种形式的理解，由此，主体性的根据和他的以整体为旨归超越了可知世界的界限而融入一种唯一的、封闭的理解之中。对在其本真共在中的人之共同的生活根据的意识指向这个方向，并且也在这个方向上起作用。

　　在人类历史中，这一趋向总是已经不可阻挡地起作用。人们能够将神话解释为关于意识生活的起源和状况以及由此奠基的机制的构想。宗教同样是指望获得这一起源和那些赋予生活以意义和保护的力量的尝试。在此之中起效的自身理解的实践活动总是同时鉴于形形色色不可把握的人的命运，为了生活情感的安宁、深化和提升而进行。但是，它们的核心是思想。没有任何神话和宗教不需要某种植根于主体性进程的思想。在神话和宗教中，这一思想当然是不明确的，并因而不知道它自己起作用。它以诸历史的筹划为中介形成，而诸历史之所以能够作为有约束力的生活基础被引入和接受，是因为它们具有展开生活和保护生活的意义。但是，如果在它们之中的思想自生自动,那么它就成了哲学,与此一道,神圣文本和宗教性的理解方式——它们排除任何其他的相关选项——的权威就丧失了。

但是即便如此,这一思想也不会变成理论认识。首先,为此奠基的动机保持不变。这一思想仍然为意识生活的动力学和这一动力学所卷入的问题所规定。从现在开始,它也澄清了这些问题。其中的一个后果是,不同于宗教,它不能宣称,通过开展一个构想,它也已经对此构想的真理性做出了决断。主体在这一构想中再次认识自身,他们将它融入他们的本己生活之中,因而能够自愿地接受它作为在本己生活中的自身释义,而由此才首先做出了这样的决断。

进一步说,这一思想的建制自身也不同于理论认识的建制。虽然这一思想将行使着与在主体性进程中的思想,也包括理论认识由以形成的同样的基本功能,但是在要融合主体性的反向伸展的思想中,这些功能也有其他用途。现在它们既不会有助于阐明和分析主体性动力学,对象认识也不会通过它们而建构起来。它们伸展到一切被给予主体之物以外,并且它们尝试尽可能一下子总体上理解主体性、他的根据和他属于其中的整体。在某种意义上,这一思想必定是综合的,并且由此是外推的(extrapolierend)。因为它的构想不会被解读为或者适应于某种实在领域。它只是作为得到证成的筹划而被获得。进一步说,它是悬设的(postulierend)——并且在这一点上是这样的,即它不会涉及去证明它的真理性。它只能表明是一致的和可接受的——即使相对于一切其他的相关选项。但是它是这么做的,即它使得主体性能够获得一种自身理解,这种自身理解正确评价了所有得到阐明揭示的因素,并且也让所有这些因素包卷入一种富有洞见的关联之中。

这样的构想的第四种特性是，它伸展出主体性的自身反思之外，但是它不可能简单地只是依附于对象世界或者行动世界的世界形式。在主体性的根据与一个不为客体世界的形成条件所决定的整体相合之处，也必须引入不同于使得日常实践方向和对象性认识得以可能的形式关系。尽管如此，既然这样的构想来自主体性出于其原初的世界关涉所熟悉的世界形式，它就必定是出于有考虑地修正对此世界关涉的基本功能的运用而产生的。因而，为了是综合的，这样的构想必然会被迫使用修正的（revisionärer）概念形式。

这四种特性重新澄清了，神话和宗教不只是被理解为一种思想——它没有规范，只为它的愿望所推动，并且它诉诸过度的想象——的创造物。毋宁说，它们由此而构建起来的纲要出于在主体性的建制之中的思想的冲动而开展。如果这一思想采取了哲学的形态，那么人的想象力就不会再像先前那样不间断地和这些冲动结合。因而，思想本质上所是之物就不再被提升至一个密集的象征系统，此象征系统改变了日常的世界图像，并且其丰富性超出了这一图像的范围，此外也将所有成员的自画像融合进来，因为此日常的世界图像稳定了群体生活。现在，思想外推中的有方法的自身反思取代了象征构型。与此相关的自身批判必定导致主体性由以超越自身的构想还必须放弃另一种诱惑：他也不会用形而上学的科学——它尝试接续科学的世界图像——来代替对日常经验的象征塑形。这再一次导致，关于使得意识生活的自身理解得以可能的构想的思想不可能获得这样一种内在的分环勾连，它的丰富内容甚至超过了日常世界或者科学世界。但是，这一点长期以来却只被人们视为是一种缺陷，只要人们没有注意到，这些通过超越而获得的关于一个整体的思想仍然受缚于主体性的形式和进程。通过这些思想——它们也可以被称为"理念"——主体性获得了最广阔的视域，在此视域中他能够获得他根据其基本建制所追求的自身理解。但是，这一视域本身被分节表达的方式在其分环勾连的程度上必然不逊色于形式的基本建制，此基本建制包含了无法估量的多样的日常和科学的世界内容。

二、根据与意义

现在我们由此已经开始，将这种思想推进一步，它以外推的形式附着于主体性的基本形式上。这样也就指明了，它如何必定已经从第一步就采取了修正的概念形式，以及此外怎样的证成形式由此产生。

构造主体的自知不会出于自身而得到把握。因为对它的分析指明，任何这一分析会专注于此的它的因素都已经以在主体的自知中的自身关涉为前提了。因而，如果这一自身关涉进一步要求根据前提，那么这一根据必须符合构成这一自身关涉之物。由此再次导致，必须归派给根据以特殊的、不寻常的性质。它不能像一种建筑那样使得自知的形式得以可能，而此建筑一旦建立，就自承着存在下去。因为，如果是这样的，那么虽然自知形式的发生并非必定会出于它自身而得以理解，但是自身意识形式的存在必定会如此。因而，这一根据也不可能被思考为事件，它引发另一事件，而这一事件就进一步出于自身在一切思想中持续。因为自知是稳固的、根据其形式不变持续的识知。即使它也根据其形式而需要证成，那么这一根据必须是，这一识知存在多久，它也就持续多久有效。人们由此而不能将它设想为就像是大密度重复的因果事件。

倘若它是自身意识的形式和实在一体的根据，那么它就完全不能对应于亚里士多德所区分的四因中的任何一种。虽然它也和形式因与质料因一样，都不可能是外在的根据。它所证成之物不可能被设想为脱离了它。就这一点而言，根据是当下在自身意识中，但不像形式或者质料，它们使某物成其所是。因为，通过这两者，它们所证成之物也从根本上得到刻画。但是，主体是通过自知和奠基于此的自发性而得到刻画的。因而，他的根据是以疏离的模式但又一贯地与他紧密相连。只有这样才至少产生了思想轮廓，它并未反对主体说，虽然主体并非自身证成，但是主体能够具有自身活动和自身规定。就这一点而言，根据被认为是内在地使自身活动得以可能，而非使这一自身规定成为单纯假象的隐蔽原因。

通过这几点思考，我们已经标识出：虽然向根据的回推是合乎一种完全正常的推论的；但是此回推导致了一个根据前提，此根据被归属给了一些特性，它们不再可以以同一方式被称为正常的。这不会令人吃惊，因为任何回推都超越了主体性的自身意识，因而也超越了在他展开的世界中的证成方式。因而，这样的根据不仅疏离可知之物，而且与这些证成方式比较起来，它也根据其形式是不规则的。由此也以另一种方式标识出，为什么在这样的界限上的外推思想的概念形式不得不是修正的。

由此，在这一界限上也让人感到有陷入泥沼的危险，并且失去地基。但是，走向修正的思维方式这一步是不可避免的，这一看法可能会变得更加容易，如果人们考虑一下，道德意识必须被设想为卷入了主体性的自身理解意味着什么。在倒数第二讲中我们指明，在道德意识中，关于构成主体之物的识知得到深化。因而，被视为先行于主体根据也必须被设想为道德意识的根据。不过人们仍然不可以将道德意识设想为它所陌生的原因的产物，否则就会由此完全直接推导出，它本己的自身理解没有能力具有真理。取而代之的是，人们也可能想将道德意识理解为主体性的产物，此主体性想要是自足的。但是这条道路同样也封闭了，因为主体性已经不得不预设了一个根据。因而，人们也不得不通过主体性而为道德意识来考虑一个根据。但是这一根据必须是这样的，即它能够使得自身规定这样的事情得以可能。人们要能够接受这一点，唯当根据前提并非已经排除了，自发性和自身规定能够被设想为结果。因而，关于根据的思想必须以一种正常的认识进程不会使用的方式而被把握。我们可以想象，建构一些装置，它们的动作由一种设置好了的机制引发，或者通过一种随机发生器而开动。但是，关于一个自身规定的主体的产生，我们还根本没有概念能转化为一种认识，关于一个主体——他的自身规定通过一个根据得以可能——的情况同样如此。但是，既然我们不能将有限主体设想为它自身的产物，那么关于根据的思想——我们必须将此思想运用到他们身上——就必然接受这样的地位，即属于修正的存在论——除非人们想要将它视为平凡的真理和自明接受的前提，即一切识知以及随之而来的自知都是一个事实，它在物理学所描述的自然中得到说明，即便我们自己永远无法给出这一说明。

我们还是刚刚开始考虑去勾画外推思想的构建。这样，这里还不是追问自由的意义的地方。但是接下来我们应该指明，为什么人们一定不会赞同这样一些人，他们认为，自由只能被理解为一种特殊的限制方式，也就是说以这种方式考虑的结果，因而充分权衡了的根据引发了一个人的行动方式。但是，如果严格意义上的自身规定被接受，那么就像现在已经可以预见的，我们就触及了常规的说明方式的界限——虽然今天许多人认为，必须不惜一切代价逃避由此产生的后果。

在这外推思想的第一步上，现在必须紧接着进行第二步。第一步从主体概念出发。但是，外推思想不仅作为回到自身意识之后的步骤而被引发。另一个动机来自，对于诸主体，在世界整体向他们展开的诸形式中，不会给他们保留位置。就像诸主体预设了根据，他们也必须面对主体本身被卷入其中的整体的思想，不管它是怎样的晦暗。这一提升是在回到主体根据的方向的反方向上进行的——不是从主体概念，而是从世界概念出发，并且超越它。但是两者都是外推的思维活动，它们都是主体的自身理解的因素。因而，关于主体根据和包含主体的整体的思想必须汇集起来。外推思想由此作为综合思想进行，就像我们所说过的那样。

对于任何主体都适用的是，他是一个个体。由此，这一个表达式——并且完全在通常的意义上再次——被接受，它接下来在完全不同的框架中被赋予重要的位置。在主体中预设的根据是他内在的根据，并且与主体性的施为始终紧密相关。因而根据必定在这一点上被设想为个体化的，即它与个体化的主体始终保持联系。如果根据和主体整体这两者相合了，那么就产生了一个任务，将主体是个体的方式和他们作为个体彼此共存的统一体设想为唯一的关联体。

当我们寻求进一步规定主体必须预设的根据时，我们就已经明白，有必要通过这一步超越对象性的可指明之物的领域，并且运用修正的概念形式。对这一步的补充过渡到一个包含了主体的世界概念，这同样也是在这样的边界上进行的。这样的整体概念也必须以修正论的概念形式来构想。否则，甚至从一开始就不可能把这一概念与主体的根据汇集起来。

人们可以澄清（并且我之前已经从多方面尝试指明），在这一界限之外，世界形式和它的内容之间的区分——它是"自然的"世界的前提——不再可以以同样的方式继续存在。这一差异可以由此得到说明，即在这一世界建制中一个主体被预设了，世界为这一主体以对于这样的世界来说典型的形式展开。因而，如果这些主体自身被认为是卷入了世界整体，这一差异必定会被取消。这又导致个体也必须被认为和整体有着另一种关系。这种形式不再是相对于在其中出现的内容的另一维度。与此相反，这些在构成它们作为个体之物中的内容将可以从世界形式本身出发来理解。世界的形式和内容由此被认为是在一条道上，并且彼此不可分。在这里从主体思想中发展出来的同一个关联体，完全直接地在古希腊哲学其中一种最古老的基本思想中得到表达。它明确表达出了在关于一个整体的思想中包含的惊异之物，并且首先是奇怪之物，而此整体被认为无需进一步的条件，用一种确切的说法（不过这种说法听起来也像一个有魔力的词）：世界必须被理解为万物一体（All-Einheit）。

由此走出了第二步。现在请注意这样的形势，它就产生在这一思想和另一种之前已经通过补充地从主体过渡到他的根据而获得的思想之间！在这两种思想中，这两个因素之间的一种特别紧密的关系得到表达，一方面在主体和根据之间，另一方面在世界形式和个体之间。这两种思想在涉及这些因素上都是内在思想——它们是关于此的思想，即我们通常预设的差异不能以同样的方式引入这两种关系之中。根据是在主体性的施为中一贯的可能性根据；世界形式相对于世界内容没有构成其他维度。

这两种思想不是在完全同样的方式上的内在思想。以修正的方式构想的世界形式完全吸收了形式和个体的差异；意识中的根据只是和主体的形式与动力学尤其紧密相关。从这些条件——在这些条件下进行向这两种思想的回溯和提升——中直接产生了一个任务，即将它们融合为一个唯一的思想。首先是由此才获得关于主体实际上在此之中的一个整体的思想。但是，一种这样的融合预设了，主体属于其中的整体统一体，以及必然归于每个主体的个体性之间的关系已经可以进一步以修正的概念形式来说明。

在接着走第三步之前，要注意可以从两种内在思想中为主体的自身理解获得的一个结果。据此，我们可以这样阐明预设的和外推的思想，就好像是在处理某种理论研究方式。此外，我们也早就澄清了，这一思想和主体性的生活兴趣交织在一起。如果主体不是必须探明他们如何能够将他们的生活动力学引入对自身的基本理解，那么外推思想——它不理会可证明之物的界限——就只会作为一种思想游戏而产生。这样的游戏也预设了，在此之中需要一种运用理性的可能性，但是在此之中既未追求真理，亦未对作为主体的人格的生活方向做出决断。因而，我们有理由在开展它时也不忽略外推思想的生活实践的起源。

你们回忆一下之前讲座的研究成果，它们已经指明了，我们所谓的"意义问题"如何在意识生活动力学中从多方面显露出来。在这里，关于意义的说法并未涉及语言表达所意味的东西，也并未涉及一些因素或者组织为人们设定或者依循的目的而起的作用。意义能够在作为整体的人的生活中被找到或者衡量。现在，人们能够通过他们设定的目标而赋予他们的活动自身以意义。他们所是和所起的作用对于他者的生活也会是有意义的，由此他们自身也被赋予意义。但是，除此之外人们也会追问，是否他们的总体生活本身以某种方式——以此方式他们必然认为它是重要的——而被认为是重要的，或者是值得肯定的。因而他们问，他们的生活是否具有某种状况，它并非来自并且仅限于他们的成就和他们对于自身和他者意味着什么——因而是这样一种意义，它先行于他们自己的评价和经验以及实际上由他们成就的东西。这一问题超越了意识生活和一切只在此之中得到证成的收获。此外，也有可能主体属于其中的宏大整体自身已经具有意义，不过也有可能，只有从这一整体出发意识生活才具有这样的意义。这样的意义或许并非来自自身意识生活，虽然只有它才具有这样的意义。

道德意识研究已经澄清了，主体不可能单单凭借他们在他们嵌入其中并且尝试实现的目的秩序中的位置而具有这种意义。这样，如果意义获得明见性，那么它一定会在主体性自身的施为之中——总是已经存在并且独立于应得与所得。

但是，在考虑到这一点时，现在我们同时也指明了，一种自身理解——它能够思考主体卷入其中的整体与这一主体自身之间的内在证成关联——能够对于主体性的生活兴趣具有何种意义。为此，这样一种思想看起来就是不可或缺的，即主体性的施为能够纯粹自为地归属于一种并非来自它自身的意义。因为这样一种意义不会由某物或者某人从外部赋予主体。关于生活意义的思想——它很难具体化，但又是不容拒绝的，并且看起来无所不在——接下来只能立足于这样的思维方式，它从主体性出发通过回溯到主体性之中，并且进而超越主体性而构建起来。

看起来人们也必须预设主体性进程中的意义根据的内在性，如果人们想要理解，本己生活的意义根据能够对主体在突现的洞见瞬间中澄明如何可能。当在第二讲中谈及这些瞬间时，我们已经看到，它们并不能在任何方面都自为地保障并且长久坚持这一意义的肯定。这也与如下观点不相容，即外推思想绝不能摆脱它的悬设性，因而它不能完全转化为一种直觉的和准理论的确定性。但是，如果人们想要承认，这样的瞬间也只有能力在理解过程中得到保障并且变得稳定，那么这就导致了，人们需要从意识生活中的某种肯定着的意义根据的内在当下出发。并且，这种情况的可靠性也必定总是一再地在洞察生活和本己生活的诸瞬间中得到证明，即便它们不再能够具有这样的洞见第一次涌现时动人心魄的力量和清晰性。由此，我们也澄清了，世界整体的筹划——它依循修正思想的道路——和主体性的生活动力学如何紧密相连。从这一动力学中，任何外推思想都不仅获得其动机，而且最终并且首先获得其认证。但是，对此人们也明白，这一思想——它根据哲学传统可以称为"思辨思想"——自始至终都不是脱离生活的思辨事务。任何人,即便他只考虑宗教对于他的生活所具有的可能意义,都知道他的道路的基本装置——情况亦是如此,即便他既不能构建也不能依循这样的思想,即便他不熟悉它在高级的宗教象征图像中起效的方式。

三、万物一体与有限个体

现在我们可以过渡到这一外推思想的第三步。我们要探寻,如何设想个体在一个整体之中的自立性,而相对于此整体,个体和个别主体并非原初是自立的。主体性一贯地,并且在其进程中通过他的根据内在地得以可能,这一点不会导致否定他的个体性和自立性——除非人们愿意认为,这样的根据前提也已经确定导致了,主体自身理解之物和我们视为对于主体性来说典型之物最终必然表明是空洞的意见和虚构,没有任何实在之物与之对应。因而,毋宁说,这就导致了,要出于统一体——它是万物一体——的思想来获得关于个体性的思想,并且将个体性理解为是与它相容的。

由此我们已经在这一条思想道路上走出了一小步,它从赫拉克利特和巴门尼德直到柏拉图,然后再次从斯宾诺莎直到黑格尔,一直是一条哲学的主干道。

此外,从先前讲座的研究成果出发,我们不得不注意一个危险的标志:即便有限主体在其个体性中出于一个原初的统一体而被把握,此统一体自身不会也是个别的或者有限的,那么这也不会导致,主体凭借这一对他的个体性的肯定也就消除了他的一切弱点。他不可以被神化为这样一个个体,此个体趋向于某种状态,在此状态中它转变为它的统一根据的无限性。如果有限主体的个体性应该从这一统一根据出发来理解,以至于他也由此具有一种生活意义,那么这也必定在他的这一脆弱性的裹挟下发生。这一危险标志很容易为人所忽略,这一点表现在了关于内在的、由此消除一切差异的统一根据的思想史中最突出的代表性例证上。

完成这一任务的轮廓相对来说很容易从初始思想的逻辑中获得。在关于一个以修正方式与世界整体统一体对立的整体的思想中,统一体和个体之间的差异当然不再是原初的相关性。统一体和个体性现在应该不再像在"自然的"世界中那样被认为是关系环节,它们虽然彼此不能脱离,却具有各自本己的建制和来源。这一改变了的概念的修正论恰恰在于,从现在开始,无差异(Nichtdifferenz)构成了如何思考这两者的基本特征。

这一无差异必须在差异的非-原初性的意义上来理解,因而并不意味着差异丧失了。这一差异之所以最终不可取消,是因为修正的概念形成根本不能否定主体的和在其世界中向他们展开之物的实在性——既然它完全来自于他们。毋宁说,它应该以其他方式并且更深刻地理解他们。因而,如果在这个意义上只有差异的原初性被扬弃,那么就必须假定,诸多个体全部都被包含在这一统一体之中,因而同时也借助于它而被设定。同样,传统的表达就会说,原初的-自立的统一体必须被理解为万物一体。

但是,这也导致,人们必须归属给一切个体以一个基本建制,通过它们根本不能区别于在万物一体本身中的统一体所定义之物，因为否则这一统一体就不会包含它们，由此它自身就只是聚合的，而非包容万有的。那么同时人们会问，以何种方式这些个体会仍然包含在统一体之中，并且同时又是自立的个体。

如果人们面对这一问题，那么人们或许首先会尝试回答，个体在这一点上是自立的，即它能够转变并且扬弃自身进入它所归属其中的一切的统一根据。这样的回答不仅会接近于将有限之物无限化，而且是它的消极版本。此外，通过使有待解决的问题变得确切，我们就已经排除了这样的回答。根据修正的根据思想所从出的思路，人们一定会认为，个体通过它们与包容万有的统一体共有之物而成为他们所是的自立个体。

不过，有一种思想由此提上日程，它和这种首先看起来很容易想到的尝试回答直接对立：不可以归属给个体以完全转化为无限的原初太一（ursprünglich Einen）的趋向。毋宁说，借助于原初太一的无差异，个体具有万物一体本身凭借其缺乏差异的原初性而标识的自身满足的倾向。个体的完全依赖性和它的原初自立——它可以从包容万有的太一的无差异中得出——在这一思想的外推中一定会被认为是同一回事。

既然这一思想从意识生活的自身理解获得它的全部动力，它就总是表达了这方面的平衡，即它如何在主体性的自身理解中起作用和证明自己。如果人们从这一标准出发，那么他首先要注意到，修正思想如何能够结合整体的原初统一性和主体的个体性，因为甚至主体的个体性首先就处在主体的自身意识之中。他们是个别的主体，倘若每一个都自为存在，出于自身行事，并且倘若每一个都区别于其他主体，由此而是有限的个体。只有在这一前提下才能谈及在主体性进程中当下的根据，也才能谈及主体和某种统一体——它也先于根据和一切有限个体——之间的秩序,这一秩序自身一定也最终会在道德意识的开展中得到明确的安排。因而,这一任务在于,能够设想一种从关于一个统一性——它超越一切差异,并且是自足的——的思想向着关于有限的但是自立的个体的思想的过渡。

根据修正思想的逻辑,它也已经通过几个概念因素而获得了。此外,人们能够采纳一些思考,关于它们,黑格尔说过,它们对于他自己的思想来说绝对会是根本性的:如前所述,虽然原初统一体不是在差异中被思考,但是它也绝对不是缺乏差异的。作为万物一体,它将差异包含在自身之中。这一统一体,因为它并非相对于某个他者而是不同的,所以它必须被认为是这个一,也就是说,它是唯一的。因为无物限制它,所以它进一步被认为是无限的。然后,由此也清楚了,它所包含的差异必须被认为是有限的。但是,现在它们是无限的万物一体的内容物,而非相关物。在这一点上,它们作为有限之物也一定和作为整体的万物一体具有共同之物,此物被视为万物一体自身的基本特性。

这一特性无需在进一步伸展的思考中来寻求。因为它已经被包含在将整体描述为万物一体之中,所以人们根本不必去寻求它:万物一体是某种自足的一,它自身原初差异化(differenzieren)为万有,或者凭借它的本质而原初地差异化为万有。正是自身差异化这一特性代替了一和多之间的原初差异。作为形式的一和内容的多之间的相关性对于正常的世界图像来说是典型的。在此图像之中,这一形式统一体之中的多也彼此相关,由此却也总是作为多而已经被预设了。与此相反,万物一体为自身差异化所规定。多被包含在作为万物一体的它之中，并且由此与它具有根本上相同的建制。由此，我们完全直接导出，自身差异化的特性必须同样被归属于在万物一体中包含的多。

但是，现在自身差异化的特性——多凭借它被内包在万物一体中和与万物一体的一致而具有这一特性——要与另一种特性一并考虑。包含在一中的多的每一员都由此区别于整体的无限性，即它是有限的个体。在它的有限性的条件下，自身差异化必须接受另一种形式。因为在有限之物的自身差异化中，相对于其他有限个体的差异必须同时被觉识和保证。有限的一不能因为它从自身出发开展出诸差异而消解，或者在他者的自身差异化的影响下消失。此外，它的自身差异化必须这样造就，即它借助于此自身差异化而将他者排除在自己之外，与此一道，它在自身关涉中延续自身。在自身差异化中，它等同于万物一体自身，此万物一体只存在于多在对它来说典型的统一体之中的差异的开展之中。而在它饱受威胁的自身主张中，它的有限性得到表达，此有限性必须在关于万物一体的思想中一并被认为是一切多的特性。

现在，我们由此从概念上规定了，什么构成了有限之物的个体性。自身保存是通过内在差异化的过程而自身区别于他者。在这一差异化中并且通过这一差异化，个体开展自身，并且它同时宣称自己不仅在它拥有的复杂体之中，而且穿过此复杂体。这一形式说明能够根据有限个体领域各自的属性以完全不同的方式得到满足——作为有机体，作为主体性或者作为突生系统——，如果就像黑格尔所认为的，集体可以以个体的概念形式来描述。

这样的出路显然根本不同于对个体构成的语义学－认识论的说明。后者是通过将同一性归派给一个客体来定义的，此客体在通过它在时空中占据的位置和它在时空中通过的道路时可以作为同一个来称呼。与此相反，在修正思想的前提下提出的个体概念将从它自身出发刻画个体，而非以如何与它相关的方式来刻画它。与语义学的通达方式相比较，人们可以将此通达方式标识为形式存在论的。它提出了一些特殊的问题。这样，根据语义学的说明，并非一切个体事物也都是显示出自身差异化的个体。机器和其他人工制品就并非这样的个体事物，而充其量是由这样的因素组合的复杂体。人们也可能会问，原子和分子是否在其彼此关系中会被把握为有限的个体事物在形式存在论上的可能性条件，如果说它们自己还不是自身差异化的，因而不是个体事物。考虑到主体理论总体思考进程的初始条件和兴趣，我们能够在这里回避所有这样的问题。

因为所有在这一形式存在论意义上规定个体性的步骤都处在查明整体思想的预先标示或者范围之中，此整体在其基本建制上不同于展开了的世界整体，并且对于它来说有两方面是适用的：它应该能够为主体接受为自身理解的视域，在此视域中他们思考着超越自身及其根据。此外，这一思想应该开启了这样的可能性，即归派给主体性及其动力学以一种意义，它不可能单单通过为诸主体所经验或者获得而产生，尽管如此，它对于他们来说是内在的，因而并非是被附加给他们的。这样，人们必须将一切关于统一体和个体所说的东西理解为是主体性自身理解的任务所激发和启动的。此外，这只是形式存在论的核心，并且本身也只是思想关联体的最小值，通过它，主体性能够进一步规定关于他自己的根据的思想，由此也获得关于整体的思想，但是此整体并非奠基于诸相关项。但是，这一关联体的轮廓通过在先前讲座中关于主体性作为奠基于自知的动力学所提出的东西也已经足够清晰地浮现出来了。接下来，我们就要看清楚，如何使理解自由的结果也嵌入其中。

从这一动机发展出来的思想被标识为外推的。这一名称在上述理由之后还因为另一个理由被提出来：虽然这些思想通过回溯和提升而超越主体性，但是它们不能为此使用其他的不同于已经利用了主体性的资源。因而，虽然它们伸展出了一切能够被给予之物或者在分析处于日常使用之中的概念形式中揭示之物的界限。但是，它们不可能开辟出单独的、全新的认识来源。这样，它们必须从通行的概念手段出发，不过也必须给予它们不一样的意义——符合通过外推思想而设定的有所改变的使用条件。以这种方式，修正了的个体概念得以产生。

应该再一次强调，这种思维方式并非哲学家的创造。它对于人们来说并不陌生，而是出于他们的经验背景来熟悉他们的世界理解中的晦暗面。哲学只是以概念形式稳固了在意识生活中作为冲动和趋向已经起效和经验到之物。这样，在文化史中也存在着一种普遍的趋向，即具有生活意义之物并不会被认为仅限于出于日常事务和日常识知而熟悉的东西。有一种普遍的前见认为，通行之物被一个维度所涵盖，此维度并非以和日常熟知之物同样的方式而展开。如果这一维度不应该是不确定的和不可把握的，那么人们就必须以不同于通常的思维方式来表达它。在宗教中，往往就有某种可供选择的思维方式在起作用。即便在这些宗教中，它也在这一点上避免任意而为，即它必须和关于人的生活的起源、变化和目标的融贯的理解方式相结合。哲学实际上只是有方法地控制概念形式，并且进一步推进它。在缺乏这一控制之处，关于这种理解方式也必须超越日常理解的界限的识知就重新与这样一些图像和表象结合，通过它们，日常理解方式的因素再次被投射到一个维度之中，此维度在思想中只能以完全不同的方式得到展开。

　　哲学家也大多承认一个超越日常的维度。那些并非对它无动于衷的人在展开它时也必须运用一种有方法的控制，由此，哲学总是区别于成文宗教。但是，这一控制在一种外推思想中进行，这一点也并非总是被视为确定无疑的。这就导致人们去追求一门关于无条件之物的独特科学。人们可以根据一种已经建立的方法或者根据一种独家方法尝试提出它。但是，任何这样的科学都必须服从这样的要求，即走向有说服力的真理证明。只有当人们明白这一要求无法在主体性的界限之外满足以及为什么无法满足，人们才清楚，超越正常认识条件的思想根本不被理解为认识。这样，一种预设和悬设的思想计划就得到了表达。这不会导致证明，但是能够证成它的道路并且有方法地安排它的步骤。

　　由此还出现了另一个特征，它对于思考着展开原初之物的尝试来说总已经是典型的：这些尝试不会获得像在正常条件下获得的识知澄清一样的一致规定性。外推思想的概念形式只能获得一种筹划或者草图。但是，这些草图不像在建筑学中那样是执行完整施工图——它才是真正的目标所在——的居间阶段和手段。它们自身就是目标，是任何东西都无法超越的。但是，这一筹划能够具有确切性和一致性，即便人们不能想象它如何能够在细节上进一步执行。人们也能够以完全不同的另一种方式来表达这一点——人们可以说，关于主体性的根据和赋予意识生活以意义的整体，我们只能具有理念（Idee），而绝对没有一门科学的纲要。卢梭和康德，一种用于自身理解的悬设思想的最有力的奠基者，已经以这种方式将这一思想区别于形而上学体系。

在背景中想到这一点，我们现在就再一次回到包容万有的统一体和个体由此而彼此规整的概念形式自身。这一概念形式至今是出于两方面的意图来设想的：它是一种外推思想的例证，此外推思想同时也是修正的，并且它包含了可能性，来为主体性的动力学设想一种意义中介，主体性出于他自身而被赋予了此意义中介，而它并非起源于主体性。为了达至这一点，个体概念必须从一个包容万有的统一体的修正概念中获得。

虽然这一概念已经被带入主体本身所标识的关系之中。但是关于使得一切主体性得以可能的根据的思想还未紧密地和统一体以及个体性的概念结合起来。这一任务开辟了一片在修正的概念形式——关于世界的思想由此而被重新构想——与之前在分析主体的自身意识中产生的东西之间的过渡地带。可以预料得到，勘察这样的居间位置困难重重。但是，这些困难中的大多数接下来可以撇开不谈。

主体和人格的建制可以通过符合一种归属于修正的个体性概念的形式建制得到解释：它们不断自我差异化，并且同时也将它们的规定性融入它们的自身关涉的统一性之中——将主体性融入在其向一切被给予之物伸展的世界形成中的自身意识统一体的贯通性之中，将人格融入同一性和同一性平衡的形成之中。两者既是差异化的进程，也是统一体形成的进程，这些进程被描述为个体的自身保存。因而，人们可以视主体和人格为个体，它的建制从原初统一体脱离而达至有限的自立。

但是，这一规整没有考虑到主体性进程预设的根据。我们已经指出了，更具体地思考这一根据的任务自身已经进入修正思想的领域。在这一居间位置上就产生了几种选择，其中也包含了寻求再次摆脱外推思想的选择。

首先人们在两种可能性之间做出选择：（一）人们可以将这一根据设定为万有的统一根据。这就意味着，主体，只要他存在，就必然为这一统一根据所不断地置入他的个体性和自立之中。（二）但是，人们也可以不将主体本身，而是将他的根据或者与他的根据一道将他视为具有个体自立性的个体。

与第二个选择紧密相关的是从有限个体出发的思路，此个体已经是自立的，并且它在意识生活中实现自身——它本身总是和它的万物一体的起源进一步以其他方式紧密结合。在这一前提下，外推思想又要在两个进一步的变样中选择，由此进一步规定这一个体。

也就是说，人们可能（一）现在也想要将根据与活的躯体等同，它的诸功能让主体性的动力学以某种方式持续地出于自身而产生。我们之前已经看到，主体必须在身体中表达自己，以便能够作为主体而面对其他主体。如果人们从这一思想出发，那么这就导致（二）归入活的躯体和主体的动力学以一个它们共同的根据。那么，这一根据就会被认为是，主体性的动力学直接出于它而产生，但是它与身体的形成是携手并进的。哲学传统在这个地方首先置入关于灵魂的思想。它也是关于一个并非完全转化为其自身意识的主体的思想的地方。

从现在开始，根据第一种变样——它将个体理解为躯体——就会再次产生和科学自然主义的直接结合，以及由此和它的最年轻的变样——以在神经学上说明一切主体之物的形态——的直接结合。然后，很显然，在这一自然主义中并未进一步使用修正的概念形式。一切意识中的根据同时也返回投入到物理学塑造的对象世界，并且被确认为大脑神经元关联活动的共同联结。这一共同作用自身必须从根本上并且最终以亚原子物理学的语言来描述。但是，对这一共同作用作为主体之物的根据起作用的方式的追问恰恰达到了一切对象性认识可能性的界限，这一点从现在开始必定理应为这样的自然主义根据它的这一发生学所遭遇。它的代表们几乎总是宁愿将它在说明上的缺陷视为暂时的，并且归咎于研究刚刚起步。科学认识的进步或许消除了无知，但是同时我们全范围的无知也大量地并且在原则上明确出现了。

与另一种变样结合的是，人们准备为一切主体设置这样的根据，它既不会被译释为自然世界形式的部分，也不会被译释为科学世界形式的部分。人们只能将它把握为预设或者在外推思想中的"理念"。如果人们考虑到理解大脑和意识的关系所应该根据的一切模式本身已经陷入这些困境，那么这一构想——它也是康德式的——也理应得到比它今天尚且理应得到的还要多的信誉。如果人们接受它的所有结果，那么它立刻进一步导致修正思想必须是综合的，因而关于意识中的根据的思想只能在和关于整体的修正构想的关联中被构想。虽然这一构想看起来也会有利于人们希望，通过完全改变了的未来可能的物理学的思路，总是能够接近科学地说明大脑和意识的关系。但是，这一构想自身并不意在科学认识的重新组织。它是理性的外推，主体性需要此理性的外推，以便获得稳固的自身理解，但是它也植根于与诸理念相关的思想中，此思想因为主体性自身总是已经并且必然在路上了。

关于自然主义的诸变样，关于能够达至它的道路，以及关于它之外的其他相关选项的争论已是汗牛充栋。这里我们只想澄清，科学的自然主义也必定不会对外推思想包含的冲动无动于衷。对根据和整体可能的秩序安排的各种变样都进一步表明，单纯过渡到关于包含了主体性的整体的修正思想领域中，这也并非必定支持一种自身解释，对这种自身解释来说，生活意义看起来是从这一整体出发而证成的。假定一种修正的构想，这一点是必要条件，但还不是充分条件。修正构想的思路也可能会回溯到自然主义的近处。如果我们之前已经强调了，对于什么样的生活意义是可靠的，不可能存在着证明性的决定，那么现在除此之外，我们也澄清了，即便进入了修正的思想，这样的决定也尚未做出。

这之所以有意义，是因为一切都支持了，任何面对意识生活的界限问题的人都立刻卷入这样的思想中。因而，以不同于由日常的世界理解和科学理论开启的思想向着其根据和整体而提升本己生活的决心，单凭自己尚未免疫于——并且因而也并未免疫于——任何形式的自然主义，意义丧失的经验最终也渗透进来。斯宾诺莎的思想及其后史是最好的历史凭证。任何在本己生活中确知这样的意义起源的人，如果他试图为它辩护，就都会在这样的思想中活动，不管他是否知道和愿意。而且他也引导它朝着一个方向，并且伸展一步，通过此伸展，使这一思想重新转入自然主义的自身解释的道路上的这种可能性就被扬弃了。

所有这些考虑都处在考虑自由问题的前哨中。在第五讲中至今所说的内容虽然都是从所有先前的主体性分析中推论出来的，但是它也意在将自由问题——它比任何其他问题都更需要这些分析——嵌入尽可能广阔伸展的框架之中。通过在这一关联中仔细考虑自由问题，我们应该产生一个视角，它也摆明了几乎只来自这一问题的这些刺激。如果熟悉这个问题，没有人还会认为，人们能够通过指出某个不可否认的事实来解决或者取消它。有几种自由，它们自身可以被认为是事实。它们包括判断能力和根据非强制的考虑而进行选择的能力。但是在自由成为哲学问题的地方，通过指出这样的事实也无助于做出决断。

毋宁说，哲学作为整体所需要的意义上的自由像整体——在其中主体成为实在的，并且出于此他们过着有意义的生活——的性质一样，也不能得到证明。自由也属于从自身认识中可能的可靠识知之物和其他只能通过外推思想展开之物之间的边界地带——因而是我们自身意识到之物和我们预设为这一意识的根据之物之间的边界地带。但是，自由——它区别于明显的事实——意识就像怀疑这种自由的现实性的能力一样，也为一切人所有。人们也能由此看到，为什么人的实际生活必定不断关涉思辨思想根据其修正的做法试图展开的领域。意识生活自身知道这一点，即便它不能明确这一识知，不能抵抗时代的主流倾向。相应于此，一切世界性宗教都以这种或者那种方式接受这一关涉，并且通过这一关涉，它们与其他宗教，不过也在它们自身之中，就陷入了关于人的自由的争论之中。

四、自由的自身意识？

随着过渡到"自由"问题，我们现在就必须在思路的出发点和构建上进行根本性的转向。我们还只是发展形式存在论的初步思路，根据外推思想的事先规定，统一性和个体性的思想融汇在此思路之中。但是，不管这一统一性原则在同一条道路上能够进展多远，它都不会导致，自身意识和自由在这一开展的道路上作为它单纯的结果而被获得。

外推思想的辩护自身甚至就来自主体性的研究；并且它也仍然一贯受缚于自身意识的实在性的前提。关于主体自由的思想更不会来自形式存在论的反思。虽然通过外推思想，在整体中也最终有一个地方向主体展开——但是总是在这样的前提下，即这一思想的出发点仍然在主体自身理解的建制和必然性中。

在涉及道德意识时我们也已经指明，它只是从它自身出发得到阐明，并且在主体性中获得一个语境。它并非从他物中，也并非从自身意识本身中导出，虽然在它之中，构成主体的一个基本特征被意识到。对自由的理解必定在可比较的但更加复杂的条件下，并且因而在更加巨大的困难下进行。

当然，不同于自身意识，自由也可以被理解为形式存在论的概念。它被认为是某种实在之物的能力，人们并未由此而已经预设了自身意识，并且它也被认为是引发影响的能力，无需通过不同于引发行为的原因而产生影响。但是这样的自由概念让人感到陌生，因为它没有包含对于自由意识来说的典型特征。

这一概念看起来只是在构建完整的存在论概念清单的过程中形成——至少它无助于归入一种行动中的自身意识以存在论的相关物。但是人格是自知的，他们理解自身为自由的，由此他们能够归派给自身某种存在论特性。唯当他们的思想从自由意识出发，他们也才会需要这一归派。

但是，关于归属给人格自身的自由的存在论特性在一种完全不同的意义上适用，即它不能从外在的观点来看清和归派。人们自身并不能确切地知道，人自由地行动。因为这就会预设了，所有隐蔽的原因都被排除出去，而相对于这样的自由意识，这些原因产生了某种真实的影响。但是，不管这是否是不可能的，并且此外也可以看出，人们根本不能想象，人们把自由行为观察成一个事件，它——与其他事件比较——发生在一个世界中，或者在其中为某物所导出，这会意味着什么。人们可以认识自由行动的标志，但不可以认识进行中的自由。由此，即便自由是实在的，它也是这样的实在之物，对于它来说，它只能"从内在"被识知——在有根据认为自己是自由的人的意识之中被识知，并且在这一根据对他来说是明见的处境中被识知。

在某种程度上，自身意识和自由还没有彼此区分开来。但是，自由归派的明见性也不会意味着进行中的自由与自由意识平行或者共行。意识到这一自由的人也总是被剥夺自由的施行。在此之中，自由意识更多地利用道德意识，而非自身意识本身。但是，自由和道德意识在这一点上和主体紧密相关，即主体必须思考着超越他的自身意识，而并非此外还获得不同于其自身存在的其他构造性质。我们也由此推论出，对这样的实在之物从根本上不可能有凭借证明而洞察到它的实在性的识知。

自由思想在理论框架中对支配的双重抵制可能会引发人们怀疑，关于自由的说法，倘若它具有存在论内涵，也可能根本不对应于任何实在。不可设想对其而言具有实在性证明之物，也不会是可能的信念内容，并且由此而接近一种不一致的思想了。在另一方面，出于这样的理由而怀疑自由的实在性的人会反对，人们根本不可以为了某物存在的证明而指望某种证明方式，如果这一证明方式自身的运用已经预设了受到质疑的事物的不存在。但是，自由的实在性证明——实际上不可能——预设了，无限性被排除在可能的条件之外。坚持这样的自由的实在性之人同时被引导去反思，我们关于实在整体——这样的实在之物可以加入此整体之中——的思想能够并且必须如何来构想。

由此，我们以另一种方式澄清了，为什么出路总是必须在归派给自身以自由之人的自身意识之中——如果自由应该被引入外推存在论的关联之中。只有通过这样一些情状——由此自由的自身归派产生在主体自身之中——自由思想才得到更确切的规定。单单由此也能够提供一些理由去坚持这一自身描述，虽然它进入如此困难重重的后续思想。只有通过这条道路才能够最终产生与之前关于主体可以卷入其中的整体的外推思想所说的关联。

因而，我们首先排除和撇开所有这样的思想，通过这些思想，统一体和个体性的关系能够超越所获得的最小值而进一步发展。它不会立刻有助于我们定义自由，而是说，它只是允诺，将之前获得的定义嵌入外推思想的框架中。

取而代之的是，我们必须完全集中精力，深入人作为主体归派给自身以自由的这些条件中去。此外，尤其要注意，在这一归派中是否有一种自由意义起作用，它不断反对平凡化的尝试，以及这一归派在哪些条件下发生。这些条件最终也决定了，是否有必要并且以何种方式有可能让这一自由思想进入外推思想的框架之中。

五、自由归派与后果原则

不同于形式存在论的概念，"自由"是一个具有极多不同意义的语词。它的基本意义是"没有阻碍或者限制的状态或者活动"。这种意义上的"自由"的运用涵盖了从躯体的自由到国家独立于外来统治。在运用到个人上时，这个语词也有多种意义——从摆脱奴役直到某种通过他的一切力量和可能性的实现而产生的自由，并且进一步直到在永福状态中摆脱一切生活困境的自由。我们在这里完全专注于这样一种"自由"的使用，它涉及主体性的有意识的成就，包括他的权衡、意愿和行动。也正是在这一领域之中，自由归派成了一个哲学问题，它几千年来以几乎不变的形态并且通过原则上总是相同的论证而得到讨论。

对于在这一领域中的一切处境和能力来说都适用的是，自由在双重意义上归派给它们：一方面，人们不可以承诺没有其他相关选项的行为。另一方面，与相关选项的关系——由此出发而在它们之间做出决断——不可以通过外在或者内在的强制来规定。在自由落体中，除了加速坠落外，没有其他选项。诚然，有人给他一根烟，他因为烟瘾的强迫而接过来，他也是在留有这样的相关选项的处境之中。他也可以评估，怎样的行动是他感兴趣的，但是他实际的选择和行动与这一相关选项没有关系。

现在从根本上总是可能在涉及一切具有开放选项的行动处境——即便在它们之间做决定的人没有受到任何类型的明显强制，情况也是如此——时抱有疑虑，他的选择或许事先已经确立了——虽然这可能并不是显然的，但是可以通过深入研究揭示出来。这一疑虑为自然说明的一个根本原则所支持，我们也在日常生活中不断假定了它的有效性，这样，它看起来是完全不可避免的。这一原则在关于自由的争论中也被称为后果原则（Konsequenzprinzip）。这就是说，一切事件的发生都是由在先的事件确立的。一切即时在先的事件也都处于同样的条件之下。既然现在这一条件链条触及每一个有限的、有决定能力的存在者的此在，那么也必须将他的一切决定视为事先确立的，并且由此而在他的能力之外。谁并非强制或者被迫，并且根据自己的见识有考虑地行动，他在某种意义上就可以被称为是自由的。但是他之所以是自由的，并非因为他改变了由诸规则规范着的事件进程。这样，自由就只不过表达了一种特殊类型的描述，根据这种描述，一切事件的普遍限定性在几种情况下进行——也就是说，通过考虑和决定，并且通过努力，使其成为现实。

如果人们接受这一原则——所谓的后果原则，作为普遍有效的前提——那么自由就只能根据诸标准而被归派，这些标准也恰恰得到满足——如果（因果或者盖然的）事先规定的行动完成了。这些标准可以包括，行动者的考虑的出发点具有相关选项，因而他并非在考虑时同时也如此生动地当下化后果原则，以至于他由此在考虑和用力时受阻。但是，它们并不包含可以取代在完全同一处境中实际进行的活动，完成另一种行动。后果原则包含，或许行动者有能力进行另一种行动，但并非在完全同一处境中。在日常生活中，行动者自己往往会假定，行动者在完全相同的处境中有能力实际上赋予此行动以另一个方向。但是，这种实践也差不多同样常见，即根据所产生的行动来反思，什么支配和推动了行为者的活动。这后一种实践看起来与这一假定相一致，即出路是不可避免的，并且任何出路都同样已经确立了。这样，在日常生活中自由意识已经与一些被表达为哲学的两难困境的结果紧密相关。与后果原则一道，有一个老问题，即如何统一内容丰富的自由概念和世界进程——它根据某种牢不可破的规则进行着——的被决定性的理性前提。

从这一问题出发，有一束光照进了任何关于自由问题的讨论都必须在此之中开展的处境中。后果原则具有高度的合理性。如果人们由此出发，那么也就已经确立了自由概念可允许的范围的严格界限。然后，人们必须努力，能够考虑到在这一界限内尽可能多的现象；并且大量的文献中并不缺乏聪明的尝试。谁要认为在这一划界中摆明了一种自由意义，他也会认为所有从自由意识产生的进一步哲学问题就都是无效的。但是，谁认为看清了这样界定的自由概念并不能够和人格在重要的行动处境中的自身理解统一，他就必然会得出许多进一步的结果：或者他必然会认为，这些处境中接受的自由意义是过时的，可能是不一致的，然后，至少对于他自己的情况，也要修正人格的自身理解。或者他必须将这些处境嵌入总体解释之中，它们相对于后果原则在此之中有其位置的总体语境也展开了其他相关选项。这样，很显然，哲学家们就不得不或者会让他们的自由理解适应于后果原则，并且接下来必须努力修正人的自身理解，或者采取这样的立场，它会将哲学家们引离日常世界和当代科学世界图像的描绘。这样的立场第一眼看起来很有吸引力，它不仅排除了有可能在关涉自由上有所知，而且也排除了有可能关于它具有某种良好分节表达的思想，虽然人们必须假定它的实在性。但是这一立场也预设了，不可思议的自由在向我们展开的世界中不会留有位置。作为自由的不可知论的其他相关选项，仍然只有外推和悬设思想——这是这一讲第一部分的论题——以及为它辩护的尝试。

  对问题的一种全面阐明同样包含了，坚持后果原则的普遍有效性不能得到证明——自由的实在性也如此，不过是出于其他理由。没有后果原则，日常生活就会遭遇风险，并且科学的原因研究也会是不可能的。由此产生了强大的合理化，但是并非证明了在一切条件下并且在一切维度中的有效性。如果这样的证明是可能的，那么在某种意义上的自由——它和这一原则不相容——就必须被取消。但是，将后果原则嵌入赋予此原则合理性的语境之中，这就排除了，它必须根据反证明而被摒弃，或者被说明为对具体处境无效。这就导致这一原则总是一再能够重新相对于与此原则不统一的自由概念而起效。如果人们想要不仅只是临时逃避直接来自这一原则的怀疑，那么任何不与后果原则相容的自由概念也同样需要语境形成。人们必须这样来塑造语境，以至于它能够界定后果原则所归属的语境。然后，以这样的方式，在后果原则的有效性不受质疑的领域之外就为关于自由的思想开放了一个维度，而这些思想并非只是简单地忽略了后果原则。

如果后果原则的普遍有效性不会被驳斥,那么就产生了一个对于我们来说重要的后果,也就是说,这一相关的语境不能得到证明。这样的证明会反对后果原则的普遍有效性。这样,人们也会逐渐认识到,自由问题,如果它应该不能够和后果原则完全协调一致,就需要嵌入被理解为外推性的思想之中,并且需要这样一种思想的辩护。

在此之前,我们需要完全扩展康德的哲学,以便第一次为这一任务的解决筹划一个范式。人们可以总是以此范式为指导。至今的考虑应该至少已经澄清了,自由意识和由此产生的诸思想从一开始就不可能在一个狭小得多的视域中完全被接受并且澄清。

后果原则和自由意识之间的对立标识出了一个基本问题,任何对自由问题的阐释都必须面对这一个问题。接下来要做的就是查明解决此问题的思路。在先前提出来的框架中,它具有三方面的任务:应该规定一种自由的意义,此意义并非从一开始就适应后果原则的普遍有效性。它必须这样被把握,以至于它嵌入在主体性和基础存在论的基本范式——它依附于关于主体性根据的思想——之间展露出来的关联体之中。就像任何自由概念一样,它也不得不分析人在处境中如何对其行动做决定,以及他们在涉及未来的行动时如何形成态度。

只有在通往这样的解决建议的道路上,其中的一个阐释后果原则的结果才能被采纳:这一原则不会因为人们宣称一种自由的用法是不可否认的事实而被驳斥,但是它的普遍有效性主张也不可能得到证明。在需要或者也必然需要某种行动中的自由意义之处，就有可能坚持这种思想，即它通过使用这一自由而做出决定的方式，超越了行动者所意识到的东西，但仍然是在因果链条中或者从系统状态到系统状态没有选择地规定了的。这一链条只有通过人的考虑和自由的游戏空间——他必然要求的游戏空间——确立起来。由此我们有理由说，这一决定性摆脱了直接意识，并且这或许也是必要的。谁想要否定这样思考的可能性，他也就必须努力积极证明先前已经被排除了的自由的实在性。

由此导致，我们也不会想到去辩护一种自由意义，它通过违背后果原则而使其失效。我们最多可以指明，这一原则相对于一种自由意义只能被称为抽象的可能性。因而，谁确立它的有效性，他也就必定是为了世界说明的一致性和完整性才这么做的。但是它不能支持这样一些诊断，它们来自对行动处境和在这些处境中的行动者的意识的分析——在这些处境之中，人们一定需要一种脱离了后果原则的自由意义。如果后果原则还原为一种绝不能被排除的思想可能性，那么为自由实在性的假定——它只反对主张此原则的形式可能性——辩护的诸根据就展示出了完全不同的力量。它们能够从需要这样的自由意义的诸种情状中产生，由此从意识生活——它在这样的条件下不必为了自身主张它所不可取消之物而牺牲它的理智的诚实——中产生。

但是，从同一考虑中也产生，谁想要强化后果原则对抗看起来与它对立的自由主张，他就并不仅仅要提供一般的理由来证明人们不能限制这一原则。他也不能通过研究人们需要自由的这些处境来指明，这些处境必须如此描述，以至于由此已经产生了理由来坚持后果原则，并且因而只需要一种可以与它协调的自由意义。他能依循这一策略，直到诉诸后果原则作为一切实在说明的基本原则必然只被宣称是一个补充的和强化的论证。

对于试图保卫与此原则不相容的自由意义的人来说，这种反对自由主张的论证具有特殊的分量。因为他无论如何也不能取消为后果原则辩护的理由，并且他必须将它们与一些同样非常一般的理由对立起来。但是，如果这一原则的合理性已经能够出于分析行动处境而被主张，那么就不再能保卫任何与承认这一原则不协调的自由意义。这样的自由意义只在和说明这样一种行动方式相关时才被获得和得到保卫，即此行动方式并未以这种方式自身而已经导致了在后果原则的前提下的说明。

由此，我们建立起了涉及理解自由的基本问题的诸论证之间的辩证法。人们会接受它并且利用它，如果人们寻求规定一种自由意义，它指望能够被宣称对抗与后果原则紧密相关的普遍主张。这一自由意义必须奠基于一种自由意识，它并未已经通过分析这一意识产生的处境而指明这一自由意义只能被认为是服从后果原则。这一证成任务的辩证本性也直接由此产生，即人们要能够获得对一种自由意义的良好证成，唯当人们首先尽可能有力地根据后果原则来说明行动。

六、自由归派的动机？

这样，我们将以问题探索（Quaestio exploranda）的风格致力于查明这样的自由意义。它分两个阶段。第一阶段致力于通过排除法给这一自由意义规定一个位置，并且获得这一概念自身。只有这部分证成在这里得到详细的阐明。第二阶段还只是个轮廓，它展开这一自由意义自身，并且展开这一自由意义在个体领域中的运用。此外，我们也再次观察这样一些行动处境，它们中首先贯穿一种辩证-拓扑学的观察，以便能够获得这一自由意义。在我们获得了所寻求的自由意义之后，这些行动处境将展现在一个更加宏大的复杂体之中。

这样，接下来我们首先考察一系列处境，在这些处境中，人格能够以不同的方式被归派以自由。除了在目前归派中的自由的意义，我们此外首先要关注，是否可以出于这一归派发生的方式而导出后果原则的有效性根据。人自身在处境——在此处境中他归派给自身自由——中能够注意到，他的行动归根结底是被引发的，并且在通过什么而被引发的地方，后果原则也在他的本己生活中具有高度的合理性。不过，如果他的自由意识不会因为对他作为行动着的人而处于其中的本己处境的这样的反思而受到他的质疑，那么后果原则对于他的普遍合理性也不会获得对他的自身评估来说具有决定性的分量。不同于第一种情况，接受这一原则，这很可能会导致根本修正他自己关于他的自身存在的理解。如果它能够总体上被融入对意识生活的根本理解的更加宏大的语境中，他的自由意识之后就能够从这一明见出发进一步得到强化和保障。它是这一讲最后部分的论题。

接下来我们将经过几个要求自由的处境，它们也无法指望得到条分缕析的论证。关于任何一个由此敞开的涉及自由的问题的维度，我们都能够长篇大论。但是，通过快速巡视这些处境，人们也能够获得对这一关联体的规定，在此关联体中，并且涉及主体性，一种不同于最小意义的自由能够被获得，也得到保卫。此外，就像是自动产生的，自由——它很容易唤起人们联想到不受限制——就与意识生活的有限性相合，并且其自身通过有限性而得到刻画。

最终还会凸显出一个在一切这样的分析中具有很重分量的区分。人在行动时，尤其当他在行动时涉及做决定，他足够清楚地面对要做出决定的相关选项。他很不清楚的是，他在做决定时依循怎样的长期目标。这些目标与那些让他注意到这些目标并且规定他面对选择时做出这样或者那样的决定的动机交织在一起。实际上规定他的选择的东西对于他来说可能只是晦暗飘忽的，也可能完全不为他所意识。然而，对动机的权衡也直接或者间接地进入一切决定。它是什么类型，它具有何种分量，这对于澄清目前的自由意义来说非常重要。

（一）在识知和认识形成的领域中，人们就已经有动机去权衡自由归派。这不适用于世界关涉构建中的基本活动。处于自知之中的主体必然与这样的活动紧密相关。他在通过他的所有阶段的感知、意见和洞见时保持自身为同一个主体。在所有这些之中，他理解自身归属于一个他主动探查的世界。没有世界内容——它们与他本己的同一性结合——的同一化成就，就会对世界的恒定、秩序和开放一无所知。在清醒（以及梦境）中，所有他的这些活动都未受阻碍，它们不需要动机或者消耗。因而，它们自发地、无需意识到外在支撑而进行着。但是，对于自由归派，它们缺乏两种特性：它们没有相关选项；主体没有任何权衡和考虑而进行它们。他的活动始终为规则所引导。但是这些规则并未像语法规则那样明确被认识，并未有考虑地被依循，并且也只是不加考虑地被违反。

推论思想的规则的情况则不同。推论思想由此不同于对象的恒定形成，即它不能只是自发地发生，而是也能有考虑地发生。那么它就会明确被质疑，它是否正确地进行。如果它这样进行着，并且也依照对这个正确进行方式的问题即时的回答，那么人们能够归派给权衡推论的合理性的主体以一种自由——也就是说，能够避免错误判断，并且能够通过自己的努力获得和证成正确的、真的判断。

但是，现在这一自由缺乏几种特性，这些特性构成了归派给行动处境以自由的一个重要根据：根本没有动机引发去获得错误的推论。人们在推论时可能出错，并且这错误可能有重大后果。因而，人们会告诫自己，并且避免这样的错误。这样，人们会寻求控制导致这样的错误的做法。但是，抵制人们有动机去得出错误的推论的这些理由是没有意义的。因而，根本上朝向正确的规则使用，这在推论时也同样是自动的。

由此，也没有必然的理由将推论——它自发地意在正确地使用规则——情况中本己的活动视为和世界中一切事件的决定性不相容。尽管我没有意识到这样的决定性。如果它存在，它也必定在我的意识之外起作用。但是我也不必反对这样的假定，倘若它为好的理由所支持，以便能够归派给自己以推论的自由。我能将我的错误推论视为事故，正如它们也总是能够被我在日常事务中遭遇。当然，我可以努力预防它们。但是，这种努力是内在行动的校准，它还有必要区别于自发的推论。虽然植根于我的理性，但它是一种行动倾向，此倾向涉及比如防止精神

298 分散、集中注意力、进一步发展精确推论的能力。因而，自由意识——它可能与这一倾向紧密相关——不再完全从识知成就的活动中产生。

现在，推论只是识知成就中诸多理智活动的一种。其他活动是不同类型的分析、说明和理论形成。这里可以由此出发，即在推论情况中就自由方面产生的东西以相似的方式也适用于所有这些活动。因而，在识知生成的广阔范围中，往往有自由意识，但是没有必然的理由，使主体的任何一种活动摆脱一切事件的普遍决定性。

由此，哲学的自由问题专注于广义上的人格的行动，内在的自身努力也包含在此之中，并且由此专注于人格所认识、承认，并且试图实现的"好的"领域。在这一领域中，首先可以区分三个问题。当我们权衡什么对于人格是好的时，它们总是彼此关联地被提出来：我想要实现哪些目标？我可以如何实现它们？它们对我来说有多重要，因而我想要投入多少于其中？

对这三个问题中的任何一个的回答都需要鉴于相关选项而加以考虑，这只会是，人们是应该追求目标，还是应该放弃目标，或者说，人们是否应该使用某种手段。这是人们在涉及所有这些时能够谈及自由的前提。

由此并不是说，人格的任何行动都预设了这样的有考虑的
299 回答。举一个例子，行动目标就几乎总是没有明确考虑地被追求。但是，权衡这些目标是可能的并且是合适的，这一点对于将自由归派给选择它们的领域就足够了。因为人们可以放弃先前的目标，并且考虑选取另一条道路是否会更好。人们也可能通过识知而取消这一考虑，或者耗费大量时间，直到人们开始这一考虑。

（二）因而，我们首先完全一般地考察在这些目标——人们根据这些目标来评估，如何在处境中行动——之间做出选择的可能性。由此人们会强调，从这一理性行动的领域——人们很容易将它视为自由领域——还没有产生理由而迫使人们认为这一领域是摆脱了后果原则和一切事件的普遍（因果的或者盖然的）决定，虽然人们或许很容易想要从它那里期待这一点。

权衡行动目标的能力是理性生活方式的一个巨大优点。没有这一能力，就不可能追求长期的目标，如果它们并未不断为当下经验到的冲动所支持。这种权衡能力包含了远离当下起效的行动冲动的能力。一种自由，也就是摆脱这种冲动的绝对支配的自由，已经在此之中。在其支配之下，生活范围和自身保存的机会也会受到限制，即便预设了可靠起效的本能。在从这样的间距中产生的目标之间做选择，这使得生活可以制订长期计划，并且也可以在这样的目标之间形成一个优先秩序。出于这一间距，人们可以权衡它们中的哪一个在什么情状下首先要被探寻。他甚至可以与自身保持这样的间距。然后，他可以尝试改变自己的特性——也就是说，如果它们阻碍他达到目标，这些目标对他来说尤其重要。他也可以将这一自身改变作为自己的行动目标——不仅当他强烈希望在某个方面是别样的，而且当他想要更有能力做出聪明的目标选择，并且为了实现目标而变得更有本事时，情况也是如此。

人们可能会认为，与原初的行动冲动的间距使得对可能目标的评判和选择处于自主的自由之中。但是，追问什么使得我们为我们的行动而考虑到某些长远的目标，这立刻抵制在目标的优先选择中归派给自身以自主的支配自由。人们可能回答，我们必须权衡什么实际上对我们是"好的",我们将这一问题的答案区别于我们没有考虑而希望并且追求之物。但是如果在这个地方,关于好东西的说法并未以根本的方式被区分开来,那么在对我们来说好的东西中,只能被理解为这样的东西,即我们衡量它是根据我们有多么喜欢去设想这样的状况,在此状况下,当我们获得了我们所追求的,我们就成功了——或者我们也厌恶唤起我们去预想我们恰恰想要避免的将来状况的东西。人们追求富裕,为了避免贫困,为了能够实现许多愿望,为了享受独立和尊重。人们追求健康,因为它是一切幸福的前提,并且因为想到将来疾病缠身令人害怕。

301　　因而,虽然看起来最终目标的选择完全取决于行动者,但是在它们之间做选择,这只依循一种考虑,这种考虑澄清了,会通过达到目标而出现的这些状况对于行动者来说具有怎样的吸引力。为了能够评估这一点,人们当然必须实际上解除原初的行动冲动,以便能够让所预期的行动目标安宁、持久地影响自己,从而掂量出它们彼此的吸引力。这样,我们可以就生活智慧方面的事务向顾问以及老师咨询。在持久的权衡中,不断更新的正反理由会被提出。顾问们倾向的理由可能会指向一种可能的优先选择的一些方面,其分量还未发生作用。它们可以表达出人的一些特性,这些特性引发或者劝阻目标选择。并且它们可能指明了,目标会达成,唯当人也能在这条道路上改变自己。但是,这一权衡的结果最终会如何,这总是事先为这些目标对为自己的生活而权衡目标的人所具有的吸引力所规定。行动者在由这样的权衡所塑造的处境中自己也很清楚这种情况。否则,他又如何能够说明他自己的决定,并且如何视它为有根据的？

因而，在所有这些情况中，给予根据的功能完全不同于为陈述或者假定辩护或者反驳的情况：这些根据只是明确了一个可能的决定的某些方面和后果。通过这些根据就展开了一个平台，在这个平台上，本己生活中使得一个决定可行的倾向最终能够明确地凸显，并且起效。因而，人们还需要时间去权衡重要的决定，即便一切根据都已经经过了深思熟虑。那些必须做出的决定之所以尤其棘手，只是因为事情仍然是悬而未决的，而在自己的总体动机中没有一个兴趣方向的优势会具有决定性意义。

由此导致，权衡的处境——它摆脱了原初行动冲动的压迫，并且在这种意义上是自由的——，甚至自身间距中的自由——它使得行动者自己成为行动目标——，也仍然没有根据来归派给自己以自由，能够在同一处境中取代某个决定而做出另一个目标选择。我会这样做，唯当某些目标施加给我的吸引力因为决定的根据而发生了改变。虽然，因为明白了，如果我达到了某些目标，这会在某种程度上伤害我，我也能尝试去降低这些目标对我的吸引力，但是防止伤害也根本上仍然是同样类型的一个行动目标。

因而，根据或者诸根据——它们实际上各自导致了一个决定——的复杂体必然为行动者自身理解为，它们之所以成为根据是因为它们是后果秩序的一部分，他的一切禀赋都是从这一秩序中产生的，其中有经历某些情况和特性本身的禀赋，这些情况和特性是有吸引力的或者可以避免的。而这就无法排除，人们也将从自身间距中的考虑能力中产生的选择把握为嵌入世界进程的决定性之中。

如果他谈及此考虑——它事关行动，如果愿望和冲动不再直接引发行动——适用于怎样的生活才是"好的生活"这一问题，人们就是错置了这一事实。因为，根据迄今为止的一切考虑，这里所谓的"好"只能是为我的好。而就这一点而言，它也只能被理解为让我感兴趣之物，我的兴趣由此而从我的最终的愿望值来评估。谁摆脱了他未经反思而依循的愿望，他也并未由此而从愿望领域中走出来。审慎怀有的并且在自身间距中加以反思的愿望以和未经反思的愿望同样的方式推动他——只是在更大的综观的前提下。如上所述，他也可以求助于顾问，他们熟悉他们正要提供建议的这个人的特殊性，和什么对于他来说是好的。此外，这些愿望并不必然完全转化为由此而增加人们首先理解为自利的东西。这样的愿望也可以通过其他方式而占优势——通过追求权力，通过渴望接近生活或者融入令人难忘的集体，也通过渴望获得关注和一幅自画像，它在自己看来应该适合于也实际上得到关注，不过也通过希望根据自己的才能和需要而得到满意的生活。

有几种意义上的自由卷入了这些对在行动目标之间的优先选择的考虑之中。它们要被预设，只要人们想要规定一种可以从后果原则的有效领域中导出的自由意义。除了理性权衡考虑的自由——它先行于目标选择——，它们也包含从能够评判自己的特性和愿望的间距中产生的自由。这一间距是正确评价它们和实现它们的机会的前提，不过也是人们可以使它们的改变成为自己行动的目标的前提。

美国哲学家哈里·法兰克福（Harry Frankfurt）在几十年前就曾经引起了广泛关注，他建议从这种实践的自身间距来理解自由和道德。我们现在已经看到，它单单凭借自身并未从愿望方向和追求方式的约束以及和它们的强度比较中突出出来，以至于它单单凭借自己也不能限制后果原则的有效性领域。人们会想要摆脱烟瘾，因为它对健康有害，因为它把手指熏黄了，或者因为人们觉得烟瘾令人讨厌。但是吸烟者总是知道，这些实际上完全不同的动机——即便结合起来——唯当它们足够强大才能够被转化为后效的行动。

这样，后果原则也看起来在面对貌似有说服力的对立面时能够宣称它的普遍有效性。但是，在我们所有的考虑中至今也没有利用这第一个出发点之外的其他相关选项。在这个出发点上，实践自由和诸目标之间的优先选择紧密相关，关于它接下来又澄清了，它依赖于对诸动机的强度的权衡。进一步的研究将会指明，生活方式的选择还不能得到合适的理解，如果人们将它等同于在不同分量的动机与之相关的诸目标之间做出选择的结果。

接下来应该有一种自由意义产生出来，虽然它预设了考虑和自身间距的自由，但是它并未完全转化为它们。倘若两者由此被认为融为一个复杂的自由概念，那么它们和后果原则的关系也要被重新考虑。这只会引发进一步的结果，即人们设定目标并且通过自己和他者给目标设定以建议的处境，同时被展示为比在先前的考虑中更加复杂。

但是，许多直接连着有考虑的优先选择的自由意义之内涵尚未得到考虑。因而，我们必须进一步阐释这同一个自由意义的其他运用情况。

（三）一旦人们已经设定了目标，那么他也就有好的理由去利用必要的手段来实现它。决定利用怎样的手段的方式不再等同于在目标的优先选择时的方式，在后一种情况下，人们出于自己的动机来面对它们，并且使这一动机成为决定利用它们的理由。虽然排除了人们讨厌的手段以及人们不知道如何使用的手段，但是聪明的权衡在这一领域中比在目标选择自身时仍然更加重要。从这一权衡出发也规定了在何种意义上自由和手段选择紧密相关。如果一个行为者未经考虑就奔向目标，如果他并未寻求合适的手段，如果他也只是运用他已知熟悉的手段，他就是不自由的，虽然他很容易利用其他手段，而且此外也没有什么会反对使用它们。举一个例子，一个（患有风湿的）农妇披上猫皮，却不去翻找别人从药店给她带的药膏。

　　在这里，自由看起来完全是出于这些最好的理由也实际导致了手段的选择和由它引发的行动。在这一点上行为者是自由的，即这些理由规定了他的决定及其后果。虽然他也有可能有意识地采用不适用的手段，但是这必然会被认为是阴谋诡计、怪念头或者希望产生荒谬的观点。因而，涉及对手段的决定，即便决定是自由地产生的，那么它也为产生这一洞见的东西所决定。因而，在这一点上，它可以立刻与后果原则相容——除非人们已经预设了，后果原则在理由被看清了并且起效的地方往往就已经失效了。

　　这一通过洞见的决定已经预设了行为者进入审慎的手段选择。他考虑，并且不断考虑，这并非自明的——情况也并非如此，即便他的考虑没有构成行动进程中的本己阶段，而是伴随行动过程，由此总是对它更有影响。撇开行动几乎总是与这样的考虑并行不谈，我们仍然有一些理由卷入手段的权衡之中，正如它们根据这样的权衡而使用某种手段。如果人们可以将手段权衡自身视为第二阶的手段，那么它同时也是对于行动目标的实现来说最重要的前提之一。在这一点上，对于决定好好考虑来说，同一种动机以及同一种自由意义——它们对选择某种手段来说也表现为典型的——也都会是规定性的。

当然，也有理由来说明，人们并不将手段选择时的考虑铺陈得太远。比如，在下国际象棋和作曲时，这样的考虑只有有限的权利。唯当人们给予原创性的想法以空间，去不受阻碍地扩展，重要的策略革新才可成功。决定人们是坚持考虑还是听任瞬间闪现的观念冲动，这样的决定本身就是不能出于考虑状况而做出的。但考虑到这种情况，我们已经踏进接下来的问题领域。因为在何种程度上人们应该给予考虑以空间这个问题，也被理解为是在对自己的努力方式和规模的决定这个更普遍的问题中的情况。

（四）人们能够以不同程度的努力去探寻所追求的目标。如果目标就存在于活动进行之中，那么人们可以满足于不同程度的活动。并不是每一个想要参加马拉松的人都会来参加纽约马拉松赛跑。如果他们在某个地方通过赛段，并且在结束之前到达终点，其中一些人就已经满足了。设定一个存在于活动能力范围之中的目标也总是意味着，想要在某种程度上支配这一活动。人们不必想要成为小提琴演奏家，但是如果一个人想要演奏小提琴，那么如果他不能弹奏出纯正的音调，他就不会满足。

在此领域中，决定的无非是更多或者更少，在这里存在着一个区别于在目标选择中的自由的游戏空间。在许多情况下，选择在某种程度上想要某物就像是进行一种基本的行动，是出于自己的禀赋。正如当我不是残障时我可以简单地落下脚步，只要我想要这样，而无需为此运用某种手段，因而我也可以想要有力地、笔直地落下脚步。在依循一个目标时，我在大多数情况下都能够多做一点，或者此时此地就停下来一会儿。二者中选择哪一个完全在我。而我也恰恰具有与开始考虑何种理由赞同我乐意探寻的目标相同的自由。

我身处这一自由之中，这是明见的，与此明见并行的是，正是一些比较无关紧要的、无所谓的情况让我付出同样程度的努力。我遵循习惯，容易疲倦，或者分心。因而，各种各样的情况都可能导致我放弃自己的努力。想到我的意图，这可能使我摆脱疲倦，就像出于我很少注意到的情况的要求也可能使我抑制我的努力。这些"小"理由在我自身内起作用并且影响我的意愿，这意味着我非强制地做出反应。但是，尽管如此，这仍然涉及的是一种反应。因而，在某种程度上理由能够在通常意义上起效，在同样的程度上，依照这些理由而发生之物不亚于一种出于生理原因的自动行动，即便以不同的方式被决定。

以相似的方式，所谓的"布里丹的驴子"之谜也解开了。它应该会在两堆完全等量且一样新鲜的干草堆之间保持同样距离而饿死，因为它找不到任何理由让自己朝这个或者那个方向运动。然后，这头驴会为这样的机制所规定，即通过在两堆草之间来回看而终至一个权衡能力的内心疲倦点。它会走向它正好在事件发生这一刻看见的这一草堆。我们也始终本质上听任这样的机制，并且同时保护我们自己不受我们权衡理由的能力之苛求的损害。

现在人们首先会想到：这样的处境——在这些处境中，在目标选择时同时也权衡追求目标应该进行的活动的程度——区别于其他考虑的处境，这只是因为更加错综复杂。当考虑到的是个别目标本身时，这也是合适的。如果实现这样的目标会需要巨大的努力，那么人们最好通过回顾人们通过自己的能力和它的限度已经获得的经验来考虑这样的问题，即人们是否应该朝向这些目标。在某种程度上，没有其他的不同于与后果原则的普遍有效性相容的自由意义被需要。不过也有可能，从现在开始在复杂的目标权衡的情况中有另一种自由意义起作用，这样，人们也就考虑到一个完全不同的理论问题。

如果一个人这样考虑目标，以至于他由此权衡他应该以何种力量追求它们，那么这也总是导致，一个人意在他的整体生活和对于他的生活来说重要的东西的优先秩序。这甚至会是在目标选择时隐蔽地具有重大意义的维度。但是，如果在目标选择时总体上把握自己的生活，那么至少不再明显的是，这只取决于使个别目标的内容和各自维护它们的诸理由彼此平衡——更确切地说就是，人们通过比较牵引他走向这些目标的动机的强度而对它们做出决定。人并非以此方式来通观他未来生活的优先秩序，即他或许能够根据优先选择和兴趣权衡而给他的生活以方向。他生活着，这件事的意义也不能从这种权衡出发来理解。

这一差异立刻会变得对把握这样一种自由意义来说至关重要，这种自由意义并未转化为权衡诸理由及其在行动中有考虑的实施。

但是，行进至此，我们尚有另一个维度需要考虑到，它能在目标优先选择的环境中被归属以本己的分量。

（五）在研究这些规定了行动者的目标选择的决定理由时，我们已经指出，这样的决定根据对动机引发力的权衡而发生，它对于他来说与不同行动目标的思想紧密相关。谁帮助他考虑，这个人就会在建议时注意到，什么根据一切权衡而看起来对于他来说是最好的。关于这一点，我们已经指出，这一决定理由也支配着手段选择和追求目标的努力程度。

但是，现在首先会遭致一种异议，由此人们会质疑分析的出发点，也就是描述目标选择产生的处境。通过阐释这一异议，我们已经进入一种不同于判断自由和考虑自由共同具有的自由基本特征之自由规定的前哨。在判断和实践考虑中，即时的结果是根据这样一个标准来衡量，此标准虽然不容易运用，但是它本身被明确规定为：根据正确性和真理的规则，还是根据占主导的兴趣与比紧密相关的行动目标。

现在，相对于这一标准的排他性，这一异议也涉及了，存在着这样的人的行动目标，有完全不同于它们对各自生活的吸引力的其他理由赞同对它们的选择。绘制具有展开世界的力量的艺术作品，获得根本性的和推动生活的知识，或者建设或维护法制，就是这样的例子。人们可以说，更确切地说是超越这些目标之间的一切差异，一种不同于只是对于行为者各自的重要性为它们所拥有，这样，它不能合适地被认为是他出于自己的兴趣而做出的目标选择的内容。

这一重要性可以进一步分化。就像维护一个机构的情况中，也可能面对的是一种直接来自一群人的兴趣的重要性。其他行动目标意在这样一些成就，它们——就像艺术作品和知识——在能够为许多人带来利益之前首先必须为了它们自己而被欲求。

这些利益也可能首先在于许多人分享作品和知识，或者也在于，它们，比如教堂，构成了某些人的共同体的骄傲。但是，这些目标也可能使得他人逐渐被忽略。一位艺术家会认为，他的谱曲只为了赞美上帝，或者，他为之操劳，因为只有他能够让为了它自己而需要实现的东西变成现实。在所有这些情况下，提出这样的任务的行为者追求的目标不同于对于他来说总是可以看起来是"对于他来说"的好。在他的行动中，他的个人兴趣可以完全被遗忘。看起来，他通过他的目标超越了它们，这样，他自己的重要性就会从属于他探寻的任务的重要性，或者说，它从任务的重要性中导出。

被视为在某种意义上的客观上的重要之物和只处于我的兴趣中之物之间的区分必须被承认，并且得到考虑。因而，人们也可以问，是否由此发展了一种自由意义，它能够从考虑中的一般自由中突出出来。然后，它会被理解为是转向本身重要的和有价值的东西的自由，还是以自己的兴趣作为指路明灯而坚持一种算计过的生活计划的自由。

这一二者择一的表述实际上让人注意到了一些东西，它们对于澄清一种并不与能够考虑的自由相合的自由意义来说是至关重要的。它指导自由问题从个别行动或者兴趣转向生活方式的筹划。不过，客观上重要之物和只为我的重要之物之间的对立——它支配着这一二者择一的表述——总是还必须被进一步深入探问。单单由此还未获得摆脱了后果原则的自由意义。

我们从两方面来澄清反对这一对立的东西。一方面是在它的表述中并未顾及主体性，它被排除在这样的二者择一之外。另一方面是客观的重要之物（人们也可能会说客观上有效的"价值"）的提法自身是不清楚的，并且是需要说明的。如果没有顾及主体性，这一说明也不可能被给出来。

主体性是这些讲座的定向出发点。如果在这些讲座之中自由成了论题，那么它要从主体出发——就像在尝试为伦理学奠基制定思路时的情况那样。无可争议的是，不仅是不可或缺的和有吸引力的东西，而且本身就重要的东西，都让人们活动起来。但是，有一种反响并非从外部引入他们的主体性之中，而是处在构成他们的主体性之物之中。这样，不仅是本身重要之物，而且影响到他的行动之物，也都只会在和主体性的关联中才变得可理解。

自在的重要之物和只为我们的重要之物之间的对立，使得所有这些——它们处于和所有人显然因为兴趣而紧密相关之物的比较之中，此兴趣奠基于他们的自然需要或者吸引力之中——都有可能被视为自在的重要之物。虽然人们不能说先前的讲座已经通观了这一点能够适用的一切，但是几个这样的重要性的例子和引出进一步的例子的思路已经从它们之中被推断出来了。正是通过这些例证，自在的重要之物与主体性之间的关联也能得到澄清。

这样，在说明共在的方式时，我们就已经谈及主体将自己理解为大规模秩序中的成员的倾向。这一倾向有可能以这样的秩序为目的。由此有一种重要性被给予它们，此重要性摆脱了人直接的生活需要。机制的重要性的根据和对它的责任心不仅仅奠基于对他者的利益，而且奠基于负责者的主体性。不过，即便机制实际上对于集体福利来说非常重要，对它的责任心也仍然可能在更强的意义上被赋予了自在的重要性。但是，显然它是出于行动者的道德意识的主体性——无论机制尤其着重于在基本规范下的行动,还是他在此之中实现他特殊的道德生活义务。这样,为了自在的重要之物而引发行动的诸动机也可能彼此交织——更不用说,它们也不能完全脱离为了声望或者施展才能而寻求的行动。

其他类型的自在的重要之物立足于直接依附于主体性的基本动力学的兴趣。这就摆明了,精确自然科学的规划从这样一个问题出发而发展出来,这个问题就是,通过遍及世界地关涉可同一化对象而获得总是更细致地安置的客体关涉的分类。与此相对,艺术致力于全面塑造世界筹划,而主体和主体性进程并未从它们之中被取消。宗教展开了一种行为的可能性,在此之中,主体性和疏离他的根据的关系与世界中的生活实践形态相合。

由此只是列举了几种形式的能够被视为自在的重要之物。但这足以澄清,经常归入唯一的自在有效或者"价值"维度的东西利用了主体不同的行为方式。在这里不会涉及从这一思路出发详查所谓的价值"王国"的一切维度。因为,在之前的讲座中得知的东西已经足以回答,通过将自在的重要之物的维度考虑进来,权衡决定了目标选择的诸动机强度的处境是否发生了根本的变化。

为此,就像在之前提及的考虑和权衡的处境中一样,我们必须投入行动处境,在此之中要决定是否应该优先考虑客观上重要之物,而不是依循另一种生活兴趣。这里无需考虑这样的处境,在此处境中,道德命令可能会为了客观上的重要之物而与行动紧密相关。这样,比如就有一种道德义务,即并不因为自己的兴趣而损害对他者重要之物。如果涉及不冒失去救命知识的险，那么人们并非鉴于知识成就，而是鉴于被交托给行动者的知识对人的生活的意义去考虑和行动。道德基本规范有力量使一个无所保留的要求在行动处境中起效，人们可以遵循它，唯当审慎的考虑导致他认识到，他为充分强大的动机所保障。

但是，通过阐释的方式而被认为是客观上重要之物并不与这种要求相关。这导致，如果在行动处境中，只有客观上重要之物和只对行为者重要之物之间的选择是至关重要的，那么客观上重要之物植根于行为者的主体性，这必定对于行为者的决定来说是决定性的。客观上重要之物的根据就在人格的主体性得到实现的一个维度之中——这样，一个机制的重要性的根据就在于它的秩序内涵，科学的重要性的根据就在于理性划分世界关系的能力。如果人们不考虑一切道德论证，那么在行动处境中应归于某种这样的客观上重要之物的分量就是根据行为者给予或者愿意给予主体性在他自己生活中的这种形式之开展的分量的程度来衡量的。对于每个人来说，这种可能性都随着自身间距而增长，这种间距与开放客观上重要之物的维度一道对于一切在自身意识中进行的生活来说是构造性的。

倘若生活与客观上的重要之物的领域相关，那么它们就成了他的生活兴趣的一部分。看清这一点，这总是意味着，不屈从于某些谬见，根据这些谬见，对客观上的重要之物的责任心应该常常受到怀疑。对于那些并非意在能够获得声望或者他的成果或许可以带来财富的研究者来说，知识就是重要的。毋宁说，他工作的快乐已经可以说明他的兴趣。这样，即便是康德也将科学和这一动机所涉及的感官愉悦视为"平等结伴"而行。

但是这一说明也并未涉及核心。毋宁说，因为正是对损害或者侵入这样的语境的抵制，才让人——在他的生活中客观上重要之物获得意义——从现在开始通过一种兴趣和这一客观上重要之物结合起来。

但是，我们现在由此也澄清了，为什么在行动得到权衡和引导的处境中，客观上重要之物不会作为完全不同的证成和决定的法庭而对立于只是为我重要之物。在这样的处境中，客观上重要之物并不与只为它特有的动机引发的力量联系在一起，这种力量可能使得行动者与只对于他来说的重要之物保持距离，并且只是通过客观上的重要之物来规定他的行动。但是，由此也取消了归派给行为者在面对客观上重要之物时以一种自由的两种可能性，这种自由一定会表明为，客观上重要之物本身就在他眼前。人们不能归派给他以这样一种自由，这种自由在于，他摆脱了只为他重要之物，并且给从客观上重要之物出发的动机让道。但是人们也不能归派给这样的行为以自由，通过此行为，他为了在本己兴趣中的行动，或者也为了对客观上重要之物有利或者尊重，而做出决定。也就是说，如果人们不考虑道德行动领域，那么客观上重要之物对于他来说就只是在这一点上与行动相关，即它与他作为人格所是结合起来，并且由此已经在他自己的行动方式中获得了动机引发的意义。

但是，决定维护还是反对客观上重要之物，就像一般的目标选择的情况，它也来自平衡两方面对立的动机分量。做这一平衡时，也像一般的目标选择的情况，对自己的能力的评估就参与到在自己的行动中去符合客观上重要之物。但是，一个人的生活也有可能与客观上重要之物如此紧密相关，以至于他排斥他感兴趣的东西，就像强迫症的情况，因而排斥一切为他自己重要之物。这个例子也表明，在这样的处境中所做的决定总是来自平衡诸行动选项的相对的动机分量。由此也导致，平衡意识并未支持行为者在这样的处境中归派给自身以自由。

因此，我们现在完成了辩证地查明自由问题的第一阶段。在接下来的五个步骤中，我们研究了回答此问题的可能性，这个问题是，是否在行动者——他必须在处境中对行为的相关选项做出决定——的意识中已经指明了一种思路来主张自由的实在性。由此而受到关注的自由应该不同于摆脱强制和意外的自由，以及总是在考虑本身中，并且独立于不可抗拒的冲动的自由。因为从所有这些对自由的概念规定中，我们很快就看清，它的实在性和后果原则可以相容。研究证明，这一原则不适用的一种自由意义不过并未立足于人们如何在至今所阐释的行动处境中获得有考虑的决定。因而，至今的研究历程在涉及这种自由意义时得出了否定的结论。

这样，我们现在问到，是否由此而结束研究，是否因为表明必然取消这样的自由意义，任何对后果原则的普遍有效性的抵制都被证明是站不住脚的。但是，进一步的研究之所以可能，是因为道德意识至今在所有考虑中都找不到位置。虽然有很多理由让人们脱离传统路线——在此路线中，自由问题和伦理问题紧密相关。但是，从先前的研究中，人们也可以得出结论：同样不能由此导出，人们能够将这一涉及自由问题的意识与一切其他行动维度置于同等层面。

接下来应该指出，人们从现在开始与道德意识相关而将行动作为论题，这样人们同时也可以为自由问题发展出一个普遍的框架。由此,先前的阐释所设定的前提本身也得到澄清,并且进入它们的问题域之中。这样就进一步规定了这样的地方,在这里我们获得并且维护了一种不同于与后果原则相容的自由意义。这一自由意义的实在性就像后果原则的实在性一样不能得到证明,而要坚持这一点,我们必须首先规定自由意义的某种分化。但是,对于这些讲座的思路来说,另一个洞见具有特殊的分量和兴趣:涉及此关联体——在此之中一种自由意义从道德意识出发得到规定——,我们也澄清了,自由的规定和主体性研究必然被带入一条唯一的证成道路上。也就是说,对一种重要的自由意义的说明直接回溯到对主体性动力学的理解。

七、行为方式与生活筹划

不久前,人们想要从神经学实验中得出反对自由意志的可能性的论证。实验证明,想要按键的意识是发生于发出行动的神经冲动之后大约半秒钟,而不是像人们期望的那样先行于它。因而,当行动的决定——它被以为首先发出行动——做出时,行动已经开始了。

人们应该首先明白,这一论证被提出来是反对任何的因而也与决定论相容的自由意义。根据这一对自由的说明,考虑仍然在引发行动的因果链条中占有一席之地。与此相反,实验让考虑及其后果、决定看起来像是已经封闭的因果链条的副产品或者随附现象。因而,这一实验甚至会侵蚀曾经根本无可争议的一种自由意义。

谁归派给这一实验以反对自由的证明力量,他也就立刻从一种对有考虑的行动的简化表象出发。如果人们扬弃了这一简化，那么就产生了另一种看自由问题的视角。人们最容易能够在涉及道德意识时澄清它。

如果要阐释道德判断问题，在伦理学中往往从个别行动出发，比如说谎。在这一点上这也是正确的，即在评判道德行动时首先考虑的并不总是长期目标，而是在个别处境中行为的正确性理由。不过，对于质疑整体的行为方式的行动处境来说仍然必然适用的是，并非只对于即时的处境而做出决定。即便这一处境是第一次考虑这一质疑的动机，结果仍然是，它应该对于同样的处境具有同一有效性。

321　　这一点尤其适用于道德行动。因为在这里，如果涉及对人的评价，则绝非只是在具体处境中的行为，而是一种更普遍的类型、一种行为方式被评判，并且之所以如此，是因为道德意识中的行为总是和引发它的动机一道被质疑。谁问自己，他现在是否应该骗人，那么他就想到了他自己的一些画像——或者他足够机智地在这样的处境中巧妙地避开困难并且取得优势，或者他不需要这样的行为方式或至少不依赖于它们的结果。

大多数情况下，在道德基本规范被想起来反对说谎这一行为之前，人们已经出于畏惧和惊恐而说谎。但是，道德意识的基本规范并非单单由此而起效，即它总是一再地表明为个体行动的规范者。由此，良知的形成往往在早期生活中就开始了。但是，然后道德意识马上就坚决要求为在它的意义上正确的行为而形成决意。道德行为形成为一种行为方式，人格有识知地追求它，并且它应该属于塑造了他的生活的东西。由此，它区别于人的自然品格——它通过他的禀赋落在他身上——，并且在某种意义上总是习得的品格。人们当然不能抽象地，而只能通过获得个别行动的倾向而获得这样的品格，并且只有通过这样的行动而证实这样的品格。在这一点上，一种行动方式显然是在涉及处境——比如引发说谎作为出路的处境——时才形成的。

但是，一旦不说谎的决意是这样的品格的一部分，那么既不是考虑，也并非有意识的决定，而至多是对这样的决定的回忆，还必须先行于真诚的言说。而前者可能会被假定，唯当对在某种行动处境中的人来说首先悬而未决的是如何以及考虑到什么来行动。关于行动事例的道德哲学的讨论可能提出这样的图像。但是，如果人们考察这一行动的形成和它的整体情况，并且它甚至违背了道德基本规范自身必然引发之物——也就是形成行为方式，并且由此形成在一切处境中都可以依赖的动机——，那么这对于实际的行动就是不合适的。这也是由于在道德意识中进行人格同一性的形成，它的恒常性对应于理论意识一贯的同一性。

因而人们可以指望，道德品格成熟的人在行动处境中显示了某种行为，无需事先权衡它。对于他来说，不再有其他相关选项是他要真正决定去排除的。人们还不可以由此得出结论，认为可以无需一个相关选项的可能性来设想自由。因为这样的行为在这一相关选项不再成问题的处境中只是先在获得的结果，关于此人们会说，它已经通过一个决定而终结了。也就是说，如果行为方式的形成是道德意识真正实现的方式，那么也正是在此，人们必须寻求并且找到对于道德性来说典型的自由。从决定中产生之物，在行动处境中成了习惯行为。但是，行为者还总是意识到这一起源，这样，当行动处境变得复杂，并且要求他放弃更多时,他也可以返回到他的决定的这一发生起源。

在道德行动的形成过程中产生的习惯化行为在一切基于目标选择的行为中都有对应物。在任何行为中,程序都有重大意义。身体护理、常规用药和可靠地完成不适应的工作都从决意变成了这样的程序。如果不是这样,那么日常生活就会被不断重复的、常常不可靠的意愿追求所累。任何目标选择也都意在在日常行为中被顾及,而无需重新考虑。由此,行为程序的形成在于设定目标的人的兴趣,并且因而人们可以预设,它们也在和目标选择自身一样的动机的一并影响下实现。

目标选择从自身出发倾向于行为形成,但这并不意味着日常生活纯粹只能作为程序进行。必须清醒地在充分考虑下生活。人们要认识到紧急情况,并且人们由此考虑到会遭遇未知的处境和两难困境。但是这不会改变,行为方式是从行动处境出发但也从个别处境中突出出来而形成的。它往往需要时间,在这时间里,它"成熟了",就好像通过一个决定,以便接下来先行于行动处境,并且只在它们之中实践。

当然,日常生活的程序自身也受到兴趣的限制。因为,我应该带来怎样的程序这个问题在考虑到此种状况的优点和吸引力——当我已经获得它们时,我就适应了这种状况——时得到答案。由此并未改变对自由意义的展望。我们已经看到,道德行为完全奠基于行为方式的形成。这就表明,为什么我们考虑自由问题的过程无论如何首先是在这个问题上达到顶峰的,即人格是否在道德行为方式形成时被归派以自由,以及被归派以在何种意义上的自由。

由此,我们需要从道德基本规范意识出发。这涉及道德决意的形成，如果这样的意图成为支配性的，在未来的行动处境不是为各自的兴趣，因而从其他目标选择中产生之物所支配，而是给予从基本规范中产生之物以优先性——对应于具体情况，不说谎，即便这会是令人厌烦的、不礼貌的或者以其他方式不利的。

但是，道德基本规范不能像游戏规则那样可供选择，我们被邀请参加游戏，但是我们不必参与它。它是约束性的，关于此，人们就像关于知识一样认为有所知，虽然人们对它通过证据而得到确定的证成一无所知。在许多运用情况下，规范都涉及面对他人的行动，并且我们预料到了他们的指责，如果我们损害了它。这导致人们去推测，规范的有效性可以从他们的兴趣中导出，它通过我对惩罚——它在损害的情况下会被指望——的认识，转变为我内在化的法庭。但是此规范也适用于只涉及我自己的行动。此外，规范意识也伴随着认识到，它以某种方式与构成我自己之物紧密相关。我不能将它和它的约束力视为我出于好的、适度平衡的兴趣而进行的调和的结果。

在第三讲中，我们尝试说明了规范的直接有效性和它的自身关涉之间的关联：主体性建制不可以从他自身出发来澄清，并且主体也活在认识到他们的来源的不确定性之中。因而，他们必然向自身揭示开放，并且其中一种是通过道德意识完成的。现在，这就是一种哲学说明，并且因而是并非与基本规范意识一道出现的识知。它应该澄清在这一识知中的实际之物，而并非代替它。在实际生活中，对应于它的是意识到道德行为是出于我自己而被交托给我的，我同时也是通过它而与我的生活根据一致。

但是，在基本规范起效的处境中，它的要求和对此要求并非作为陌生之物关系到我自己的意识就总是与追求其他目标的必要性和对达至它们的兴趣处于竞争之中——也包括这样的目标，它们一定会受欢迎，如果本己生活各自的同一性平衡不想要陷入混乱的话。

因而，在道德意识中，一个在符合规范的意愿和脱离它或者给它在目标优先性秩序中低位的意愿之间的特殊的游戏空间敞开了。因为，在道德意识中，符合规范的行为并未被赋予占优势的或者动人心魄的吸引力。这样，兴趣可以起到弱化规范感知及其效果的作用，以便不受干扰地追求其他的生活目标。但是，这样的游戏空间也可以被理解为自由起效和实现的领域，并且可以被理解为能够归派给它自己以实在性的条件。

并非显而易见的是，人有能力不为强大的生活兴趣所引发而组织他们的行为。虽然道德意识也和特殊的生活兴趣相关，此兴趣与自身理解和同一性形成相关，但是这一兴趣在基本规范意识中并未表现为对抗某些动机的吸引力，这些动机导致其他的目标选择，这样冲突会为对分量的权衡所决定。这样，自由本身必然面对两种彼此不可通约的可能性。当符合基本规范的行动并不与那些为优先选择奠基的重要的生活兴趣一致时，它既是符合基本规范的能力，也是脱离基本规范的能力。与两种可能性相关的是形成态度的能力——形成一种态度和行为方式的能力，它判定并且逐渐赋予道德意识以本己的动机分量，或者出于某些态度来生活的能力，在这些态度中，基本规范只在这一点上得到考察，即它如何与其他目标选择的优先性秩序不冲突。

这两种可能性不仅相互对立，而且在两者之间做出的决定也是彼此不可通约的，这一点导致自由在一种完全特殊的意义上被归派给必须形成这种或者那种态度的人格。因为在这样的情况下，人们不再能够说，人格的决定被"更好的理由"所规定，它赞同这一或者那一可能性。基本规范的分量不会与规定在生活计划中目标选择的兴趣的分量处于同一层面。指向这一或者那一方向的动机强度不可以通过人们倾听内心的声音并且尝试平衡它们来调和。一种情况是为基本规范的要求和模糊的意识所规定的，即模糊地意识到它与构成作为主体的本己生活的东西相关。另一种情况则绝不想要危及周到权衡了的自身保存的诸兴趣，关于它们无论如何都很难看清楚，它们如何汇入同一性平衡，为什么有必要对道德行为进行智能配置，并且必要时甚至要对其进行模拟。在这两种情况下，主体性都有可能在其动力学中获得一个生活视角，并且由此而获得一种自身描述——在这样的情况下也是如此，即他同时也尝试掩盖一个维度，一种本质性的自身揭示从此维度中产生了。在相关选项的不可通约性上，人们会认识到，通过在它们之间做决定，不是对兴趣和才能的权衡，而是人要过的意识生活的校准成为问题。

人格能在这两个相关选项之间做决定，只是因为他同时也以如下方式权衡这些理由和动机，即它们中哪些从此以后规定了他的生活和行为。他必须站在其中一方面，并且此外还不能依照某些明确的事先规定。因而，此决定不符合这样一种优先选择，它就像在商品之间选择那样，而是介入了一种冲突，此冲突不可能被排除，并且在此之中，两方面向做决定的人提出了完全不同性质的要求。

我们已经知道，绝不可能排除为这样的情况也假定一个因果性的前史，凭此来确立人格的分量。此外我们知道，生活史的许多事情都影响到这样的决定状况中的权衡。谁在孩童时被缺乏爱心的、有权力意识的成人所歧视，并且他的自尊心受到了伤害，他就肯定很难做出一个决定，在这个决定上，对通过重视规范而获得稳定的同一性的期待也起作用。但是，如果人们不考虑实际的内在强制，那么在决定的处境中，就没有任何因果推导可能会迫使意愿形成在这一或者那一方向上的态度。因而，这样的前史的决定性力量的假定仍然只是一种假设，它可以依据许多情况而是合理的，但是它不可以通过证明而被认识。人们也会很愿意了解，神经学家提出了怎样的试验来证明，对一种行为方式的决定跟随在发射着的神经元网络中的形势。

当然总是可以间接证明，对于这样的决定来说，必须接受一种因果规定，即便它不能得到证明：也就是说，即便指出自由决定的思想是悖谬的，或者出于其他一致性理由而是不可靠的。如果因果推导的唯一竞争者失效了，那么它作为存留下来的思想的可能性就会从单纯假定的状态中突出出来。

这一看起来在这样的策略中最强有力的论证想要指出：一个决定如果并非由赞同它的优势性的理由所引发，就只能是偶然产生的。但是，至少在古希腊关于自由和命运的争论中，偶然就已经被认为至少和决定性的原因一样，是它的对立面。由此，偶然出现之物也脱离了人的识知和意愿。因而，如果应该出于自由的决定却只能被认为是出于偶然，那么甚至在意愿内部也建立了人所无法影响的他所陌生的东西。而这正是自由所指之物的直接对立面。

第五讲 统一性、个体性与自由

这一论证无条件地将涉及因果性的可能概念的形成领域限制在它的标准情况上，因而限制在决定了的事件序列和作为它的直接否定的偶然之上。但是，人们也反对那样一些接受一种决定自由的人，他们赋予有限人格以自因这一神性，由此他们将人的行动提升到了绝对。

一个存在者会是自因的，如果它是它自己的此在的原因。但是人们也可以想到一种特性，它不为无限的神所保留，即偶因（causa accidentis sui），因而是这样一种行为，存在者由此从自身出发产生一种特性或者投入一种状态。这样，长期以来，追随古希腊，人们想要将活生生的存在者把握为自身开展的。这一自身开展无选择地来自它的条件。它的产生在这一点上是被决定了的。在涉及神的自因时人们也往往这样主张。

但是，人的自由并未消除任何相关选项。这样，它不会被认为是自身开展，而只是自身规定。也正是这一语词，就在当前的流行语言中与这种自由意义联系在一起。显然从自身规定中应该排除，来自本己存在者之物必然地并且毫无选择地被加给了这一存在者。

被归于每一自身规定行为本身的后果都应该从这一行为中产生。这样，在关于自由的争论中也有人尝试将自身规定——就像是自身开展——定义为一种特殊形式的因果性，也就是能动者因果性。这种伎俩也总是能够力排众议而得到合理维护。这样，下面这一问题就很有意义，即自身规定是否可以完全被描述为一种因果性的形式。得到权衡的理由和评估这些理由的能力之间的关系已经抵制被归入因果性的标准模式。除此之外，在自身规定中这些理由也得到权衡，并且与一种生活视角相关，倘若它进入人格行动中，它会起效。

当然，即复优先选择的自由也不同于动机的纯粹吸引力，其相对分量也决定了这一选择。因为这些动机并非彼此平衡。人格必须通过想象和考虑而使其平衡，以便做出有根据的选择，并且使其起效。尽管如此，从这一过程中并未获得决定性的论证来反对后果原则的普遍有效性——并且之所以如此，首先是因为这个人自己知道，他根据与行动目标相关的动机强度来权衡这些目标，并且它们自己的理由最终可以回溯到它们的吸引力的程度。

与此相反，不同于无强制的考虑自由，自身规定的自由在人格自身的自身意识中正好对立于后果原则的普遍有效性。因为在卓越的处境情况——在此之中，要在基本规范和生活兴趣之间做决定——中，没有立足点使得决定重新受缚于起作用的动机的吸引力。鉴于此，有另一种阐明具有合理性，它甚至对于行动者自身来说也是完全不可取消的——也就是说，人的意志本身具有某种建制，它使他有能力在这样的处境中规定自己的活动。至少，人格可以被归派以这样的能力，而在他的行动者意识中没有任何东西来阻挡这一点。

当然，后果原则不仅仅是用于与此相反从外在视角来论证的最重要的手段。铭记这一原则的人忘不了意志轮盘赌的图像或者仍然被遮蔽的机制的图像，在它们面前，任何形式的自身规定必然看起来都是假象。正如我们所知道的，这一原则和这样的思想也根本不会因为理论理由而失效。但是，它们同样不会为令人信服的证成所保障，并且首先它们并非立足于在不可通约的相关选项的处境中做决定的人的意识。

第五讲 统一性、个体性与自由

现在，人们还必须进一步重视，构成基本规范之物恰恰包含了，它本身就排除了，它也可能被重视，如果这是出于与遵循它相关的一种完全不同的兴趣而发生的话。这样，基本规范本身就反对说，当人们出于算计而说出真相时，他符合此基本规范。因为它要求，人们之所以作为规范而符合它，这并不是因为某种让它得到重视的动机，而这些强烈的动机作为维护或者反对一种实际上符合基本规范的行为方式的决定理由也肯定失效了。然后，人们只会问，是否可以设想另一种自由，由此可以做出这一决定。

它当然不能被视为在日常词义上的偶然事件。因为决定不像是抛硬币。它出于生活动力学的指向而发生，由此承担了保障生活完整的任务，并且涉及维护或者反对向这一决定开放的相关选择的一切理由。在某种意义上，这种决定也总是被动机引发的，而非无理由的支配。但是，只有当决定做出时，这一动机才变得充分。如果没有好的理由维护它，它也就不能在事后证明自身。当这些理由仍然想要作为标准起效时，人格必然已经做出了决定，因为一切维护它的理由都并不必然在它们这方面引发这一决定。

因而，人格认识到这一决定是他的决定，如果他不确定在权衡优先选择中的动机力量时是否足够审慎地行事并且获得正确的结果，这一点也就不可以和这样的不确定性混淆起来，此不确定性可能对一个人产生困扰。他知道，他之所以没有做出决定，只是因为他在处境和场合的评判上仍然不确定，并且时间紧迫。毋宁说，他由此已经将他的生活带上了一条道路，是现在在道德意识领域中让它的基本规范成为准线，还是让它服从于机巧算计的结果。

倘若对其中一个相关选项做出决定，这一决定也符合选择行为的范式，但是它不是在此期间所采纳的意义上的任意选择。因为它与自主的支配——所谓的"自由选择"或许接近它——完全无关。由此，生活被放置在人们凭借他的主体性建制而面对的这些道路中的其中一条上。这一建制和基本规范——在此之下他首先必然要在不可通约的相关选项之间做出决定——一样不处于他的支配之中。就像主体性并非奠基于支配力而是奠基于自身保存，自身规定的自由和一切由此而实现之物也首先可以被理解为主体性建制中的必要成分，并且只是作为这个结果，否则就只可以被理解为任何类型强制的缺乏。这样，人们可以说，自由自身嵌入意识生活的命运之中。只有与此一道，并且在其整体之中，自由本身才能够成为这一生活的意义经验的立足点。

因而，自身规定的自由只在此处——在这里，人在他的整体生活中遭受了不可通约的相关选项，他不能取消它们，因为它们并不是从他的意识生活中导出的——并且必然只在此处才有一片领域。如果人们将在这样的处境中的自由等同于在优先选择中的考虑的自由，那么人们不仅曲解了真正的自由意义，甚至会不得不使优先选择成为任意选择。因为通过考虑相关选项和它们能够从自身释放的动机，人们虽然能够在许多情况下获得有根据的优先选择，但是绝不能在这样的情况下如此。在实际行动由以形成的意识中，这两种自由意义之间总是已经做出区分——而且情况也是如此，即便人们清楚地看到后果原则的理论价值，并且不相信有论证能够反驳它。

凡是要从道德意识出发来说明自由的地方，人们总是表明了难以赋予善良意志和自觉地脱离基本规范的意志以自由。也就是说，如果自由是由道德意识所构造，那么如果它的使用对立于道德意识，它看起来就丧失了。通过自身规定行为，一种生活的可能性和态度被给予了优势性的意义和动机引发力量。因而，就像善良意志一样，一个人由以将他的生活脱离服从基本规范的动机的行为都必须能够奠基于他的主体性。这两种决定——包括脱离服从基本规范的行动方式的决定——由同一个主体做出。因而，优势性的动机引发力量凭借加入这一方面或者那一方面的行为，就必定和主体性的建制相容。

但是，在这两种情况中实际上也都引入了生活筹划，它遵循奠基于主体性自身的视角：某种同一性平衡中一贯的自身主张的视角或者生活与出于主体性的根据而需要本己的行为方式的人一致的生活视角。人们由以使基本规范的要求相对化的决定或许损害了它的有效性意识。既然人们总是已经意识到规范奠基于主体的建制，那么这一损害表明了，通过这一决定也封闭了一种深深植根于主体性建制的生活视角——由此也封闭了另一种展望作为其对立面，也就是展望一种生活，它无保留或者无缩减地拥有过这种生活之人的内在认同。因而，相关选项的两个成员虽然都被认为和生活明见相关，但只有一个成员被认为和一种别具一格的主张相关。

这一主张继续存在，这样，此可能性不被排除，即在对一项决定有了一段时间的经验之后，他可能修正已经做出的决定，或者他可能展开朝向一个之前并未实际权衡的决定方式的视角。然而，即便是相对于依附道德基本规范的视角而做决定的人格，他也并未丧失作为主体过着意识生活的地位，并且处于一个对于他来说有根有据的生活历程中。出于这一根据，人们也可以将自身规定的自由标识为自身选择的自由。不过这一表达——由此而采纳了一个柏拉图式的神话——并未认识到自由在主体性进程和动力学中的位置。

我们可以只是顺便指出，这里或许就开始阐释，什么作为道德"缺陷"并且作为"邪恶"意志在道德语言中有着无法抹消的位置。所有我至今的分析显然都导向这一位置，它在专注于主体性的哲学中接近柏拉图的学说。对于它来说，在道德意识的核心领域中，有可能是真正的和整体的自身存在的丧失，而并非某种自身存在本身的反作用力。通过这一丧失也说明了一种罪恶感。但是，它的对立面并非他人的愤怒。毋宁说，这一愤怒导致另一种罪恶谴责，它表明为只对他者感兴趣的生活之潜在和实际的结果，他们因为是破坏性的而可以被描述为邪恶的。将自身选择——由此自身存在变形了——刻画为"恶"，这也首先源于对这些结果的考虑和他者的判断。行为者自身，更确切地说出于自身，也必然具有"恶"，虽然它实际上并没有使他的自身规定触及自身丧失本身。

然后，即使人们已经澄清了，一切自身规定行为——一个动机由此被建立为标准性的——如何植根于主体自身，人们仍然还可以进一步坚持追问，人们应该如何说明决定走这条道路还是另一条道路。一次次面对这一问题，人们就必须给出答复说它根本不可以进一步被说明，或者它已经明确了，在何种程度上它可以得到说明或者理解。这一答案在这一点上必定令人不满意，即它和在充分说明的概念中包含的悬设相冲突。然而它是不可取消的，因为自由并非像机制的功能——并且即便它是心智的机制——那样展示出来。如果自由在其中必须被预设和设定的处境得到充分展明，如果由此也清楚了来自自由之物是什么，那么对一种说明的苛求就站不住脚了。如果没有看清自由的使用在可出示和可证明的双重意义上不可证明，并且它的可能性同样不能证明，它也就丧失了这一立足点。尽管如此，并且正因为如此，也仍然有可能坚持假定，任何自身选择都来自遗传倾向和习得偏好，来自调节压力或者神经机制。

人们也可以坚持怀疑，一个根本不能为优势性的理由所保障的选择的出发点可能最终只能被描述为偶然。与此对应，人们也可以在说明了选择的神经机制中设想安置了一个偶然发生器。所有这样的说明也实际上可以和来自单纯考虑的优先选择的自由统一起来。根据这种模式，我们也可以说明，为什么理由或多或少发生作用，因而"有分量"。这一说明完全建立在预期理由（Petitio principii）的基础之上，据此原则，一种说明也必然在它排除了这种必然为人格所需要的意义上的自由的地方起效。这一需要也可能是假象，就像任何植根于自身意识的自发性，它来自人的基因设置，它没有真理价值，只有存活价值。这一思想可能性会被取消，唯当自身规定的自由违背它的本质而被证明是可证实的事实。

从现在开始，最近又在这个地方明确凸显了，为什么哲学框架对于研究自由问题来说是不可或缺的，在此框架之中，这一陈述有好的意义，或者甚至成为必要的，这一说明必须并且可以终结在自身规定中。没有这一框架，这一论点就不能持久地防止被怀疑是来自懒惰的理性和偏见。出于这一框架，人们必须证成，在人格自身意识中可以指明某物，唯当思想可以与主体性一道关涉一种同时从主体性中疏离的自身存在的根据，它的实在性才变得可洞见，并且和一切能够识知之物相容。我们并未把握这一实事，但是我们把握了它的不可把握性——康德用这句话来结束他的第一部关于伦理学奠基的主要著作。为了能够表达它，他必须充分阐述他的整体哲学的证成过程。从先前的考虑中，我们只能补充康德的话：我们无法把握这一实事，就像我们最终无法把握什么以某种完全不受质疑的方式展开为我们的自身意识。

由此我们也澄清了，从现在开始我们有可能并且也有必要再次结合这一讲的第一部分。这一部分始于，筹划这样的框架，并且它不同于康德所筹划的框架。考虑的自由意义暂且还不能被认为是到了终点。因为在它们至今只是依附于道德意识之后，它们还必须延伸到意识生活的动力学的总体领域上，最终甚至包括优先选择。

但是，与自由实在性的信念必须加入的哲学框架相关，人们还指明了这一信念总是和这一观点——后果原则的有效性必须毫无例外地被承认——具有一个共同点：两者都必然涉及一个疏离主体自身的实在性维度。谁反对这样的自由的实在性，他就假定了，主体认为自己必须执行的决定来自一种计算机程序，倘若他做决定，这种程序的结构和功能必定脱离了主体。不过，自身规定的自由是实在的，这一假定的一致性也依赖于另一个完全不同的前提可以得到证成：人的主体性的总体进程必然关涉一个维度，它并未在他的自身意识中，并且为他的认识展开，不过它与自身意识者的自身存在处于某种对他来说构造性的关联之中。

自身规定的自由包含在主体的自身存在之中，他必定已经凭借他的自知建制超越他在其自身意识中直接地并且整体上意识的东西而进行思考。人必然有意识地自身规定。但是它的进行对于他来说并不像一个论题和对象那样是可通达的和展开的，并且它对于他来说也不能出于某种随后出现的间距而以这种方式展开。在某种意义上，这一行为属于主体实在性的维度，在此维度中，基本规范的约束性意识也有其起源。它证明是意识主体性的维度，但并不局限于此。

由此更为明确了，为什么关于自由的实在性的充分思考不能通过直接处理自由问题而获得。人们能够获得这样的思想，然后充分确定它，唯当事先已经走过对在自身存在中的主体性、疏离它的根据和关涉根据的方式的理解的漫漫长路。

八、生活筹划与优先选择

自由作为自身规定的意义是在涉及道德意识时被提出的。在可以返回到讲座第一部分的论题，并且由此返回到在存在论上涵盖主体性之前，现在我们提出问题，即恰恰能够采用这种意义上的自由——它在涉及道德意识时获得了初始的明见——的领域可以延伸多远。根据自由所经历的规定，情况可能往往就在两个否定条件得到满足的地方是如此：态度并非通过比较权衡已经存在的动机的力量而产生，不过它们也并非作为生活的自然禀赋或者某些其他情状而出现，而是说它们作为有意识的生活方式的结果而形成，并且以这种方式，这一生活方式自身出于自身并旦为了自身而延续，并且必须延续。

道德意识将主体置于他的一个生活维度之中，此维度既非在基本的自身意识中向他展开，亦不可能通过冲动和兴趣而被赋予他，由此，道德意识在主体性的动力学中占有卓越的地位。正如我们所说的，可以从道德意识出发提出的自身规定的自由意义在某种意义上是受缚于意识生活的动力学的。人们由此也能推论出，这一自由意义的运用领域和这一动力学全面开展的领域是同一的。这并不意味着，它也能在这一动力学被置于某种行为方式之上的所有地方都有意义。它是可运用的，当在它们之中出现了一些处境，在这些处境之中，一种方向必然被给予生活，而它不能够单单是权衡考虑的结果。

现在由此就标识出了一个规模庞大的任务，这些讲座不再处理这一任务，只能为此提供辩护。因为，现在不仅涉及去指明所有这些在此之中对生活方向做出决定的维度，而且接下来要形成态度。此外，我们还必须探寻这样一种方式，以此方式诸态度也彼此影响，并且它们能够在行动处境中同时起效。第二个任务被提出了，这一点恰恰在道德意识的例子上变得明确。因为没有生活决定是道德权衡能够漠不关心的——情况也同样如此，即便要做决定之事完全不可以被标识为道德问题。因而，这样一个问题就有待开展，它以前在完全不同的前提下作为生存分析开始在哲学中的道路，而生存或者生活常常在此被阐明为一维的交替过程和阶段。因而，这里只涉及进一步阐释这一任务，通过少数几个例子使它具体化，并且进一步取消怀疑自身规定的自由意义的理由。

人们必须已经在意识生活的世界展开和自身奠立之间的基

本张力之中走得足够远，以便看到为这一生活方向做决定的前提。生活可以更专注于塑造一片世界，不管它会是多大或者多小，也可以集中于自身沉思。两者也能如此发生，以至于生活决定的对立点也一并被卷入自己的生活目标之中，或者为它所排除。圆滑世故的行为者和逃避世界的僧侣可以作为这样的生活筹划的例子。

现在，这些生活决定——此外，它们不能和职业选择混淆——肯定具有个体的自然品格和禀赋。不过，自身规定的自由也不同于绝对的支配力。它也因为只能在具体情况中起效而是有限的自由。和基本规范的要求一样，它也不能原初地产生动机；但是它能分配给这些情况以优势分量与优先性。当然，同样在此，它也是出于自身引发的。也就是说，这构成了一个基本区分，即自然的禀赋仅仅是自身起作用，还是它跟随一个决定，此决定承载着生活方向，然后此方向必须在交替的情状中证明自己。正如人们所说的，决定必须被坚持，这意味着，它在一系列指向行为中总是一再地更新。自由并非无中生有的力量，而是在其有意识的施行中给予人所处的生活以一致性、清晰性和方向的能力。

这样的自身规定不仅被预设为道德态度的基础。另一种决定视角也由此形成，即意识生活倾向于整体理解，但是它只能通过生活经验来获得，这些经验相互对立，并且由此不能彼此相容。荷尔德林的著作在这样的洞见的影响下产生，即深刻的生活关系不能同时也通过探索世界来充分发展，它必然寻求冒险，并且经受住冒险。但是，两者都是生活最终能够结合为一个并非通过限制来标识的整体的条件。怎样的生活目标恰恰在现在被探寻，这不仅通过才能、机会和深思熟虑来规定，而是说，所有这些都预设了是通过在一条生活道路中的决然的断裂来规定。

对于这样的处境来说，相关选项的不相容性的条件以另一种不同于在服从基本规范的自身规定的情况中的方式而得到满足。彼此方向对立的兴趣——它们的吸引力彼此平衡——引入其中。但是仅仅出于吸引力，还不能获得生活嵌入其中的道路的生活意义——由此也不能获得它们的人的组织方式，并且还不能获得它们在生活方式和自身理解中获得优先地位的能量。因而，决定何时并且以何种力量或者审慎而选取道路，这也与决定道路方向相关。

因而，在这样的处境中的自身规定总是在不相容性的第二种效果的游戏空间中进行：生活可以意在符合可能的有意识的生活方式和它从这一生活领悟到的自身理解的视角。但是，也有可能不理会它们，放下最切近之物，只制订长远计划——倘若它们有助于不可取消的需要，并且尽可能灵活地完成形成同一性平衡的任务。这一差别类似于伦理的差别，但不必回溯到它那里。自身规定也为它在两个方面所需要。但是，只有将有意识的生活方式理解为对生活的探索这一选择，才同时也导致生活道路中的自身规定。

人们不必认为，这样的自身规定保留给了生活走向决定的伟大时刻。不相容的视角之间的张力影响直至日常生活处境，虽然在此之中，它看起来已经变得无法识别——比如，即便人们问，人们是否可以对爱或者测验无所谓。这样的相关选项没有一个是非理性的，没有一个是在道德上明确地得到偏爱，并且关于它们，没有什么人们能够确定地说人们是根据他的本性来确立它。即便人们掷色子来决定，也必须知道，人们可以将两个相关选项据为己有。因为实际的决定必然总是要随抛掷活动而来。这必须转化为态度。因为在筹划下，生活不可能像在人们忍受的治疗中那样下进行。主体必须在筹划中重新找到自己。只有出于这一与自己的统一，他才会让筹划起效。

就像在道德基本规范下获得的态度那样，生活态度——它至少也建立在自身规定的行为之上——也深刻影响日常生活方式。因而，这些态度也总是影响到了优先选择所来自的考虑。现在，由此就给我们提出了进一步的任务，不再仅仅通过比较来考察自身规定的自由和优先选择的考虑的自由，而是将它们的结构和功能联系起来。自身规定的自由意义现在在它的第一个明见基础，即道德意识之外而被需要，并且延伸至生活筹划中的自身规定。这显然导致，我们也必须进一步探寻这样一些方式，以这些方式，这一自由和由此导致之物卷入了被认为完全奠基于优先选择的实践逻辑的行动处境之中。

因而，在这个问题上，我们现在在变化了的条件下，也就是说，从现在开始在包含在此期间获得的自身规定的自由意义的条件下，在涉及一种可能的自由意义——由此我们开始查明自由的意义——时再次采用并且贯彻对行动处境的辩证阐释。

对这些处境的分析由此明显变得复杂。就像道德意识深入影响一切行动处境那样，主体性的动力学也总体上，因而在一切对于它来说真实的处境中，而非在仍然封闭并且隔离在生活背景中的特殊领域中进行。它支配着意识生活，即使是在意识生活看样子投入合目的的权衡和理性的优先选择的地方。因为受缚于个别目标的动机和整体生活方式的连续性如此紧密地结合，以至于由此产生的动机不会不触及优先选择。任何优先选择都可以成为品格、行动方式、世界指向和人的共在方式的形成和证实的一部分。这样，通过完全日常的行动处境，生活的基本决定能够证实自己，因而确定并且肯定自己。但是，它们也可以是这些基本决定逐步产生的媒介。有意识地做出基本决定的生活重大转折点只是一个过程的顶点，这些决定会卷入此过程之中，并且此过程的连续性不会完全为它们所打断。它们也可以平缓地成熟，一种行为方式或者生活方向总是一再地在许多不显眼的处境中产生，以便然后在重大机会或者挑战的情况下变得牢固并且明确。

不同于自身规定的自由，选择的自由——它来自权衡考虑——的游戏空间和意义可以与后果原则相容。尽管如此，这一自由自身也最终必须通过理解自由在意识生活动力学中的位置来把握——就像两者也同时在准备和引发行动中发生作用。对此，我们现在应该做几点评论。

权衡动机在考虑中的吸引力和通过自身规定带自己的生活走上一条道路，这些都同样预设了与冲动——它们急迫地要直接转变为实际行动——的间距。在某种意义上，正是在同一个领域中，得到权衡的动机作为行动理由而起作用，并且一种可能的生活视角被自身规定为实际的生活实践。这一间距对作为有意识的行为者的人来说是本质性的，就像他的生活向着世界展开和自身理解的双重指向那样。他只能连同自己而牺牲这一间距，或者脱离它。不过他既可以出于深思熟虑的兴趣，也可以为了保障自身规定的生活而提升、改变或者稳固这一间距。

在保障人的一种本质性的基本态度——对此，自身规定的自由意义是构造性的——时，两者各自以不同的方式，但是彼此相关地起作用。

与此相应，有一个条件作为前提也可以进入只用于平衡动机的考虑中——也就是，将此领域托付给这样的考虑，并且排除通过一种完全别样的考虑——它注意到其他可能的生活方向——而深入此领域之中。因而，人们也可以进一步将优先选择的合理性本身和让它不受干扰的努力理解为事先通过对生活方式的决定而得以可能——或者通过自身规定，由此导致在各种危险的情况下也完全将自己交托给优先选择的考虑，或者甚至出于同样的自身规定的意志，在此本己生活完全奠基于斤斤计较的后果利益。通过这样的决定，人当然会脱离他的道德意识的基本要求，根据此要求，他会为了对于他的主体性来说本质性的维度而缩减他的生活。但是，在另一方面，并且在许多棘手的情况中，保持优先选择的合理性也被理解为是满足自身控制的道德要求。

人们必须澄清这样的复杂情况，以便能够说明为什么如此多的作者明显倾向于这样的论点，它显然违背了人在行动中的自身理解，也就是说，人的自由根本无法区别于这种让理由——他们通过自己的考虑看清它们的动机引发力量——在他们的行动中起作用的自由。这些作者中的大多数之所以确立他们的立场，往往首先是因为，他们认为，必须避免与后果原则的理论冲突。而这种可能性向他们开放，只是因为他们产生了一种视觉上的幻觉，它让优先选择的自由和间距维度——此维度对于任何考虑都是构造性的——混淆起来了。在这一间距中，自身规定的自由和理性行动的自然规定性同时产生，但是同时也相互冲突。但是，自身规定的自由也同样因此可以直接地或间接地，即便隐蔽地介入优先选择的自由——大都因为它在组织优先选择应该实现的处境时就已经起效了。

我们由此如此深入地探寻这些复杂事物，以至于我们可以理解为什么它们在这一讲中尚不能进一步推进。它们导致，要将任何行动都作为意识生活的多方面彼此交织的维度和理解方式的结果来考察。因而，它们进入一种判例法，它最终也不会导致从其由此产生的态度的类型和力量中完全可靠地导出某种个别行动。因而，与第一印象相反，人们可以以更大的明见来探寻这一一个人形成一种态度的过程。不过，诸态度也彼此结合，就像同一性平衡那样，也形成等级关系。它们内在地受缚于自画像和世界图像，这一点以另一种方式使得对它们的分析更加复杂。但是，意识生活的动力学的真正研究领域就集中在这一关联体中——这种研究必须将先验哲学的做法和生存分析的指导思想统一在它的基本论题"主体性"中。

道德意识在意识生活动力学整体中的位置也需要在此关联中进一步说明。不过一下子就很明显了，恰恰这一动力学表现的紧迫性必定促发去稳定意识，真正意义上的自由不是在优先选择的自由上来把握的，规定这一动力学的理由总体上有分量去反对将它们最终回溯到自然物种智人的基因设置的实际力量。这样，明见在道德意识中有待决定的相关选项的不相容性，也对于一切意识生活的自身规定维度具有一贯的启发意义。

如果道德意识赋予主体一种不能向他的直接理解展开的状况，那么这必然会导致，将他对他的生活和生活的根据的反思为有别于自然主义的道路而开放。人类文化史为在这样的道路上展开的自身理解的方式所支配。虽然现代科学的世界图像往往释放出了一些理由去从现在开始封闭这些道路，并且至少不会不谨慎地去进一步探寻它们。但是恰恰通过20世纪的科学——此外通过对于它来说典型的极限定理——，我们再次鼓起勇气并且挑战去重新展开这样的道路。任何这样的事业都发生在这样的人——他们的自身理解包含了他们的自身规定——的兴趣中。因为即便是一个很好地指明的自由意义也会受到强烈质疑，如果它必须反对一种自然主义的世界构想，而又不能够嵌入同样广泛伸展的语境之中的话。

尽管如此，我们还是要进一步坚持，相反的情况同样有效：自身规定与优先选择的区分并未使得对人的生活的自然主义解释不可能，并且不仅包括他的考虑能力，而且也包括他必然自为地需要的自身规定。因为不会有证据通过推导证明，自身规定的自由是现实的，因而它不仅因为在人的本质中形成的假象而被需要。人们总是可以进一步论证，生活选取的方向归根结底是为一种被它掩盖的因果性——它只是在决定的假象中并且通过此假象起作用——所规定的。虽然这一原则并未将自身规定转化为关于每个人都具有的并且为他的自然品格所引发的东西的思想，但是决定论的后果原则也能够通过关于行为形成的神经学假设而破坏这一自身经验。这些经验到自身规定的处境在微观物理学上被释义为系统状况的自身调节的再编程，在这时，已经安置的偶然发生器就能起作用。因而，仍然总是有可能，人将他的意识生活，包括自由的假象，理解为强加给他的"你必须"。

但是我们已经看到，在主体性自身的建制和动力学中已经根植了这样的倾向去产生这样的怀疑，并且将这一建制融入奠基于锐化指称的世界图像之中。为此，决定论的后果原则——每个人都可以在思想中把握到它——给予他最可能的和最持久的手段。如果人们把握到，出于何种来源这一自身怀疑必然产生，那么这恰恰并未削弱相对于此原则而在占有和自身规定的任务中确定自身的可能性。毋宁说，这强化了为此辩护的理由，并且是以一种对于哲学证成来说决定性的方式。

当然，从这些使我们导出对有限自由概念的规定的理由中并未导出英雄般的自由激情。因为自身规定的自由也被卷入生活动力学之中，此生活来自它的根据，此根据在某种意义上已经是它所不能的，而是说，它只能符合此根据。

此外，人从自身，并且先于一切哲学就知道，自由不是一个可以超越一切争议的论题。但是谁已经理解为什么情况会是这样，为什么涉及自由的争议和怀疑在他自身中回响，他就将不再像从前那样被它们拖入不确定和困惑之中。

九、自由与自身理解

由此，我们到达了一个点，在这一点上，关于自由概念的考虑可以和这一讲第一部分的论题统一起来。我们从行动中的人格自身意识出发探询自由概念。由此指明了统一性与个体性这两个形式存在论概念之间的关联。也是在这一关联体之中才能寻求意识生活的意义给予的可理解性条件，它既非由这一生活创造，也不能从外部给予它。但是，现在我们已经获得的自由意义必然嵌入其中。

因而，在证成它的道路上的一个结论应该得到重复：如果有自身规定的自由，它在道德意识中最明确地被预设，那么它不是在个别行动处境中实现的特性。它在一种行动方式的证成进程之中自我实现。在个别行动处境中的行动是自由的，倘若它在逐渐构建、稳固并且重新证明一种行动方式的进程中占有一席之地，此行动方式作为生活方式或者生活倾向不同于一种有用的程序。这样，并非犹豫是做还是不做这种或那种决定，而是通过这样的活动而具有某种行动方式，并且以这种行动方式来生活，因而涉及它而是这样或者那样的活动，这才是自由的。因此，一个出于自由的决定投入到一个生活视角之中。如果这一决定不仅仅暂时被做出，以至于它会因为最近的诱因而被放弃，那么它也通过人的总体行为方式而产生影响。它直接涉及的领域可能非常小，并且其他的决定处境的数量可能极其大。实际自身规定的施行也远远改变了其他行动，并且它影响到了在其他行动领域中的进一步的基本决定。人们也可以这样来表达：自由是一种特性，它直接导致品格的形成，并且只是通过它而导致行动的实施。因而，自由预设了主体的一贯性和人格以同一性平衡为旨归。这并不意味着自由唯有在同一性创建中实现，对此在道德基本规范中有所展望。大多数人也会在道德领域中获得同一性平衡，其中对他们自己的道德洞见的诸领域适度的漠不关心至少占有一席之地。但是，自由的使用和自身存在的一贯性相互依属。正是这一结果允许将自身规定的自由概念嵌入个体性的存在论和主体性的动力学之间的关联体之中。

我们已经多次提及，自由行动不能通过定义来把握。如果我们能够像描述物理过程那样描述和说明自由实现的方式,并且因而也计算出品格如何形成,那么我们在此所知之物就不再是我们以为谈及的自由。因而,自由只能由此来理解,即它能够通过它在一个语境中的位置而得以澄清。理解它(并且不仅仅定义它)恰恰意味着,看清它在语境中的位置。但是,在行为方式的形成和它卷入主体性一般的行为形式中之间的关联体中,也开始呈现这样的语境。如果我们引入这样的思想,据此主体超越了可知之物的范围,它就得到了扩展和深化。在一种相关的形式存在论的概念形态中,这种思想的初始轮廓已经得到阐释。这些讲座,它们的论题是主体性,还不会超越这一"形而上学"——它来自外推思想——的最小值。

越是明白自身规定的自由受缚于结构丰富的行动处境,它就越不能被认为是自身确证和自身赋权的潜能。既然它在这样的结构中有其位置,那么它应该如何能够将实在性归功于自身呢?如果这样的自由存在,那么它必然有一个根据。这些考虑已经足以在相关的存在论的关联体中寻求安置自由。根据通常的说明方式,尤其是因果说明方式,我们根本不可能思考自由的根据,这一点本来就必须是我们的出发点。一种自由——它预设了一个根据——的此在,如果没有不同于日常概念的根据,就恰恰会是悖谬的。因而,自由也不能安置在整体的思想中,如果人们不为此而需要一种外推思想,不管它如何不明确。

对于这些讲座的构建来说,主体性的核心、自知的不可理解性论题具有支配性的意义。这一不可理解性导致了来自自知的意识生活为自身所搅扰。这样,从它自己的建制出发,它被引入自身理解的进程之中。它的紧迫性由此提升,即这一生活经受物理存在和社会存在的变迁,并且它因为道德意识的动力学而陷入更大的张力中。很明显,主体的基本形式的不可理解性和它的自身理解的动力学同样都触动着自由意识,因为它们出于自身而导致了涉及自由的意义和现实性的怀疑与追问。主体也知道,一切对这些问题的回答都进一步规定了他自身。因而,从主体和自由这两个基本概念出发的勘察就结合成一个唯一的问题。这虽然具有重大理论意义,但是也总是从与之前已经引入主体性的自身理解的运动中的同样的冲动中产生。

自由要被引入,当要决定行动的基本方向时,由此决定,生活总体上被置入基本朝向的视角中,并且当这样的决定进一步形成和起效时。自由的这种定位可以在主体性具有的动力学的照亮下再一次得到澄清。谁认为洞察了生活的无关紧要,他或许也会获得一种生活朝向,它脱离了道德的基本规范和一切客观上重要之物。这一决定虽然并不必然来自这样的洞见,但会认为自己与它是融贯的。这一决定也以和其他决定同样的方式是自由的,因而不被说明是丧失了自由。不过,它是另一种意义上的丧失。虽然它遵循一种必然在意识生活中出现的视角,但是它封锁了这样一些可能性,这些可能性奠基于这一生活,并且通过它们,生活获得了深刻的自身揭示。因而,违背道德基本规范,这不能通过自由缺失,而是通过自身丧失来理解。它既未扬弃人的自由,也未扬弃人的主体性。但是,它阻碍了人未缩略的自身理解和主体性在他自己的动力学整体中的实现。这一用现代语言做出的诊断对应于一种古老的学说,据此所谓的恶来自人的内在生活的僵化与萎缩。

对主体的形式必然预设一个根据的证成,不同于对自由所来自的根据的证成。主体处于自知之中。这样就不可能怀疑自身意识的实在性了。不可理解的只是这一最核心的识知方式是如何构建的，它又能如何产生。考虑的自由同样是不可怀疑的事实。另一种自身规定的自由却只是被预设。这样，它的事实性肯定不同于自知的事实性。撇开这一区分，两者是以同样的方式脱离了可理解性。人们不能澄清和说明，自身关系以何种方式在意志的自身规定中进行。因而，如果人们不想摒弃人格所自发做出的预设，那么他就会接受自身关系为现实的，它与识知——生活在人的自知中进行——中的自身关系同样不可把握。因而，在某种意义上，自身规定——它不能通过证明来确立——的自由的前提与一个不可否弃的事实不仅处于现实的关联中，也在形式上一致。这可能会削弱不可避免性的印象，它让许多人从后果原则的普遍意义上直接去主张，自身规定的自由是不可能的，关于它的思想也已经因为它的不一致而被摒弃。

一方面，人们往往在自由的根据下理解使自由存在的现实根据。我们对这样的根据，就像对主体性的根据那样，少有洞见。另一方面，依照德语中的"根据"（Grund）一词的原始意义，即基础、地基，在此之上，自由能持存，并且能够实现自身。在外推存在论——依照它的有方法的建制，它也只能无限接近这一关于根据的思想——的纲要中，主要分量放在这第二种意义之上。正是据此，自由才可以在一个更加宏大的整体的框架中定位：自身规定的自由是这样一种施行，它在总体动力学中有其位置，通过此动力学，主体的个体性开展出来。

个体性思想在这一讲的第一部分是这样来说明的，就像我们在相关的整体构想中获得的那样。个体通过向内的差异化开展进程，并且通过它的在外在关涉中的自身保护而得到刻画。自身保存从自身差异化中获得力量，个体的同一性贯穿其中保持自身，并且进一步具体化。之所以可以这样来刻画它们，是因为它们通过这样的作为个体并且因而作为有限之物的特性，凭借其建制而符合它们作为有限之物属于其中的整体的根据。人格作为主体，应该被理解为这种意义上的个体。

没有道路会允许我们从这一相关的个体性思想出发，经过推导获得对主体性的建制的说明。我们只能连着个体性观念来解释我们关于主体性所知之物。这也不会令人惊奇。为了阐明自身理解着的主体性预设了什么，就需要引入统一性和个体性思想。一切识知的不可回避的中心仍然总是落在主体性的自知之中。即使在阐明它自身预设了什么的过程中，这一中心地位也不能被扬弃。但是，主体自身往往可以并且必须在他的这一前提的框架中定位，并且由此在同一关联体中理解自身。

由此就赋予了他一种可能性，将他的生活理解为包含在意义中介之中。它来自整体统一体，包含了有限个体，并且获得了个体，这些个体是主体。它们的个体性在其意识生活的动力学中实现。

在有限之物的个体性之形式存在论思想中，基本因素是它们的自身差异化和自身保存。它们看起来彼此对立，但却只是一个进程的两面。也就是说，差异化并不是这样进行的，就好像，它导致差异之物的相互排斥，以至于它们作为自立之物而建立起来。毋宁说，与此相反，正是差异化使得自身保存能够起效。也就是说，既然差异与个体相关，那么通过这些差异，个体的自立和个体的能力——相对于它所陌生之物而主张自身——增长了。以这一概念形式所说的根本不是识知和自知，并且它看起来首先更适合描述自然的或者社会的系统形成进程。

但是，主体性进程中的基础被归入了形式存在论的因素。正是根据这一归属，主体性进程可以计入修正的形式存在论框架中：主体是个体，倘若他在主体性动力学中多方面差异化，并且通过这一差异化进程而自身主张。他的自身主张不可脱离他向他的自身理解的不断伸展。自身规定的自由作为决定行为方式和生活方式的自由，在这一自身理解中有其位置。

通过回顾之前讲座中提出的东西，将主体性的行为方式归入相关的个体性概念，这尚需进一步具体化：任何个别主体都在自知中构造和集中起来。这一识知是他的世界展开以及各自新的世界构想纲要的固定组织中心。它也是这一关联点，由此出发，人格必须通过他在世界中的行动而构建的同一性形成组织起来。这一进程关涉主体性的基本形式，这一点再次由此得到强化，即主体性作为道德意识而分节表达出来。因为在这一意识中，人格在实践同一性形成——由此深入表达了构成其主体性的东西——的要求下自知。道德意识也承受着进一步开展的进程，在此进程之中，它生成的两难困境最终得到平衡。连同一切在此进程中出现的张力，这一复杂的总体进程贯穿主体自知的所有维度，并且奠基于此。我们已经看到，最明见地为道德意识所预设的自由也具有进程特征。由此产生了长期的行动方式的形成，它们必须保证其连续性，也必须相互结合。

这一总体进程从一开始就指向自身理解。主体知道，他并非出于自身而被证成，他仍然疏离他的根据。既然这一根据不可能属于向他展开的世界，他就将对这一根据的回问和向一种和他的世界整体不同类型的整体的伸展结合起来。由此导致了思想为超越认识界限的相关世界概念——也就是被人们习惯于称作超越的东西——而开放。

自身理解的冲动被多方面强化并且以新的方式被需要。从一开始它就处于冲突之中，一方面是指望必定将自己的生活视为形而上学上无关紧要的，另一方面是有可能看到它处于意义肯定下，此肯定既不能归功于自己，也不能归功于他者。我们在第二讲中已经谈过，在个别经验瞬间，这样的视角可以得到认证，但是也可以被否认。同一性形成的瓦解和道德意识的需要——没有更普遍的世界原则的保障就看不见这一道德世界——同样强化了获得稳定的生活总结的倾向。一个人最终如何理解自由，这同样受到这样一些明见的影响，它们在他之中朝着这样或者那样的生活总结延伸。当然，没有人可以摆脱去预设奠基于道德意识的自身规定的可能性。但是，他如何能够将这一思想融入他的生活构想中，这影响到他使用他的自由的方式。这也可能构成实践区分，即一个人是视自己为自创者，还是他知道自己嵌入有限自由的生活，或者他将他的考虑和决定视为中转站，通过它确定的条件转变为同样确定的结果。与此相反，一个人决定的并且在他身上证明的行为方式也改变了他准备接受一种理论的推论结果为真，不管它也可以多么好地得到证成。我们已经努力勾画了一个整体思想的轮廓，在这一整体中，不仅关于自身规定的实在性的考虑，而且一种肯定性的生活总结也可以包入其中，并且由此整体得到辩护。这些思想也应该这样设定，以至于它们遵循现代思想的本质性前提：意义中介应该通过人格出于自身并且关于自身而把握之物来实现，自由的前提应该得到证成，并且人们不应该反驳，意识生活的道路为矛盾和二律背反所规定，任何科学认识都不会使其消失。在提出这一系列思想时，主体性能够在自身关涉中获得的许多明见需要得到考虑。但是，对整体——主体性被计入其中——构想的真实性的要求总体上不可以被提出。这会与此基本观点不一致，根据此观点，不可能有可靠的识知返回主体在自知中的初始明见之后。生活总结只能为意识生活自身所得出。

但是，现在也没有哲学家有权利想要向一个绝望者事先指明，他上了错误思想的当。当然，如果我没有希望，至少在生活中，更确切地说，在自己的生活中证实它所指向之物，我自己就不会探寻这一构想。

一旦人们处在由它开启的视角中，那么关于终结于绝望的生活还有一些要说：人们必须避免通过论证过于接近这种生活。从自己的生活理解出发，人们有好的理由，自己也可以不同于绝望者自身而珍惜他的生活。因为他的生活也来自同样的根据，它使得一切主体性得以可能，并且使他们保持运转。他关于自己所做的总结，必然从意识生活的建制出发进入他的视域之中。这样，它作为可能的有根据的总结为每个人所考虑到。因而，人们也不可能将绝望的生活视为完全丧失了的生活。

我们由此处于其视角之中的构想，现在将主体中的根据与个体性观念结合起来，此个体性与它的起源整体内在结合起来。这一相关的构想并未确定排除对人的生活的自然化说明。从几个斯宾诺莎主义的变样出发，就为此给出了不少历史例证。但是这一构想也导致了我们能够在从整体建制延伸至意识生活的建制的连续关联体中设想一个意义中介。可以设想这样的中介，这是其中的一个主要理由去承担总是与这样的思路结合的风险。但是，由此也导致绝望的生活也服从这样的意义肯定。它自身进行对生活意义的普遍否定，并且因而它必然认为，要在生活——它也想要在自己的衰败中还坚持一种意义肯定——中看透焦虑者的自欺。然而，谁处在意义肯定的视角之中，他也就会看到绝望的生活被包入意义整体——他自觉地出于此而把握自身——之中。他自己的生活历程愈加卷入否定一切生活意义的视角之中，他在绝望者的生活中就会愈加确证这一点。

由此就产生了一个进一步的结果，它之前已经得到提示：即使依据道德意识而得到证实的生活不同于作恶者的生活，这也并非因为，意义事件在前者中实现，而后者从此事件中脱落。意识生活可以在一定程度上胜任，它可以陷入迟钝，它可以精神错乱。既然它总是出于并且朝向同一根据而开展自身，那么它不能损害它的地位，因而它并未失去它的根本肯定，它的合法头衔不会全然失效。这样的洞见也应该奠立关于人的尊严的说法，它们在我们的时代中很少为深刻的思想所支持，并且它们由此只能常常是孤立无援且夸大其词的。

我们还可以扪心自问，是否任何生活总结都必须通过使用自由来获得。这样的整体生活的总结区别于任何伟大洞察的瞬间，此洞察突袭人，并且一生都萦绕着他。它必须由人自己得出，并且经过漫长的形成和证实进程。当然，这些需要自由的自身规定的决定先行于它。这包括决定遭受一些生活维度的经验，在这些维度之中，自身认识与自身理解的展望都可以增长。这一决定反对固执于表面的习惯，并且只能通过预期一种获得关于自己的终极思想的生活而做出。它满足了我们已经指出的作为自身规定的自由行为的这些前提。同样，人们也能够决定去关注达至生活总结的形成的这些思路。

但是，生活总结自身不能通过决定而被采纳。它总是在这一点上类似于某种个别洞察的瞬间，即它逐渐落在人的身上，并且向他展开，它并非由他做出。这样，它最终就与简单的自身意识——主体是通过它而获得此在，而不可能把自己带入此在——有着共同之处。

这就返回到这样的思想，即主体性的根据不同于自动的自流模型的原因。自由的使用嵌入主体性的动力学之中。它是意识生活的本质性成分，但它不是意识生活的整体，也并未定义意识生活的目标。因而，这就导致既不可以将这一生活所达至之处理解为自由活动，也不可以理解为追求的目标。最终只能从某种统一体出发来理解它，从这一统一体中，并且以各自的个体性，由此主体也产生了。但是，要探寻它，这会意味着外推思想出现在新的、伸展得更广的思考过程中。它会接受比之前给予人造词"形而上学"多得多的高度声誉。

任何生活都可能在需要考虑达到稳定的自身理解的目标之前就因为糟糕的身体而中断。但是我们不知道，有多少只是逐渐形成的洞见恰恰在这样的糟糕状况中会向他展开。哲学至少必须努力形成一个思想过程，它允许人们理解并且说，根本没有生活是完全丧失了的——无论在上个世纪的灾难之后，外表上会如何反对它。

后记

一

我受邀来做这一系列应该为普通学术听众所做的讲座,希望它能够为现代意识所特别强调的一些哲学问题提供一个视角。我已经试图通过结合这些论题,并且通过建立论证而满足这一愿望。对道德意识、主体间性和自由的意义与实际性的理解都是这样的论题。它们都属于更广泛的实践哲学领域,并且同时是这样的论题,在这些论题上最容易激起探问和告别假象的现代精神,无论是以怀疑论的形态,还是作为哲学唯物论。这些讲座从人的自身意识出发开展这些论题,但是也不断顾及允许了这样的探问的冲动。同时,康德式的起源问题,即对本己生活方向的承受力产生怀疑的可能性之起源,就始终在起作用,并且因此,有一项任务,即说明这些怀疑——它们困扰着人的生活——为什么永远不能沉寂,也在起作用。

我的教授资格论文就是探究"自身意识与道德性"这一论题。我并未发表它,因为我很快就明白了,我在大约二十几岁的时候只能明确这一问题和它对于康德以及后康德哲学的意义，但是我没有扩展这个哲学问题本身到它的整体范围之中。为此我缺乏确定点，而它只能通过真正说明自身意识和诊断与这一说明相关的问题而获得。前两讲总结了我接下来获得的立场的基础。之后的三讲则让人们认识到，我希望通过由此得出的结论走多远。

二

第五讲中涉及关于自由的一种尝试应该澄清了这个几千年来都少有深入但也肯定未解决的问题，要涉及它最简单的形式，唯当人们能够回到基础性的哲学方向上来。我已经试图指明，这样的自由意义从主体性的动力学中发展出来。因而，一种自由——它不同于在能够独立考虑这种平常意义上的自由，这种意义无可置疑，但是肯定并未穷尽自由的全部意义——在生活方式的必要性内部有其位置，正是在这样的地方，正如人们会认为的，根本性的"你必须"的不容推卸的强制最强烈地被经验到。但是，恰恰在这里，自由实在性的信念和人的生活方式的构想能力之间的关联能够最明确地突出出来。我认为，康德的以及荷尔德林的自由思想可以就这样转变为更加当代的形态。［关于荷尔德林，请参阅拙文《荷尔德林的基本哲学学说》（Hölderlins philosophische Grundlehre），载于：《主体性的解剖学》（*Anatomic der Subjektivität*），格伦德曼（Th. Grundmann）等编，法兰克福，苏尔坎普，2005年。］

我们不应该由此提出解决自由问题的要求，但是我认为，在当前重新活跃的关于这一问题的争论中，这一视角不应该被忽视。此外，我也认为，它有助于澄清和重构从康德1790年代的著作开始的关于自由的重要争论，并且有助于理解康德出于他自己的立场不可能解决的困难。我在提出我的论证的时候也总是已经顾及这一历史争论。关于它总是缺乏全面的研究，这一点肯定也是因为人们在理解自由时任何时候都会并且必然会发现自己陷入其中的复杂问题。

我依循康德的基本立场，据此洞察到自由问题抵制任何理论解决，这就有了总体上涉及哲学奠基的后果。它们既涉及哲学上证成的识知的地位，也涉及哲学构想所必须制定的框架规格。这些所有人都因此而趋向于被卷入哲学思考之中的问题是生活问题，而不仅是理论任务。哲学只能澄清，人的生活如何获得关于这些问题的答案，这一答案如何通过更好的、即便并非充分的论证而得到辩护。哲学不能由自己决定这一答案，但是它必须建立和证成一个框架，这个框架让人明白，为什么人的实践自身意识的基础包含了一些关于实在性的假定，它们是不可抛弃的，虽然脱离了理论认识，但是它们必须被认为是可真的。人们必须清楚，如果没有证成康德的"自在之物"思想的等价物，这样的目标是不能达到的。

三

这些讲座不想通过理论决定来解决一种奠基于生活主体性的世界观和哲学唯物论的思想之间的冲突，它们也由此符合了，对一切有生活实践的意义之物的确定最终也在生活实践中发生。

我认为，这不仅符合植根于人的生活的理性，而且这一冲突及其原则上的开放性也刻画了现代意识中的哲学处境。虽然这些讲座展开了一个视角，它可以让人摆脱唯物论可能是真理这种思想的迷惑和困扰，这种唯物论通过20世纪的物理学而在哲学上变得精致。它们自身也在这一视角方面建立起来。但是它们并未将它们的选择凝固为一个论点，此论点作为理论证明的结果而出现。在某种意义上，它们尝试在当代思想中重新表达，并且以新的方式确证理性悬设学说的基本路线，而这是康德和费希特沿着卢梭的道路发展出来的。

对于哲学家们来说，奠基于20世纪物理学的唯物论也仍然会是一项有趣的任务和挑战。当前，它以神经科学研究项目的形态施展其魅力，它会具有丰富广泛的结果。当美国哲学家托马斯·希尔在1965年将他的认识论著述扩展到德国时，我就已经建议，鉴于这一领域中许多不可忽略的选择，应该为了限制或者纯化它们而引入神经科学。通过更确切地认识奠基于感知的认识形成的进程，人们或许会有助于澄清认识论的众声喧哗。

但是，当时神经学的大脑研究还没有给予这样的前景以立足点。即便在心理学中行为主义已经逐渐衰弱了，这一处境在此期间已经从根本上改变了，但是神经哲学家们的末世论的期待——人们在可以预见的未来将解决一切哲学基本问题，并且首先是所有依附于主体性的问题，或者让其消解——不会比同样的拉美特利的机器人项目更少地洋溢激情，即便这一项目相对于当前的神经进程模式来说被认为太古老了。这些讲座只能顺带涉及这一项目现在以为可以被贯彻的几个特征。

四

这些讲座优先考虑的是进一步形成和运用主体性——他来自人的识知着的自身关涉——哲学。一方面，它们应该开展出现在意识生活的动力学之中并且能够卷入其中的思想。另一方面，它们应该探寻这些本身同时是生活问题的理论问题。与所有这些相对，基础问题具有开辟道路的意义；但是它们不是自为的论题。

因而，这些讲座也并未深化我先前的尝试，即从哲学上展开人的识知着的自身关涉这一事实，并且澄清由此产生的问题，并且尽可能解决它们。它们只能在更为伸展的视角中处理。围绕这些问题而产生的争议就被排除在这些讲座之外了。

如果人们想要像处理其他哲学论题那样处理自身意识，他就必然会遭遇一些困难。对于我来说，这些困难部分与上述教授资格论文关联，部分与和克拉默（Wolfgang Cramer）哲学的争论关联而得到澄清。在20世纪50年代，人们一定会在哲学上越位，如果人们在主体性中，更进一步说是和自身意识相关，看到一切哲学思考的出路和关键论题。各色各样的海德格尔主义者、马克思主义者、实证主义者和语言理论家几乎都认为，人们已经告别了主体性取向的思想，并且认为它相对于人的实际生活来说是过时的和陌生的。

我进入盎格鲁-撒克逊的世界，其中的一个目标就是希望为我所探寻的这些问题获得新的处理的可能性，它们当然不应该导致主体意义的平凡化。不过，对于分析哲学来说，当时仍然只是临近从语言哲学向心灵哲学的兴趣转向。

然而，在我开始在哥伦比亚大学任教之前，1966 年［我的论文《费希特的原初洞见》（*Fichtes unsprüngliche Einsicht*）已经付梓］我恰好和赫克托-内里-卡斯塔内达（Hector-Neri Castañeda）一起在牛津的一家酒店住了一个多月。因此，我参加了他关于准指示词的重要讲座，并惊奇地发现，在场的全部语言分析哲学的名家们对他所展开的关于主体性的新语义学视角几乎没有任何评论，也没有反对意见。我们一直保持着联系，反复谈论他的分析与我的问题的关系，这首先关系到识知着的自身关涉的可理解性。然后，当我到达美国时，我发现除了休梅克（Sidney Shoemaker）——他寻求从维特根斯坦的前提出发来理解自身关涉——，我首先只在齐硕姆（Roderik Chisholm）那里找到了同道，他像我自己一样重视我的问题。诺齐克（Robert Nozick）在哈佛也确信，像费希特那样提出的解决办法，至少在思路上并未错用和擅用，而是说这些解决办法实际上以它们的方式正确评价了这一问题。在处理涉及主体性的论题时，我发现暂时几乎只和自己的几个学生同道。他们中有许多人之后都因为他们对这些论题的研究而著称。这些就自身意识论题提出自己的论证和立场的人里面，我要提到在此期间身患重病的法尔克（Hans-Peter Falk）。

我在这里出版的讲座的前两讲中关于基础问题所说的只是通过勾画两种都在自身意识中的逆向的思想角度而超越我在 70 年代晚期在哈佛已经讨论过的东西。为此，在这些讲座——因为它们指向那些本身也是生活实践问题的哲学问题——中，在和理解自身意识相关中提出的理论基础问题还几乎完全处于背景之中。正是这样一些问题附着于康德《纯粹理性批判》的关键部分,关于它,我在 1976 年出版了我的一篇文章["同一性与客观性"(Identität und Objektivität),海德堡,温特大学出版社]。康德将所有哲学的基本问题都联系到"我思"思想中的自身意识。不过,他也有好的理由不再持久地依循这一任务,即从现在开始合适地理解这一思想。从此,它已经证明是最复杂的,并且是完全不同形态的哲学策略的出发点。这一复杂体在过去一个世纪中通过哲学语义学的发展——它远远地牵连着康德[首先通过彼得·斯特劳森(Peter Strawson)和威尔弗里德·塞拉斯(Wilfried Sellars)①]——再一次得到了极大的明确。一种专注于与自身意识相关的问题群的哲学必须尝试理解自知、命题形式和真理意义之间的关联。但是,这些讲座预设了一种立场,它反对一切从语义学上说明自身意识的尝试,倘若它们想要冒充是充分的和自足的——不管自身意识是只应该和语法上第一人称单数的使用相合,还是它通过语义上行的复杂形式而最终返回到人格意义。主体具有本己的实在性,在此他们与人格性的不可分割性就要求本己的说明。

它是一种本身就在思想中形成并且首先在自知的施行中出现的实在性。为此,对这一实在性的识知也不是以思想关涉实在的正常形式为中介。虽然它在自知中既未充分地,亦未完全地展开,但是它的这一地位也说明了任何自知核心的笛卡尔式的不可错性。显然,许多进一步的问题与此相关,关于这些问题,我在文章中处理了几个,而这些讲座则不再探究了。但是,

---

① 原文如此,似应为 Wilfrid Sellars。——译者

它们在涉及道德意识、本质性共在和自由时提出的东西与这样勾画的立场的证成处于始终必然的关联之中。这里应该特别强调这一点。

我在来到哈佛之后的很长一段时间里出版了许多书，但是没有一本书是为了主体性理论奠基而写的，这除了因为德国古典哲学的研究项目因对经费的依赖而非常紧迫，还有两个理由：盎格鲁-撒克逊哲学中的说明提案迅速增多，以及给一本关于主体性理论的书一种恰当的形式，这困难重重。

在心灵哲学的转向之后产生的大量文献，容易让人将自己的考虑开展到不断关涉不同道路和常常彼此孤立的关于自身关涉问题的争论的交织中。这一交织在此期间变得如此复杂，以至于至今还没有尝试去论证性地综观它——这个任务的完成必定很快就产生一本厚重的专著。但是另一个困难不仅更古老，也更加严重。它让我有理由进一步说明这里发表的系列讲座的构建。

五

不像哲学基础问题联系着的其他事实那样，识知着的自身关涉与人的生活问题交织。他如何理解自己，并且人的自知中有什么，对这些问题的回答都直接影响到更加普遍的问题，即人能认识自己多少，他如何能理解自己。人们期待通过这些回答而产生对这些问题的重要揭示，而这一期待也引发对这些基础问题的兴趣。为此，它也总是激发人们去对抗对识知着的自身关涉的轻易的平凡化，这种平凡化认为，可以摆脱所有这些后果而识知自己。

如果这一期待得到证实，那么自身意识研究的成果就必然在所有这样的考虑中找到出路，即它们涉及人的生活方式和生活理解，因而不仅在语义学和认识论中，而且更多地，只举几个例子，在伦理学奠基和艺术理论中。

这些哲学学科虽然具有一个被清晰勾画的任务领域，但是它们视为论题之物在人的生活进程中总是与其他学科的论题紧密交织。它们之中的任何一门学科寻求展开之物越多从人的自身意识出发来理解，一种缺陷就会更加醒目——也就是，这些学科并未在这样一个关联体中开展，在此关联体之中，它们的论题在人的生活进程中彼此结合。主体性理论实际成就之物首先在它的诸后果的光照下明确出现。这样，研究主体性和人的自身意识的哲学的可靠性也总是由此而得到评判，即在何种程度上它能够展开这一进程，并且对于它来说是充满启发的。

但是，哲学研究现在通过论证和推论来开展。它必须不断深入思考诸相关选项，并且相对于诸相关选项而确保它以为的结果。这让它变得烦琐，并且迫使它纵向地贯穿它的问题。不过，它在横向上也面对生活进程建制的复杂体，它当下化此进程，并且最终在涉及此进程时获得说服力。为此，一本从封面到封底都想要被研究和考察的书的形式，作为传达哲学洞见的标准形式，恰恰对于主体性理论来说虽然是必要的，但同时也是不充分的。

人们可以尝试，通过某种特殊的形式而弥补这一缺陷。为此，人们可以想到许多可能性。这样，人们会比如针对主体性如何在其中被预设而分析主体性的不同维度，据此首先提出基础思想，以便最终以这样一篇论文结束，在此论文中，这些论题现在汇入一种意识生活的现象学之中。但是，在选择其中任何一种模式时，人们总是冒着风险，必定会让理论任务退到人们也可能描述为文学的任务之后。

实际上，通过这一困难，哲学传达方式的界限变得明显，由此，哲学脱离了艺术，尤其脱离了诗歌。在文学艺术作品中，生活复杂体是支配一切的初始明见。作品越深入此复杂体，此复杂体越精确地通过它来再现，这样的作品就获得越多的文学和人性的意义。但是哲学必须通过论证，并且面对开放的诸相关选项而分节表达出来。因而，它自身如果没有作为哲学而遭受损害的话，则不能成为文学作品。几个伟大的作者，首先是柏拉图，在创作时已经明白地意识到这一界限的不可取消，并且知道它承受的限制。或许，哲学论文的形式——但是它可以回溯到许多个别研究——在当前可以证明是走出这一困境的一条出路，尽管完全是暂时的。

六

在这些讲座中，从最后三讲的联系上，我们可以认识这一困境的诸后果，因而它们也被置于"发展部"这个题目之下。它们的论题显然要求相互结合起来。因为自由，第五讲的论题清楚地关涉道德意识。不过，对道德意识的说明在略过自由问题的情况下在第三讲中被给出。本真的共在形式是第四讲的最后论题，需要归类到第三讲中关于道德意识的深化部分。同时，这种共在方式需要嵌入第五讲的结论章节。

但是，在勾画魏玛讲座时，我已经放弃让它们达到高潮，而是就像这种音乐形式所暗示的，让这三个发展部彼此融合。这一位置应该保留给这样的视角，它从主体性理论通过第一部分而导向形而上学的最终思想。

但是，尽管比在关于主体性理论奠基的讲座所详述的内容还要多，它们恰恰在这方面也只能是提纲挈领。我希望能够开始完成这一任务，即以另一种形式，并且尽可能完整地详述这一纲要。关于绝对与有限之物的关系的思想和关于这些思想的地位以及在何种意义上它们是可真的之考虑，这些必须构成一项独立的事业。这一任务是不可推卸的，这一点在这些讲座中变得明显，在那里，涉及意识的根据说的是，这一根据的思想并不能通过一种决定一切的证据来保持其稳定性。因而，这一根据的思想必然不仅超越第一步而走得很远。从根据出发，必然也最终会理解，为什么人们在面对在他们的自身理解中最终决定一切的问题时，不能将一切都设定在他们的认识能力上。恰恰这一点必然可以进一步被认为是理性的一种内涵，出于此，自身理解在人的生活方式中开展出来。

形而上学的最终思想形态和追问它们的证成方式肯定具有特别重大的意义。它们也对于这些讲座的论证来说具有某种在这些讲座之中尚未足够全面地展开的意义。为此，在这里我要列出我的几本出版物。它们可能尤其容易形成补充，因为它们是我近来出版的著作的一部分：《出于自我的奠基》（*Grundlegung aus dem Ich*，法兰克福，苏尔坎普，2004年）的第十五章（关于历史背景）；《意识生活》（*Bewußtes Leben*，斯图加特，雷克拉姆，1999年）第85页到第151页（关于系统关联）；《文化进程中的哲学》（*Die Philosophie im Prozess der Kultur*，法兰克福，苏尔坎普，2006年）中的第一段。关于深化道德意识的思想（在第三讲第五节）——它需要翔实的证成——，最后还要提到《走向原子核的和平的伦理学》（*Ethik zum nuklearen Frieden*，法兰克福，苏尔坎普，1990年）中的第六章到第八章。

平装版后记

八年前出版的这些讲座充分说明了项目和它们的操作方式。因此,在此以科学平装本出版之际,只对它们做一些补充说明。首先,它们应该更清楚地说明,根据书名它讲的是什么意义上的思想。

在此,它既没有预设思想诸多定义的其中之一(比如作为活动的秩序或作为问题的解决),也没有寻求自己的定义。每一个地方都关系到一个具体的哲学基本问题领域。

要指明的是,这些问题是在怎样的安排中产生的,当思想被把握和说明时,它们可以找到哪些答案,而这些思想是以不同的方式与一个主体的自身意识联系在一起的,此主体必须过自己的生活,从而确定方向。

由此,第一个关联体只在背景中具有重要意义,而不作为本己的论题。它涉及所谓的自我-思想的可能性问题,即一个主体关系到自身时所保持的思想。我很早以前就已经指出,澄清这种特殊的自身关涉的可能性的任务是对哲学的一个挑战。作为事实,这种关涉实际上是无可争议地存在的,并且在谈论主体的自身存在时,它显然被预设为前提了。但是,如果人们想要阐明它,那么首先要探寻的是不以这种自身存在为中心的问题。因此，比如说，人们必须处理疼痛这样的感受，在这种感受中，一种性质（疼痛）必然与某人受到疼痛的影响相伴。在这样做的时候，我们必须进一步考虑，它们是如何与不同种类的印象和躯体形象交织在一起的，以及它们是如何被包卷到一个时间过程中的，它们已经共同构成了一种类似于自身存在的前形态的东西。这种前形态与自我-思想中构建的自身存在并不完全相同，但它必须能够融入自身存在的构建之中。

我们可能会提到一个与自我-思想论题化有关的完全不同的问题，但它最终还是被搁置在一边，因为虽然它对哲学来说有非常大的兴趣，但首先是纯理论性的兴趣：人不仅仅做出关于实在之物的思考，这些思想也可以不仅仅是演算，没有这些演算就根本无法展开一个实在之物的领域（如数字）。甚至，实在之物只能存在于思想的施行中——更进一步说，不仅是理论这样的抽象对象，而且在自我-思想的施行中的自身存在这样的个体事物也都是如此。所以，虽然这样的施行如何可能、这意味着什么等问题与自身存在有一种非常直接的关系，但是在其施行中的自身存在本身并不为这种疑问所动。

在讲座中已经明确探寻的其他思想与自我-思想的共同点是，它们都是必须被把握的，它们都是在与主体的自身关涉的关联中开展的。因此，它们与一个主体的自身存在有着本质性的、排他的关联。这种关联与康德在对知识起源的说明时所揭示的是一样的，几十年前，它曾以"先验论证"为题得到了广泛的讨论。第四讲表明，从其主体性出发来理解每个主体在交往主体联合体中的位置，这是可能的。与此相反，任何试图从人的交往中推导出人的主体性的项目都必然陷入循环推论。第三讲对道德规范性的说明以及第五讲所开展的对自由的分析与精确把握的自身规定的任务的联系，也必然以上述意义上的思想为论题。

然而，在第三种意义上，自身存在则包括一种思想，这种思想使主体面对问题，并吸引他进行反思。虽然这种思想必须以这种或那种形式进行着，但它的结果是开放的，据此，它的目标甚至无法在中立距离上确定。但正是这样，它重又对意识生活关于自身以及为了自身的定向具有根本性的意义。

由此，这些讲座就活动在这样的领域里，它在所有理论都没有触及的生活中，对应于哲学的真正论题——其中包括形而上学——已经是并且仍然是的领域。

因此，这些讲座作为一个整体，本身就是对意识生活的自身理解的哲学贡献，并且任何时候都只是为了意识生活而对哲学的基本问题进行研究。

迪特·亨利希

2015 年 11 月 9 日

图书在版编目（CIP）数据

思想与自身存在/（德）迪特·亨利希著；郑辟瑞译.
—北京：商务印书馆，2023
（当代德国哲学前沿丛书）
ISBN 978-7-100-22544-1

Ⅰ.①思… Ⅱ.①迪…②郑… Ⅲ.①自我—哲学理论
Ⅳ.① B017.9

中国国家版本馆 CIP 数据核字（2023）第 098945 号

权利保留，侵权必究。

当代德国哲学前沿丛书
思想与自身存在
——关于主体性的讲座
〔德〕迪特·亨利希　著
郑辟瑞　译

商　务　印　书　馆　出　版
（北京王府井大街36号　邮政编码100710）
商　务　印　书　馆　发　行
北京通州皇家印刷厂印刷
ISBN 978 - 7 - 100 - 22544 - 1

2023 年 11 月第 1 版　　开本 880×1230　1/32
2023 年 11 月北京第 1 次印刷　印张 9⅞

定价：58.00 元